suhrkamp taschenbuch 2021

Neben die gänzlich neu gearbeiteten Bände zu Stücken Brechts, die bisher nicht in der edition suhrkamp mit Materialiensammlungen zu finden waren, treten Bearbeitungen jener Materialienbände zu den großen klassischen Stücken, die über Jahre hinweg ihr Publikum gefunden und sich selbst den Rang von Klassikern erworben haben. Nach *Brechts Leben des Galilei* und *Mutter Courage* präsentiert sich im zweiten Programm *Brechts Guter Mensch von Sezuan* in neuem Gewand. Wie in jenen Bänden werden die Selbstäußerungen durch bislang nicht publizierte Texte aus dem Nachlaß ergänzt, sind neue Forschungsansätze und Beiträge der letzten Jahre vertreten, wird die Rezeption des Theaters mit ihren Weiterungen in verstärktem Maße berücksichtigt. Ein aktualisierter Bild- und Dokumentarteil gemeinsam mit einer neuen Bibliographie machen das theoretisch Erörterte sinnfällig und prädestinieren den Band für das weiterführende wissenschaftliche wie das allgemeiner interessierte Studium.

Brechts
»Guter Mensch von Sezuan«

Herausgegeben von Jan Knopf

suhrkamp taschenbuch
materialien

Suhrkamp

Umschlag: Andrea Jonasson als Shen Te, Mailand 1981

suhrkamp taschenbuch 2021
Erste Auflage 1982
© dieser Zusammenstellung Suhrkamp Verlag
Frankfurt am Main 1982
Suhrkamp Taschenbuch Verlag
Alle Rechte vorbehalten, insbesondere das des öffentlichen Vortrags,
der Übertragung durch Rundfunk und Fernsehen
sowie der Übersetzung, auch einzelner Teile.
Satz: Georg Wagner, Nördlingen
Druck: Nomos Verlagsgesellschaft Baden-Baden
Printed in Germany
Umschlag nach Entwürfen
von Willy Fleckhaus
und Rolf Staudt

1 2 3 4 5 6 - 87 86 85 84 83 82

Inhalt

Was nützt die Güte   9

Selbstaussagen   11

Aus dem *Arbeitsjournal*   13
Aus den Briefen   23

Arbeitsmaterialien   29

Fabelerzählungen   31
Pläne   41
Fassungen einzelner Szenen   56
Arbeitsnotizen und Bruchstücke   102
Vorarbeiten   111

Quellen und Bezüge   113

Chinesische Quellen   115
Europäische Quellen   120
Zeitgenössische Bezüge   124

Aufführungsberichte und -dokumente   131

Werner Wüthrich
Die Uraufführung am Zürcher Schauspielhaus (1943)   133
Johannes Jacobi
Brechts guter Mensch
(zur Frankfurter Aufführung 1952)   141
Thomas Halbe
Bertolt Brechts »Götterdämmerung«
(zur Frankfurter Aufführung 1952)   143
Alfred Happ
Vom Wunder der Güte, die sich wehren muß
(zur Frankfurter Aufführung 1952)   146
Klaus Budzinski
Über die Wehrlosigkeit der Götter und Guten
(zur Münchner Aufführung 1955)   149

Claus Hardt
Schweikart und der *Gute Mensch von Sezuan*
(zur Münchner Aufführung 1955) 152
Bertolt Brecht
Dramaturgische Bemerkungen
(zur Wuppertaler Aufführung 1955) 154
Albert Füllinger
Problematisches Theater
(zur Wuppertaler Aufführung 1955) 156
Herbert Ihering
Junge Regisseure inszenieren Brecht
(zur Berliner Aufführung 1957) 159
Arnolt Bronnen
Am Beginn unseres Weges ...
(zur Berliner Aufführung 1957) 163
Eberhard Fechner
Strehler inszeniert. *Der gute Mensch von Sezuan*
am Piccolo Teatro 1958 166
Siegfried Melchinger
Die Stadt Sezuan 1958 177
Herbert Ihering
Eine dichterische Parabel am Kreuzpunkt
des epischen Theaters
(zur Berliner Aufführung 1967) 184
Ernst Schumacher
Die Wahrheit über ungute Verhältnisse
(zur Aufführung Berlin/DDR 1970) 186
Manfred Wekwerth
Der gute Mensch 1976 192
Hartmut Wickert
Eher Ansichten als Einsichten
(zur Hamburger Aufführung 1977) 208
Paul Kruntorad
Der gute alte Mensch in Mailand (1981) 214

Analysen 219

Peter Christian Giese
Der gute Mensch von Sezuan.
Aspekte einer Brechtschen Komödie 221

Gerold Koller
Parabolischer Realismus 235
Fritz Hennenberg
Über die dramatische Funktion der Musik
Paul Dessaus 268

Anhang 279

Zeittafel zur Entstehung 281
Verzeichnis der Aufführungen 283
Besetzungsverzeichnisse 293
Anmerkungen des Herausgebers 297
Literaturverzeichnis 304
Nachwort 311

WAS NÜTZT DIE GÜTE

1

Was nützt die Güte
Wenn die Gütigen sogleich erschlagen werden, oder es werden erschlagen
Die, zu denen sie gütig sind?

Was nützt die Freiheit
Wenn die Freien unter den Unfreien leben müssen?

Was nützt die Vernunft
Wenn die Unvernunft allein das Essen verschafft, das jeder benötigt?

2

Anstatt nur gütig zu sein, bemüht euch
Einen Zustand zu schaffen, der die Güte ermöglicht, und besser:
Sie überflüssig macht!

Anstatt nur frei zu sein, bemüht euch
Einen Zustand zu schaffen, der alle befreit
Auch die Liebe zur Freiheit
Überflüssig macht!

Anstatt nur vernünftig zu sein, bemüht euch
Einen Zustand zu schaffen, der die Unvernunft der einzelnen
Zu einem schlechten Geschäft macht!

Selbstaussagen

Aus dem *Arbeitsjournal* (AJ)

15. 3. 39 – vor ein paar tagen habe ich den alten entwurf von DER GUTE MENSCH VON SEZUAN wieder hervorgezogen (in berlin begonnen als DIE WARE LIEBE). es existieren fünf szenen, vier davon sind zu brauchen. es ist scharadenarbeit, schon der umkleide- und umschminkakte wegen. ich kann aber dabei die epische technik entwickeln und so endlich wieder auf den standard kommen. für die schublade braucht man keine konzessionen.
interessant, wie sich bei diesen dünnen stahlkonstruktionen jeder kleinste rechenfehler rächt. da ist keine masse, die ungenauigkeiten ausgleicht.

mai 39, *pfingsten* [. . .] – grübelei über den GUTEN MENSCHEN. wie kann die parabel luxus bekommen? wie kann der eindruck der milchmädchenrechnung vermieden werden? dem ausgerechneten entspricht das niedliche. das mädchen muß eine große, kräftige person sein. die stadt muß eine große, staubige, unbewohnbare stadt sein. das handicap ist: zuviel handlung. kein platz für abschweifung und umweg. so ist alles zu sehr rationalisiert. dramatischer taylorismus. nebenbei muß die gefahr der chinoiserie bekämpft werden. gedacht ist eine chinesische vorstadt mit zementfabriken usw. da sind noch götter und schon flugzeuge. vielleicht soll der liebhaber ein arbeitsloser flieger sein?

15. 7. 39 – immer noch über dem GUTEN MENSCHEN. erste szene wieder umgearbeitet. die hauptsache war es, auch in den bösen lao go entwicklung hineinzubringen. dann wurde das stück zu lang. meine zeitzettel für die szenen zeigten schreckliche verspätungen. nun sind fünfstundenstücke für den dreistundentag nicht zu lang, insbesondere, wenn sie episch, dh nicht anstrengend sind. aber jetzt sind zweieinhalb stunden genug.

11. 9. 39 – ich komme ins stocken bei der arbeit an der *parabel*. sie fließt nicht voll. vieles ist zu spitzfindig, das ganze besteht noch aus stellen. schönen, realistischen, scharfsinnigen – und anderen.

6. 5. 40 – kleine leere wohnung in tölö für einen monat ergattert. helli fuhr mit einem lastauto herum und holte sich in zwei stunden die nötigen möbel zusammen, fünf leute borgten sie, die wir gestern nicht kannten. wir zogen in der letzten april[woche] ein, und ich nahm die arbeit an DER GUTE MENSCH VON SEZUAN ernstlich auf. das stück ist in berlin begonnen, in dänemark und schweden aufgenommen und beiseitegelegt worden. ich hoffe es hier fertigzubekommen.

11. 6. 40 – ich gehe jetzt zum x. male den GUTEN MENSCHEN VON SEZUAN durch, wort für wort mit grete. eifersüchtig verteidige ich meinen vormittag, in der letzten zeit, seit die nachrichten so schlecht werden, erwäge ich sogar, ob ich das frühradio abstellen soll. der kleine kasten steht neben dem lager, meine letzte handlung am abend ist, ihn aus-, meine erste am morgen, ihn anzudrehen.

20. 6. 40 – im großen und ganzen fertig mit dem GUTEN MENSCHEN VON SEZUAN. der stoff bot große schwierigkeiten, und mehrere versuche, ihn zu meistern, seit ich ihn vor etwa 10 jahren angriff, schlugen fehl. vor allem mußte dem schematischen ausgewichen werden. li gung mußte ein mensch sein, damit sie ein guter mensch sein konnte. sie ist also nicht stereotyp gut, ganz gut, in jedem augenblick gut, auch als li gung nicht. und lao go ist nicht stereotyp böse usw. das ineinanderübergehen der beiden figuren, ihr ständiger zerfall usw scheint nun halbwegs gelungen, das große experiment der götter, dem gebot der nächstenliebe das gebot der selbstliebe hinzuzufügen, dem ›du sollst zu andern gut sein‹ das ›du sollst zu dir selbst gut sein‹ mußte sich zugleich abheben von der fabel und sie doch beherrschen. die moralischen prästationen mußten sozial motiviert sein, jedoch mußten sie auch einem besonderen vermögen (besonderem talent, besonderer veranlagung) zugeschrieben werden.

29. 6. 40 – ein weltreich ist zusammengestürzt, und ein zweites wankt in seinen grundfesten, seit ich die letzte fassung des GUTEN MENSCHEN VON SEZUAN begonnen habe, die finnische. ich begann das stück in berlin, arbeitete daran in dänemark und in schweden. es machte mir mehr mühe als je ein anderes stück vorher. ich trenne mich ganz besonders schwer von der arbeit. es ist ein stück,

das ganz fertig sein müßte, und das ist es nicht.

30. 6. 40 – es ist unmöglich, ohne die bühne ein stück fertigzumachen. the proof of the pudding ... wie soll ich feststellen, ob etwa die 6. szene des GUTEN MENSCHEN noch die erkenntnis der li gung von dem (sozialen) grund der schlechtigkeit ihres freundes aushält oder nicht? nur die bühne entscheidet über die möglichen varianten. außer MUTTER und RUNDKÖPFE ist seit der JOHANNA alles, was ich schrieb, ungetestet.

2. 7. 40 – wir grübeln noch über der frage: brot und milch oder reis und tee für die SEZUANPARABEL. natürlich, es gibt in diesem sezuan schon flieger und noch götter. alle folklore habe ich sorgfältig vermieden. andrerseits ist nicht beabsichtigt, aus den französische weißbrote essenden gelben einen witz zu machen. das london der DREIGROSCHENOPER und das kilkoa von MANN IST MANN, diese poetischen konzeptionen scheinen geglückt. zur diskussion steht: soll man nur die sozialen anachronismen beibehalten? die den göttern (und der moral) auf den leib rückende industrie, die invasion europäischer gebräuche. damit bewegte man sich noch auf realem boden. aber weder industrie noch europäertum wird den reis mit dem brot ersetzen. hier hat man dann das chinesische als reine verkleidung und als löchrige verkleidung! leider kann ich mir hier in helsingfors auch keine aufklärung verschaffen.

30. 7. 40 – mich in einigen epigrammen versucht (DIE REQUISITEN DER WEIGEL, DIE PFEIFEN, FINNISCHE SPEISEKAMMER). ganz unfähig, dramatisches zu arbeiten. dabei wäre es so nötig, den GUTEN MENSCHEN fertigzustellen; es handelt sich nur noch um details. in solchen zeiten des stockens wäre journalistische oder theaterarbeit nötig, beides ist jetzt gehindert.

2. 8. 40 [...] – das neue theater ist einfach ein theater des menschen, der angefangen hat, sich selbst zu helfen. 300 jahre technik und organisation haben ihn gewandelt. sehr spät vollzieht das theater die wendung. der shakespearische mensch ist seinem schicksal, dh seinen leidenschaften hilflos ausgeliefert. die gesellschaft bietet ihm keine hand. innerhalb eines durchaus fixierten

bezirks wirkt sich großartigkeit und vitalität eines types dann aus.
das neue theater wendet sich so an den gesellschaftlichen menschen, denn der mensch hat sich gesellschaftlich geholfen in seiner technik, wissenschaft und politik. der einzelne typus und seine handlungsweise wird so bloßgelegt, daß die sozialen motoren sichtbar werden, denn nur ihre beherrschung liefert ihn dem zugriff aus. das individuum bleibt individuum, wird aber ein gesellschaftliches phänomen, seine leidenschaften etwa werden gesellschaftliche angelegenheiten und auch seine schicksale. die stellung des individuums in der gesellschaft verliert ihre ›naturgegebenheit‹ und kommt in den brennpunkt des interesses. der v-effekt ist eine soziale maßnahme.

9. 8. 40 [...] – die kleinen korrekturen des GUTEN MENSCHEN kosten mich ebensoviel wochen, wie die niederschrift der szenen tage gekostet hat. schwierig, bei dem festgelegten wegziel den winzigen szenchen dieses unverantwortliche, zufällige, passable zu verleihen, das man ›leben‹ nennt! dabei ist, zum schluß!, eine kardinalfrage zu entscheiden, die behandlung des problems *li gung – lao go*. es ist möglich 1) bei einer dehnung des parabelelements eine naive auseinandersetzung *götter – li gung – lao go*, so daß alles im moralischen bleibt und zwei widersprechende prinzipien (zwei ›seelen‹) getrennt auftreten, und 2) eine einfache erzählung, wie *li gung* sich in einen vetter verkleidet und dabei die erfahrungen und qualitäten benutzt, die ihr leben im rinnstein in ihr hervorgebracht hat. eigentlich ist nur 2) möglich, sonst müßte die entdeckung der schin (in 7) und das gespräch der schin mit dem schwangeren lao go und das motiv von der unhaltbarkeit des doppelspiels infolge der schwangerschaft wegfallen. die verwandlung vor dem vorhang (4a) ist nichts mystisches, sondern lediglich die artistische lösung, eben durch eine pantomime mit einem song. die schwierigkeit wird akut in den ansprachen, die *lao go* gelegentlich an das publikum hält. die frage ist, ob er das nicht mit li gungs stimme und also auch haltung tun muß. im grund reduziert sich alles auf die führung der 5. szene. dort ist eine äußerung lao gos nötig, damit die änderung seiner haltung verständlich wird. er hat aber keinen vertrauten, und das publikum kann er nicht zum vertrauten machen – als lao go. zudem ist li gungs fall am ende der szene bei lösung 2) schwerer zu verstehen als bei

Die Maske des Bösen

An meiner Wand hängt ein japanisches Holzwerk
Maske eines bösen Dämons, bemalt mit Goldlack.
Mitfühlend sehe ich
Die geschwollenen Stirnadern, andeutend
Wie anstrengend es ist, böse zu sein.

lösung 1). es bleibt als erklärung nur, daß sie eben hier auch als li gung angeredet wird. überhaupt sind die elemente *gut* und *böse* für ein realistisches verkleidungsstück zu sehr isoliert. es müßte dann doch wohl entgleisungen geben. am realistischsten ist da die 9. szene. vielleicht kann man zuziehen, daß li gung zur darstellung des lao go sehr große anstrengung benötigt und, in ihren gewöhnlichen kleidern und vor leuten, die sie als li gung kennen und ansprechen, nicht mehr in der lage ist, böse aufzutreten. hier liegt eine wichtige erkenntnis: wie leicht es ist für sie, gut zu sein, und wie schwer es ist, böse zu sein.

19. 8. 40 – im augenblick kann ich nur diese kleinen epigramme schreiben, achtzeiler und jetzt nur noch vierzeiler. den CAESAR nehme ich nicht auf, weil der GUTE MENSCH nicht beendet ist. wenn ich zur abwechslung den MESSINGKAUF aufschlage, ist es mir, als werde mir eine staubwolke ins gesicht geblasen. wie kann man sich vorstellen, daß dergleichen je wieder sinn bekommt? das ist keine rhetorische frage. ich müßte es mir vorstellen können. und es handelt sich nicht um hitlers augenblickliche siege, sondern ausschließlich um meine isolierung, was die produktion betrifft.

6. 9. 40 [. . .] – PUNTILA und sein knecht KALLE passen gut in die galerie der BAAL, KRAGLER, ANNA BALICKE, GAVESTON, GALY GAY, WITWE BEGBICK, JOHANNA DARK, MAULER, PÄCHTER CALLAS, GALILEI, COURAGE, SHEN TE.

14. 9. 40 [. . .] – ich mache mich an die vorletzte (9.) szene des PUNTILA. der aufriß hat seine beschränkungen von der vorlage her, und der schwejk-ton setzt ebenfalls grenzen, aber das ganze macht doch vergnügen und ist eine erholung nach dem sezuanstück.

25. 1. 41 – lange unlust, dann gretes krankheit haben die arbeit am GUTEN MENSCHEN VON SEZUAN hinausgeschoben. jetzt beende ich ihn. da das stück sehr lang ist, will ich es noch mit poetischem versehen, einigen versen und liedern. es mag leichter und kurzweiliger werden dadurch, wenn es schon nicht kürzer werden kann. das stück beweist, daß die neuere dramatik eine kürzung der arbeitszeit verlangt. es kann leicht sein, daß sogar mittagsstunden für sie frei gehalten werden müssen. die klassische griechische

dramatik bediente sich der tagesstunden, auch die elisabethanische; so hatte sie mehr intelligenz und frische zur verfügung. – man sieht, es gibt einige hindernisse, welche nur weltkriege hinwegräumen könnten.

26. 1. 41 – DAS LIED VOM RAUCH beendet, DAS LIED VOM ACHTEN ELEFANTEN und DAS TERZETT DER ENTSCHWINDENDEN GÖTTER AUF DER WOLKE gemacht (das erste vom rauch mit grete).

30. 1. 41 – DER GUTE MENSCH VON SEZUAN ist das 6. stück, das zunächst nicht wird aufgeführt werden können (DIE HEILIGE JOHANNA DER SCHLACHTHÖFE. FURCHT UND ELEND DES DRITTEN REICHES. LEBEN DES PHYSIKERS GALILEI. MUTTER COURAGE UND IHRE KINDER. HERR PUNTILA UND SEIN KNECHT MATTI.) ebenfalls 6 stücke sind es, die aufgeführt sind, wenn ich von TROMMELN IN DER NACHT und IM DICKICHT DER STÄDTE absehe, die mir fremd geworden sind (BAAL. LEBEN EDWARDS II. VON ENGLAND. MANN IST MANN. DREIGROSCHENOPER. RUNDKÖPFE UND SPITZKÖPFE. DIE MUTTER.)

20. 4. 41 – DER GUTE MENSCH VON SEZUAN ist in zahlreichen exemplaren seit monaten an freunde (in der schweiz, in amerika, in schweden) verschickt, und noch nicht ein einziger brief darüber ist eingelaufen. die bajonette der sieger von 1870 mögen das ›kapital‹ in europa zum sieg geführt haben, die tanks der sieger von 1940 begraben unter sich den GUTEN MENSCHEN VON SEZUAN.
mit jedem siegesrapport hitlers verliere ich an bedeutung als schriftsteller. selbst der buchhändler und kritiker olsoni in helsingfors findet nicht die zeit, mein stück zu lesen. und es gibt immer weniger besucher. (dabei finden sie hier weder verzweifelte noch optimisten!)

24. 4. 41 – wenn ich meine letzten stücke betrachte und vergleiche, GALILEI, MUTTER COURAGE, FURCHT UND ELEND, DER GUTE MENSCH VON SEZUAN, HERR PUNTILA UND SEIN KNECHT MATTI, AUFSTIEG DES UI, so finde ich sie abnorm uneinheitlich in jeder weise. selbst die genres wechseln unaufhörlich. biographie, gestarium, parabel, charakterlustspiel im volkston, historienfarce – die stücke streben auseinander wie die gestirne im neuen weltbild der physik, als sei auch hier irgendein kern der dramatik explodiert.

dabei ist die theorie, die ihnen unterliegt oder abgezogen werden kann, ihrerseits sehr bestimmt gegenüber andern theorien. man darf vielleicht auch nicht vergessen, daß die zeit die verschiedenen werke eines dichters zusammenschmilzt; wie könnten sonst RÄUBER, BRAUT VON MESSINA, TELL oder IPHIGENIE, FAUST, CLAVIGO unter einen hut geraten sein?

20. 11. 41 – die BERGNER hat das SEZUANSTÜCK gelesen, helli meinte, es würde ihr gefallen, und hat ihr zuvor die fabel erzählt. von der lektüre war sie sehr enttäuscht, sie fand es ›so langweilig wie großartig‹. alles unheimlich und dramatisch, jeden augenblick konnte sie die lektüre unterbrechen, niemand wird sich im geringsten interessieren usw usw. ich rate ihr, das ganze noch einmal zu lesen.

21. 3. 42 – die ›natur‹ spiegelt sich merkwürdig in meinen arbeiten. in BAAL ist landschaft und sexualität dem großen asozialen ausgeliefert. in TROMMELN und DICKICHT ist die stadt das schlachtfeld. im EDUARD gibt es artistische landschaft, in MANN IST MANN ist sie ein knockaboutapparat. in JOHANNA ist sie wieder schlachtfeld (der schneefall ist eine soziale erscheinung). MUTTER hat keine landschaft, SPITZKÖPFE UND RUNDKÖPFE haben auch keine, der GALILEI hat ein stückchen interieur (in der mönchszene), das SEZUANSTÜCK ein stückchen stadtansicht, der UI benutzt DICKICHT- und EDUARD-cartoons, die COURAGE gibt landschaft wie die JOHANNA. aber PUNTILA hat beinahe BAALSCHE landschaft, menschliche beziehungen direkter art sind nur in der MUTTER wiedergegeben.

1. 6. 42 – ›chancen‹: 1) MGM überlege ernsthaft eine verfilmung der DREIGROSCHENOPER. 2) jean renoir wolle mit mir einen film schreiben. 3) may wong wolle den GUTEN MENSCHEN VON SEZUAN am broadway aufführen. 4) reinhardt FURCHT UND ELEND.

5. 6. 42 [...] – nachmittags auf granachs betreiben bei anna may wong, einer chinesischen schauspielerin, der er vom GUTEN MENSCHEN erzählt hat. sie hat klabunds KREIDEKREIS in london gespielt.

11. 5. 42 – der schauspieler revy meint, daß die erwähnung des

erwarteten kindes dem schluß des GUTEN MENSCHEN VON SEZUAN jenes minimum des positiven verleihen könnte, das alle vermissen. meiner meinung nach würde es genügen, wenn shen te, die götter anflehend, sie nicht im stich zu lassen, auf ihr kind hinweist, das sie nicht in eine solche welt zu bringen wagt. – allen nicht aufgeführten stücken fehlt dies und das. ohne das ausprobieren durch eine aufführung kann kein stück fertiggestellt werden.

22. 8. 42 – feuchtwanger spricht seit dem curfew oft abends lang telefonisch über dies und das. heut liest er mir einen brief aus zürich vor, nach dem erfolg der MUTTER COURAGE (die etwa 800 [eingefrorene] schweizer franken gebracht hat) will das züricher schauspielhaus jetzt den GUTEN MENSCHEN VON SEZUAN aufführen.

märz, april, mai 43 [. . .] – eine woche bin ich bei weill in new city, wo ich auch eine sezuanfassung für hier herstelle.

21. 7. 43 – wenn immer man fertig ist mit einer arbeit in diesen jahren, entsteht jene vernichtende pause der unnatürlichen nichtverwertung, die überstanden werden muß. der vertriebene steinmetz hat wieder einmal, seiner gewöhnung folgend wie einem laster, einen der felsbrocken in ein bildnis umgewandelt und sitzt nun daneben, ausruhend, wie er sagt, wartend, wie er nicht sagt. solang niemand vorbeikommt, ist alles erträglich, erst wenn sie vorbeikommen, ja erst wenn sie emporblicken, wird es schlimm. und die kunstwerke sind schwer transportierbar, es sind eben felsbrocken, bearbeitet . . . in den 10 jahren habe ich folgende stücke geschrieben:
die rundköpfe und die spitzköpfe
furcht und elend des dritten reiches
leben des physikers galilei
der gute mensch von sezuan
mutter courage und ihre kinder
herr puntila und sein knecht matti
aufstieg des ui
die gesichte der simone machard
the duchess of malfi (bearbeitung)
schweyk
kein schlechtes repertoire einer völlig besiegten klasse.

20. 9. 43 – ISHERWOOD kommt zum abendessen, klein, sanft, zäh, geduldig und geduldheischend. er hat den GUTEN MENSCHEN gelesen, macht einige höfliche komplimente und zeigt unbehagen wegen der götter. ich erkläre ihm, wie sie, die tödlich gewordenen moralvorschriften vertretend, während der inspektionsreise herunterkommen, äußerlich und innerlich, bis sie zuletzt, in jeder hinsicht ausgehungert und desillusioniert, selbst vor der schäbigen schiebung des schlußakts nicht mehr zurückschrecken usw. er lacht mitunter, fängt sich aber dann wieder, läßt verhältnismäßig bald den gegenstand fallen – ich hatte gehofft, er würde sich für eine übertragung interessieren.

mitte november [43] bis mitte märz [44] [...] [...] – verhandelte mit harris über GALILEI, schloß mit WEILL für SEZUANSTÜCK als halbe oper ab.

22. 5. 44 – die prozession der figuren wird länger. BAAL, GARGA, SHLINK, MAË GARGA, EDUARD, GAVESTON, KÖNIGIN ANNA, GALY GAY, BEGBICK, JOAN DARK, MAULER, WLASSOWA, CALLAS, IBERIN, JUDITH CALLAS, GALILEI, SHEN TE, SUN, DER WASSERVERKÄUFER, MUTTER COURAGE, DIE STUMME KATTRIN, PUNTILA, MATTI, UI, MALFI, DER HERZOG, SIMONE, GRUSCHE, DER AZDAK.

7. 1. 48 – a[rmin] kesser, der den krieg über in der schweiz war (früher in berlin, unter jhering am börsencourier), wirft die frage auf, wie tief die mißverständlichkeit meiner stücke in ihnen steckt. in der tat wurde der GALILEI als eine ehrenrettung des opportunismus aufgefaßt; das SEZUANSTÜCK als religiöse (in dem sinn, daß der atheist gottes loyale opposition ist) verurteilung der zweiseelenkonstruktion; die COURAGE als loblied auf die unerschöpfliche vitalität des muttertiers. ich antworte, daß der bürgerliche darstellungsstil alles aus altertum, asiatischem bereich, mittelalter und alles antibürgerliche aus der neueren zeit dem bürgertum als das seine verkaufen kann. der stückeschreiber kann sich nur dadurch retten, daß er die substanz aufgibt oder (und) einen leitartikel anhängt.

16. 11. 52 – frankfurt führt DER GUTE MENSCH VON SEZUAN auf. (da buckwitz, der an den kammerspielen war, als ich in münchen die COURAGE inszenierte, dort intendant ist.) ich war 4 tage dort und versuchte, der aufführung zu deutlichkeit und leichtigkeit zu verhelfen.

Aus den Briefen

Ich schreibe eben ein Parabelstück »Der gute Mensch von Sezuan« (mit einer großen Doppelrolle für eine Frau) fertig und mache mich dann wieder an den »Caesar«. Vielleicht kann ich ihn dann bis zur nächsten Krise fertig haben. Man muß sich ja in dieser schweren und blutigen Friedenszeit unbedingt in die Arbeit stürzen. (Die Römer sagten: ins Schwert stürzen.) [Lidingö, 27. 8. 1939; an Martin Domke]

Wir müssen zwischen all dem Ungemach unsere Arbeit weitermachen. Ob es die Angriffe von Hauswirten oder von Bombenfliegern sind, ob sie Dir kein Geld geben oder kein Papier, irgendwann wirst Du gefragt werden, ob Du das Farbproblem gelöst hast. In sogenannten historischen Zeitläuften, d. h. solchen, wo Geschichte gemacht wird (Wurst gemacht wird), gibt es nur ein Gegenmittel: man muß sich selber in eine historische Persönlichkeit verwandeln. Ich meine, wenn in den Zeitungen eines bestimmten Tages steht, daß die Chinesen Sezuan gestürmt haben, mußt Du Dich eben fragen: Was machte an diesem Tag Tombrock? [Helsinki, 4. 5. 1940; an Hans Tombrock]

»Der gute Mensch von Sezuan« ist nahezu fertig, besser gesagt abgeschlossen. Das Stück hat einiges Technisches, das so alt und so neu ist wie die Streitwägen. Ich schicke es Ihnen, sobald abgeschrieben. [Helsingfors, Juni 1940; an Arnold Ljungdal]

vielen Dank für Briefe und Fotos. Ich bin etwas beschämt, daß ich auf die Radierungen noch nicht geantwortet habe. Meine einzige Entschuldigung: ich mache gerade den »Guten Menschen von Sezuan« fertig, und das ist allerhand Arbeit (zwischen Radioabhören und Wegen nach Paßverlängerung usw.). Das Stück wird, hoffentlich, gut; es ist, in seiner Weise, auch ein Beitrag zum Problem Farbe. Du wirst das sehen, wenn ich es Dir schicken kann. [Helsingfors, 14. 6. 1940; an Hans Tombrock]

Das »Sezuan«-Stück ist so sehr artistisch, man müßte viel Zeit dafür haben, auch die Übersetzung äußerst sorgfältig vorbereiten.
[...] Ich bin sehr froh, daß Dir der »Gute Mensch« gefallen hat, ich würde nichts lieber tun als möglichst bald mit Dir zusammenarbeiten, wir könnten die Zeit auf dem Berge Ararat zu zweit tatsächlich ausnützen. Ich bin überzeugt, daß Du alles unternimmst, das zu organisieren, aber ich weiß natürlich nicht, wie die Möglichkeiten (oder Unmöglichkeiten) sind. Nur sei auch Du überzeugt, daß *ich* alles tue in dieser Richtung. [Santa Monica, August, September 1941; an Erwin Piscator]

Was den »Guten Menschen von Sezuan« angeht, so bin ich Dir selbstverständlich sehr dankbar, daß Du darüber für mich mit der Guild verhandelt hast. Sie werden mir wohl die Übersetzung zeigen, oder ein Modell davon. Nur sag Ihnen, sie sollen nicht das ganze übersetzen lassen, bevor ich was von der Prosa und der Lyrik gesehen habe. Und die Bedingungen für die Übersetzung muß ich ja dann auch wissen, Du verstehst, ich zahle keine 50% dafür von den Tantiemen. Aber das kommt wohl alles erst viel später? [Santa Monica, September 1941; an Erwin Piscator]

Wie ich Ihnen depeschierte, hätte ich am liebsten eine Aufführung des »Sezuan«-Stückes in einer Negerbesetzung (der Schauplatz könnte Jamaica sein?). Das Stück ist wieder frei von Weill. Leider ist keine Übersetzung da. Am besten wäre es, wenn Sie W. H. Auden interessieren könnten. Er hat eben den »Kreidekreis« adaptiert. Da hat ihm sein Freund Stern die Rohübersetzung gemacht, die gut zu sein scheint. Grade, wenn wir eine Negeraufführung planen, brauchen wir eine literarisch erstklassige Übersetzung. (Stern arbeitet übrigens enorm schnell, auch Auden soll schnell arbeiten.) [Santa Monica, Januar 1945; an Leo Kerz]

Ich denke, er muß z. B. feststellen, daß die Stücke in einer Zeit der Kriege und Revolutionen geschrieben sind. (Und in diesem Sinn ist es eine »Übergangszeit«, nicht in dem Sinn, daß die geschätzten Leser im Augenblick, gesättigt mit Ibsen, einen Ibsen II erwarten und einstweilen B. durchblättern.) In Phasen der Auflösung sozialer Ordnungen löst sich nicht auch unbedingt die Literatur auf; ein Teil gehört zu den auflösenden Faktoren. Dem amerikanischen Leser wird es vielleicht interessant sein, daß ich zugleich Lyrik und Episches schreibe und zugleich Theoretisches. Auf allen diesen Gebieten ist einiges Altes zu finden, was man eine Zeitlang nicht mehr gesehen hat, und Neues, das man, wie ich hoffe, eine Zeitlang (von anderen Autoren) sehen wird.

Zunächst ist die Tradition zu untersuchen.* Da sind die großen Themen, die großen Fabeln (Erfindungen) und die großen Individualitäten (Rollen), und Bentley sollte vielleicht diese neue Galerie schildern, die *Kragler, Garga, Galygay, Begbick, Uria, Callas, Judith, Dark, Mauler, Galilei, Courage, Puntila, Matti, Simone, Schweyk, Grusche, Azdak, Shen-Te, Baal, Macheath, Peachum, Polly*. Als Beispiel für die Themen: »Der gute Mensch von Sezuan« (Tödlichkeit bürgerlicher Ethik in bürgerlichen Verhältnissen); »Der kaukasische Kreidekreis« (Eigentum und Justiz); »Galilei« (Wissenschaft und Gesellschaft).

Dann kommen die neuen Elemente (traditionsbildend). Da sind zwei Versuche realistischer Art. (Es muß unbedingt festgestellt werden, daß ich Realist bin, nichts anderes, das poetische Element ist natürlich nichts Unrealistisches!) 1) die realistische Haltung gegenüber dem Thema (das als gesellschaftliches Thema behandelt wird). 2) die realistische Haltung gegenüber dem Publikum (angesprochen als Repräsentant der Gesellschaft, interferierend mit der Gesellschaft).

Die »doktrinäre« Haltung, als dominierend über die unterhaltende, muß behandelt werden, da sie von vielen kommentiert und kritisiert wird. Der Kritizismus ist hauptsächlich eine Folge der Klassenspaltung im Publikum. Wenn ihre Interessen angegriffen werden, fühlen sich die Leute selten unterhalten. In den Zeiten der bürgerlichen Klassiker wurde kein Widerspruch zwischen dem unterhaltenden und belehrenden Element gefühlt, obgleich damals beides da war. Sogar die Methode (dialektischer Materialismus) widersteht dem bürgerlichen Teil des Publikums.

Nebenbei: Es mag Sie interessieren, daß die Kritiken, die ich aus Wien bekam, wo im Sommer »Der gute Mensch von Sezuan« aufgeführt wurde, sich auf einem ganz idiotischen Niveau bewe-

---

* [Anmerkung Brechts:] vergleiche die Bemühungen *Picassos* und *Strawinskis*, zu klassischen Formen Stellung zu nehmen. [Santa Monica, Juli/August 1946; an Elisabeth Hauptmann]

gen, da diese Armen alles symbolisch nehmen, den Gegensatz zwischen Shen-Te und Shui-Ta als einen ewigen, eben menschlichen, auffassen usw. Man müßte einmal den Unterschied zwischen Symbol und Gleichnis erklären. In einem Gleichnis wird einfach realistisch eine historische (vorübergehende, d. h. zum Vorübergehen zu zwingende) Situation abgebildet. Die Zerreißung der Shen-Te ist ein schrecklicher Akt der bürgerlichen Gesellschaft! [Santa Monica, August 1946; an Eric Bentley]

Wie ich es Bentley oft sagte, möchte ich keine kleine experimentelle Aufführung mehr in New York. Ich habe schon zuviel davon gehabt. Außerdem *muß* die Hauptrolle im »Guten Menschen von Sezuan« von einer Artistin ersten Ranges gespielt werden. Ein guter Mensch ist heute nur noch von einer phantasievollen Künstlerin darzustellen, der gute Wille ist da nicht genug.
 N. B. Bentley müßte meiner Meinung nach noch viel lernen, um so schwierige Stücke inszenieren zu können. Besser, ihn hierherschicken zu diesem Zweck. [Berlin, 7. 7. 1949; an Ferdinand Reyher]

[...] sowohl »Mutter Courage« als auch »Der gute Mensch von Sezuan« schicke ich an Sie ab. Es sind Hefte der »Versuche« und die letzten Versionen. Für London geeigneter von den beiden Stücken erscheint mir »Der gute Mensch«. Sie selbst könnten beide Rollen spielen, aber die Shen Te wäre als erstes vielleicht auch lockender für Sie. – Das »Sezuan«-Stück habe ich noch nicht selbst inszeniert. Ich habe für die Aufführung in Frankfurt, die übrigens ein großer Publikumserfolg war, jedoch einige der Arrangements gemacht und mit der Darstellerin die Doppelrolle angelegt und die Art der musikalischen Rezitation besprochen. Die Dekorationen hat Teo Otto aus Zürich gemacht – sehr schön, elegant und leicht. Die Fotografien im »Versuche«-Heft sind nicht sehr aufschlußreich, weil sie die exquisiten Farben nicht wiedergeben. Von beiden Stücken gibt es englische Übersetzungen von Bentley, die meines Erachtens etwas professoral sind; aber das würden Sie zweifellos in Ordnung bringen. (Weder Bentley noch sonst jemand hat ein alleiniges Recht für eine englische Aufführung der Übersetzung.)
 [...] Den »Guten Menschen« könnten Sie natürlich auch bei uns im Schiff spielen. Wir würden Ihnen genehme Zeit dafür

freimachen. How is that. [Berlin, 1. 2. 1955; an Elisabeth Bergner]

[...] aus den Kritiken zu den Aufführungen des »Guten Menschen von Sezuan« in Wuppertal entnehme ich, daß die Tabakfabrikszene mit dem »Lied vom Elefanten« anscheinend schwer darzustellen ist. Man muß da auf eine billige revolutionäre Wirkung unbedingt verzichten gegenüber der etwas bitteren Wahrheit. Das Lied wird von den Tabakarbeitern zwar als Spottlied auf den Aufseher gesungen, der Sinn der Szene besteht aber darin, daß der Aufseher schlauerweise die Tabakarbeiter zur schnelleren Arbeit anpeitscht, indem er den Rhythmus des Gesangs beschleunigt: die Singenden müssen also sozusagen geradezu ins Japsen kommen, während der Aufseher, bequem sitzend, lacht. Die Szene zeigt eher die Schwäche des Widerstandes als seine Stärke und sollte *dadurch* tragisch wirken.

Entschuldigen Sie, daß ich Ihnen das schreibe, obwohl ich nicht weiß, ob Sie nicht von selbst aus diese Szene schon so angelegt haben. [Berlin, 18. 4. 1955; an das Nordmark-Landestheater / Horst Gnekow]

[...] ich habe bedauert, daß ich mir Ihre Aufführung nicht ansehen konnte. Ich habe viel Gutes darüber gehört. Ich kann mir denken, daß das Stück dem Publikum einige Schwierigkeiten bereitet und vielleicht umsomehr Schwierigkeiten, je sinngerechter es aufgeführt wird. Es ist ein Parabelstück, und schließlich sind es die Besucher der Stadt Sezuan, die ihre Stadt zu sehen bekommen, und es ist leicht möglich, daß sie dem Stückschreiber und den Schauspielern vorwerfen, was ihnen an ihrer Stadt nicht gefallen mag. Deshalb möchte ich Ihnen und Ihren Schauspielern noch einmal für Ihre mutige und – wie ich höre – schöne Aufführung danken. [Berlin, 14. 5. 1955; an Franz Reichert]

[...] wer immer Ihre Aufführung des »Guten Menschen« gesehen hat, berichtet mir, wie schön sie geworden ist. Das bestätigt mir nur, daß mein Vorschlag richtig war, hier in Berlin ein Gastspiel zu veranstalten. Das Berliner Publikum kennt meine Stücke nur in meiner Inszenierung, und das halte ich nicht für gut: diese Aufführungen lassen keinen Schluß zu auf ihre *allgemeine* theatralische Eignung. Auch für die Schauspieler des Berliner Ensembles wäre ein Sehen der Münchener Aufführung mit Ihrer interessanten Regie und Ihren großen Schauspielern sehr lehrreich – wir sollten alles versuchen, den Termin so zu legen, daß sie die Aufführung noch besuchen können. Im Austausch würde ich das Ensemble am liebsten mit einem Stück nicht von mir nach München schicken – um zu zeigen, daß unsere Spielweise nicht auf meine Stücke beschränkt ist. – Über die finanzielle Frage müßte von Theater zu Theater verhandelt werden; davon verstehe ich nichts.

Mit Freude erfahre ich, daß eine maßgebliche Stelle in München schon ihr Einverständnis zu einem Gastspiel gegeben hat. Es wäre wundervoll, wenn es zustande käme. Das Ensemble ist schon durch die Möglichkeit erregt. [Berlin, 7. 8. 1955; an Hans Schweikart]

Arbeitsmaterialien

Fabelerzählungen

1. Zeitungsbericht

BBA 181/53–55 = Bestandsverzeichnis Nr. 1614

ZEITUNGSBERICHT

Aus der Provinz Sezuan wird eine merkwürdige Geschichte berichtet. Ein Tabakfabrikant der Hauptstadt, Herr Lao Go, stand vor Gericht unter der Anklage, seine Cousine, ein Fräulein Li Gung, ermordet zu haben. Dieses Fräulein Li Gung erfreute sich, wie die Zeugenvernehmungen ergaben, bei dem niedrigen Volk der Vorstädte des Rufs eines »guten Menschen«. Sie brachte es sogar zu dem romantischen Titel »der Engel der Vorstädte«. Ursprünglich ein einfaches Straßenmädchen, kam sie, angeblich durch ein Geschenk der Götter, in den Besitz eines kleinen Kapitals. Sie kaufte sich einen Tabakladen, den sie aber auf eine so selbstlose Art führte, daß er schon nach wenigen Tagen vor dem Ruin stand. Sie fütterte in dem übervölkerten und sehr armen Viertel eine Reihe von Leuten mit durch und zeigte sich sogar ganz außerstande, einer neunköpfigen Familie, die sie kaum kannte, in ihrem winzigen Laden das Asyl zu verweigern. Kurz vor der Katastrophe erschien jedoch ein junger Mann, stellte sich den mannigfachen Schmarotzern als Vetter des Fräulein Li Gung vor und brachte die verworrenen Geschäfte durch scharfes Zugreifen halbwegs wieder in Ordnung. Ein bestimmter Vorfall beleuchtet sein Vorgehen. Die Familie schickte einen Halbwüchsigen aus, um Milchflaschen von den Türschwellen der Nachbarn zu stehlen. Der Vetter erhob keinerlei Einspruch, rief jedoch dann einen Polizisten in den Laden und unterhielt sich so lange mit ihm, bis der Junge mit der gestohlenen Milch zurückkehrte. Die Gäste wurden sogleich auf die Wache gebracht, und Fräulein Li Gung war sie los. Das Fräulein selbst hielt sich, während der Vetter das Geschäft rettete, abseits.

Als sie wieder zurückkam und der Vetter, Herr Lao Go, sich entfernt hatte, nahm sie ihre Mildtätigkeit nur noch in sehr vermindertem Umfang wieder auf. Sie trat jedoch dafür in intime

Beziehungen zu einem stellungslosen Postflieger, einem gewissen Yü Schan, den sie, wie man im Viertel sich zuraunte, vor einem Selbstmordversuch bewahrt hatte. Ihr Wunsch, ihm durch ein Darlehen zu einer Stellung als Postflieger in Peking zu verhelfen, scheiterte allerdings, da ihr Laden doch nicht die Goldgrube war, als die solche kleinen Geschäfte gemeinhin vom Publikum angesehen werden. Die von wenigen humanitären Rücksichten behinderten Methoden des sogenannten »Tabakkönigs von Sezuan«, Herrn Feh Pungs, bedrohten auch ihren Laden. Als in ihrer unmittelbaren Nähe einer der Kettenläden des Herrn Feh Pung eröffnet wurde, in dem man den Tabak zu halbem Preis kaufte, rief sie auf allgemeinen Rat ihren Vetter wieder zu Hilfe. Dieser wußte tatsächlich [Typoskript weist an dieser Stelle eine Lücke auf.]

Schon bei seinem ersten Besuch hatte er ihnen verheimlicht, daß der Laden am allererstern Tag von Feh Pung verwarnt worden war; nur so war er in ihren Verein zur gegenseitigen Unterstützung aufgenommen worden. Nun nahm er ihren Tabak an, der ihn instand setzen sollte, auszuhalten, verhandelte aber gleichzeitig mit Feh Pung und veranlaßte den Tabakkönig zu einem Sonderangebot für den Laden auf Kosten der anderen. Jedoch zögerte er, den Wunsch seiner Cousine zu erfüllen, ihrem Liebhaber Yü Schan die gewünschte Stellung zu kaufen, was ihm durch den Verkauf des Ladens möglich gewesen wäre. Dieser Yü Schan ließ ihm gegenüber anscheinend allzu unverblümt seine Spekulation auf Li Gungs Geld durchblicken. Anstatt Yü Schan entgegenzukommen, arrangierte der tüchtige Herr Vetter eine Vernunftheirat Fräulein Li Gungs mit dem wohlhabenden Herrn Kau, einem Barbier. Wie es scheint, hatte er freilich nicht mit Yü Schans Macht über seine Cousine gerechnet. Es gelang dem Flieger jedenfalls, sich ihres vollen Vertrauens zu versichern und sie zu einer Liebesheirat mit ihm zu bewegen. Die Heirat lieferte den Vorstädten allerhand Gesprächsstoff, denn sie kam nie zustande. Die kleinen Tabakhändler nämlich, die von dem Plan des Herrn Lao Go, Li Gungs von ihnen allen gemeinsam über Wasser gehaltenen Laden an den Tabakkönig auszuliefern, Wind bekommen hatten, erreichten bei Li Gung ohne große Mühe, daß sie diese Absicht durchkreuzte. Hier versagte die Macht ihres Liebhabers völlig. Herr Lao Go, den er rufen ließ, damit er seine Cousine »zur Vernunft bringe«, erschien nicht, und Li Gung bekannte sich tief betroffen durch Yü Schans Vorgehen und machte ihm gegenüber kein Hehl daraus, daß ihr Vetter ihn für einen Mitgiftjäger und schlechten Menschen halte, worauf die ganze Hochzeit aufflog. Wäre das Viertel nicht so im Bann seines »Engels der Vorstädte« gestanden, hätte es wohl zu diesem Zeitpunkt und vielleicht schon früher den erstaunlichen Tatbestand, der all dem zugrunde lag, durchschauen müssen: Herr Lao Go war niemand anders als Fräulein Li Gung selbst. Als tüchtiger »Vetter« ermöglichte sie durch nicht immer unbedenkliche Manipulationen die guten Taten, die ihr so viel Bewunderung eintrugen. Dieser Tatbestand blieb jedoch in Sezuan noch lange verborgen. Die Tabakhändler kamen leider nicht mehr in den Genuß von Li Gungs Selbstaufopferung. Die wenige Zeit, die sie sich für ihren Heiratsversuch genommen hatte, hatte genügt, Zweifel an ihrer Loyalität aufkommen zu lassen. Die Tabakhändler hatten, einander selbst unterbietend, ihre Läden nach dem schönen Refrain »Den letzten beißen die Hunde« dem Tabakkönig ausgeliefert. Li Gung aber mußte einem alten Freunde gegenüber, dem Wasserverkäufer Sun, das Geständnis machen, daß sie sich schwanger fühle. Die Not war groß. Ihr Laden stand nunmehr vor dem endgültigen Ruin. Zum dritten- und, wie es sich erwies, letztenmal tauchte der Vetter auf. Er hatte die Aufgabe, den Tabakladen für das erwartete Kind zu retten, dem nunmehr alle Liebe des Mädchens galt. Er zeigte keinerlei Bedenken, was die Wahl der Mittel anging. Die Bewunderung des Barbiers für seine »Cousine« und zugleich das Vertrauen vieler kleiner Leute in den »Engel der Vorstädte« finanziell ausschlachtend, richtete er [eine] Schwitzbude übelster Sorte ein, in der die alten Schützlinge und Kollegen für Hungerlöhne Tabak verarbeiteten. Auch Yü Schan, den Vater des Kindes, spannte er für das rasch aufblühende Geschäft ein. Li Gung hatte vor ihrem dritten Verschwinden seiner Mutter für ihn eine Stellung versprochen, in der er sich »durch ehrliche Arbeit bessern konnte«. Unter Herrn Lao Gos harter Hand wurde er Antreiber in der neuen Fabrik. Als Angestellten finden wir ihn ständig in Herrn Lao Gos Nähe. Dieser Verkehr wurde Herrn Lao Go denn auch schließlich zum Verhängnis. Gelegentliche kleine Geschenke privater Art brachten Yü Schan zu dem Verdacht, Herr Lao Go halte seine Cousine in einem Gelaß hinter dem Laden gefangen. Er begann Erpressungsversuche, auf die der Tabakhändler natürlich nicht einging. Am Ende holte der Enttäuschte die Polizei, und in dem Gelaß wurden sämtliche Kleidungsstücke und Habseligkeiten der verschwundenen Li Gung entdeckt. Der Mordanklage kann Herr Lao Go nur durch ein rückhaltloses Geständnis des wahren Tatbestands, seiner Identität mit Fräulein Li Gung, begegnen. Lao Go verwandelt sich vor dem erstaunten Gerichtshof zurück in Li Gung: Die Geißel der Vorstädte und der Engel der Vorstädte waren ein und dieselbe Person. Die Schlechtigkeit war eine Kehrseite der Güte, gute Taten waren nur zu ermöglichen durch schlechte Taten – ein erschütterndes Zeugnis für den unglücklichen Zustand dieser Welt.

Eine poetische Beleuchtung erfährt der Vorfall, der in Sezuan sehr belacht wird, durch die Behauptungen eines Wasserverkäufers, Li Gungs Anfangskapital sei ihr tatsächlich von drei Göttern überreicht worden, die ihm gesagt hätten, sie suchten in Sezuan einen guten Menschen, und die ihm auch mehrere Male im Traum erschienen seien, um sich nach den Taten des guten Menschen zu erkundigen. In den Richtern, vor denen das Geheimnis am Ende entschleiert wird, will er diese Götter wiedererkannt haben.

Man kann annehmen, daß diese Götter, wer immer sie gewesen sein mögen, jedenfalls mit einigem Erstaunen festgestellt haben werden, wie man es in Sezuan anstellt, ein guter Mensch zu sein.

2. Der gute Mensch von Sezuan (Fabel)

BBA 2149/88–93 = Bestandsverzeichnis Nr. 1566

Prolog

Drei Götter kommen in die Stadt Sezuan. Sie suchen nach einem guten Menschen, da ein Gerücht bis zu ihnen gelangt ist, daß es auf dieser Erde schwerer und schwerer geworden sei, gut zu sein. Mit Hilfe eines gefälligen Wasserverkäufers machen sie auch die Bekanntschaft eines guten Menschen, nämlich des armen Freudenmädchens Chen-Te. Jedoch beschwert auch sie sich darüber, daß es ihr beinahe unmöglich sei, alle Gebote der Götter einzuhalten, da es ihr allzu schlecht gehe. Um ihr eine Chance zu geben, machen die Götter ihr ein Geldgeschenk und verlassen sie mit den besten Wünschen.

1

Mit dem Geldgeschenk der Götter hat die gute Chen-Te sich einen kleinen Tabakladen eingerichtet. Da sie sich sogleich bemüht, die Gebote der Götter zu befolgen, ihren Nächsten zu helfen, ihre eigenen Interessen hintanzusetzen und selbst die übertriebensten Forderungen ihrer nicht immer gutartigen Mitmenschen zu befriedigen, ist ihr Laden allerdings schon am Abend des Eröffnungstages dem Ruin nahe. Eine achtköpfige Familie hat ihn als Asyl gewählt. Die »Gäste« raten ihr zynisch, um weitere Bittsteller abzuwehren, einen Vetter zu erfinden, dem der Laden eigentlich gehöre und der ein harter Mann sei. Zur Schlafenszeit ist für Chen-Te kein Platz mehr in ihrem eigenen Laden, und sie muß weggehen.

2

Zum tiefsten Erstaunen der »Gäste« öffnet sich am nächsten Morgen die Ladentür, und ein sehr hart aussehender junger Geschäftsmann betritt den Laden. Er stellt sich als Chen-Tes Vetter vor. Er fordert die Familie höflich, aber scharf auf, das Lokal zu räumen, da seine Cousine hier ihr Geschäft betreiben müsse. Als sie nicht gutwillig gehen wollen, ruft er kurzerhand die Polizei, welche einige Mitglieder der Familie wegen eines geringfügigen Vergehens ins Gefängnis abführt. Um sich vor dem Publikum zu rechtfertigen, zeigt er uns, daß es sich um schlechte Menschen handelte: Einige Säcke, die die Familie zurückgelassen hat, enthalten Opium! – Die freundlichen Beziehungen, die sich zwischen dem Vetter und der Polizei angesponnen haben, tragen sogleich Früchte. Ein dankbarer Polizist macht ihn aufmerksam auf das schmeichelhafte Interesse, das der gegenüberwohnende wohlhabende Barbier Chu-Fu für seine hübsche Cousine angedeutet hat. Er ist bereit, ein Stelldichein im Stadtpark zu vermitteln. Der Vetter zeigt sich interessiert: Che-Te ist ganz offensichtlich unfähig, ohne Schutz ihren Laden zu führen, und er selber muß wieder wegreisen und wird kaum wieder zurückkehren können.

3

Wir sehen Chen-Te im Stadtpark auf dem Wege zum Stelldichein mit dem reichen Barbier. Zu ihrem Schrecken erblickt sie unter einem Baum einen abgerissenen jungen Mann, der eben im

Begriffe ist, sich aufzuhängen. Sie erfährt von ihm, daß er ein stellungsloser Postflieger ist und die 500 $ nicht aufbringen kann, die eine Fliegerstellung in Peking kostet. Ein Regenschauer treibt Chen-Te zu ihm unter den Baum. Ein zartes Gespräch entspinnt sich. Zum ersten Mal kostet Chen-Te die Freude einer von materiellen Interessen ungetrübten Beziehung zwischen Mann und Weib. Bevor sie nach Hause geht, hat sie dem Flieger auch versprochen, ihm zu seiner Stellung in Peking zu verhelfen. Sie meint, daß ihr Vetter vielleicht die 500 $ beschaffen kann. Freudestrahlend berichtet sie ihrem Vertrauten, dem Wasserverkäufer, daß sie, ausgehend, einen zu treffen, der ihr helfen könnte, einen getroffen hat, dem sie helfen kann.

Zwischenspiel

Vor den Augen des Publikums verwandelt sich Chen-Te in den Vetter Chui-Ta. Während sie in einem Lied erklärt, daß man gute Taten nicht ohne Gewalt und Härte begehen kann, legt sie Kleid und Maske des bösen Chui-Ta an.

4

Chen-Te hat ihren Freund, den Flieger Sun, in den Tabakladen gebeten. Anstelle des Mädchens findet er den Vetter Chui-Ta. Dieser erklärt sich bereit, die 500 $ für die Fliegerstellung zu beschaffen, die er als eine finanziell gesunde Basis für Sun und Chen-Te ansieht. Er hat die Tabakgroßhändlerin Mi Tzü herbestellt, und sie bietet für den Laden sogleich 300 $. Das Geschäft wird schnell perfekt, da Sun keinerlei Hemmungen zeigt. Strahlend steckt er die 300 $ ein. Die Beschaffung der Restsumme von 200 $ ist allerdings ein Problem. Der Vetter löst es, indem er unbedenklich beschließt, jenes Opium zu Geld zu machen, das die achtköpfige Familie seinerzeit in Chen-Tes Laden zurückgelassen hat. Groß ist jedoch sein Erstaunen, ja Entsetzen, als er auf eine beinahe zufällige Frage feststellen muß, daß der Flieger nicht daran denkt, das Mädchen mit sich nach Peking zu nehmen. Er bricht natürlich die weiteren Verhandlungen brüsk ab. Der Flieger läßt sich nicht so leicht abspeisen. Nicht nur gibt er die erhaltenen 300 $ nicht zurück – er gibt auch seiner Zuversicht Ausdruck, daß er die Restsumme von dem Mädchen ohne Schwierigkeiten herausbekommen werde, da sie ihm ja blind hörig sei. Er verläßt triumphierend den Laden, um vor der Tür auf sie zu warten. Chui-Ta, außer sich vor Zorn und Verzweiflung, sendet nach dem Barbier Chu-Fu und erklärt ihm, daß seine Cousine sich durch ihre grenzenlose Güte ruiniert habe und sofort eines mächtigen Gönners bedürfe. Der verliebte Barbier ist bereit, »bei einem kleinen Abendessen zu zweit« die Sorgen des Fräuleins zu bereden. Während Chui-Ta geht, »seine Cousine zu verständigen«, betritt der Flieger Sun wieder den Laden, Böses ahnend. Als Chen-Te aus dem Hintergelaß des Ladens tritt, um mit dem Barbier auszugehen, tritt Sun ihr in den Weg. Er erinnert sie an ihre Liebe, er erwähnt jenen regnerischen Abend im Stadtpark, wo sie sich fanden. Arme Chen-Te! Alles Wissen Chui-Tas um den unverschämten Egoismus des Fliegers ist hinweggeschwemmt von den Gefühlen der liebenden Chen-Te. Nicht mit dem Barbier, den ihr kluger Vetter für sie bestimmt hat, geht sie weg, sondern mit dem Mann, den sie liebt.

5

In der Frühdämmerung nach einer Liebesnacht erscheint eine glückliche Chen-Te vor einem Teehaus der Vorstadt. Sie bringt ein Säcklein mit Opium, das sie im Teehaus verkaufen will, um die restlichen 200 $ aufzubringen, die ihrem Flieger zum Fliegen verhelfen sollen. In einer Art Pantomime mit Musik sehen wir mit ihr, wie die Opiumraucher nach einer Nacht der Ausschweifung das Teehaus verlassen, taumelnd, fröstelnd, verwüstet. Der Anblick dieser Ruinen bringt sie zur Besinnung. Sie ist ganz außerstande, mit dem Verkauf eines so tödlichen Giftes ihr Glück zu erkaufen. Sun muß das verstehen. Er wird sie nicht wegjagen, wenn sie mit leeren Händen zu ihm zurückkehren wird. Von dieser Hoffnung erfüllt, geht sie eilends weg.

6

Chen-Tes Hoffnung hat sich nicht erfüllt. Sun hat sie verlassen. Er vertrinkt in niederen Kneipen das Geld, das der Verkauf des Ladens eingebracht hat. Wir treffen Chen-Te wieder, wie sie ihre wenigen Habseligkeiten im Hof auf einen Wagen packt. Ihr kleiner Laden, das Geschenk der Götter, ist verloren. Als sie die Wäsche von der Leine nimmt, wird ihr schwindlig, eine Nachbarin bemerkt höhnisch, daß ihr sauberer Liebhaber ihr wohl auch noch ein Kind angehängt habe. Chen-Te erfüllt diese Entdeckung mit unbeschreiblicher Freude. Sie begrüßt das Ungeborene, des Fliegers Sohn, als den zukünftigen Flieger. Sich umblickend, sieht sie, ihren Augen nicht trauend, ein Kind aus der Nachbarschaft, Speisereste aus ihrem Kehrichteimer fischend – es hat Hunger. Der Anblick bringt eine völlige Wandlung in ihr hervor. In einer großen Ansprache an das Publikum verkündet sie ihren Entschluß, sich für das Kind in ihrem Schoß in einen reißenden Tiger zu verwandeln. Nur so kann es, so scheint ihr, vor dem Elend und dem Verkommen bewahrt bleiben. Nur der Vetter kann da helfen.

Zwischenspiel

Der Wasserverkäufer fragt das Publikum, ob es Chen-Te gesehen hat. Sie ist seit 5 Monaten verschwunden. Der Vetter ist reich geworden und wird allenthalben der Tabakkönig genannt. Es geht jedoch das Gerücht, daß er seinen Wohlstand dunklen Geschäften verdanke. Der Wasserverkäufer ist überzeugt, es ist Opiumhandel.

7

Der Tabakkönig Chui-Ta sitzt einsam in dem alten, aber nun elegant gewordenen Tabakladen der Chen-Te. Er ist dick geworden. Nur die Bedienerin weiß warum. Die Herbstregen scheinen ihn melancholisch zu stimmen. Die Bedienerin macht sich über ihn lustig. Denkt man etwa an jenen abendlichen Regen im Stadtpark? Wartet man immer noch auf den verschollenen Flieger? Die Ladentüre geht, und ein heruntergekommener Mensch tritt ein. Es ist Sun. Chui-Ta fragt ihn in tiefer Erregung, was er für ihn tun kann. Der einstige Flieger weist rauh Kleider und Essen zurück. Er will nur eines: Opium. Chui-Ta, in dem unvergessenen Liebhaber ein Opfer seines dunklen Gewerbes erblickend, beschwört ihn, dieses verheerende Laster aufzugeben, da kommt der Wasserverkäufer Wang und fragt, wie allmonatlich, nach dem Verbleib der Chen-Te. Er hält Chui-Ta vor, er habe aus ihrem eigenen Munde erfahren, daß sie schwanger sei, und er beteuert, daß Chen-Tes Freunde nie aufhören würden, nach ihr zu fragen, da gute Menschen so selten wie nötig seien. Das ist zu viel für Chui-Ta. Er geht wortlos in das Nebengelaß. Sun hat mitangehört, daß Chen-Te ein Kind erwarte. Er wittert sofort eine Möglichkeit zur

Erpressung. Da hört er aus dem Gelaß ein Schluchzen: Es ist unverkennbar Chen-Tes Stimme. Wenn Chui-Ta in den Laden zurückkehrt, erneuert Sun seine Forderung nach Opium, und da Chui-Ta sie abschlägt, entfernt er sich, Drohungen ausstoßend. Chui-Tas Geheimnis steht vor der Entdeckung. Er muß fliehen. Er ist im Begriff, den Laden und Sezuan zu verlassen, als Sun mit der Polizei zurückkommt. Eine kurze Haussuchung fördert Chen-Tes Kleid zutage. Der Tabakkönig wird unter Mordverdacht abgeführt.

8

Der Wasserverkäufer hat einen Traum. Es erscheinen ihm die drei Götter und fragen ihn nach Chen-Te. Er muß ihnen sagen, daß Chen-Te von ihrem Vetter ermordet worden ist. Die Götter erschrecken. Auf ihrer ganzen Reise durch die Provinz haben sie keinen zweiten guten Menschen gefunden. Sie werden sofort zurückkommen.

9

Zu dem Prozeß gegen den Tabakkönig Chui-Ta, der die ganze Vorstadt auf die Beine gebracht hat, erscheinen als Richter die drei Götter. In der Verhandlung werden allgemein die guten Werke der Chen-Te gepriesen und die Untaten des Chui-Ta verurteilt. Chui-Ta entschuldigt verzweifelt seine Härte mit seinem Bestreben, seiner weltfremden Cousine zu helfen. Er betrachtet sich als ihren einzigen echten und selbstlosen Freund. Befragt nach ihrem augenblicklichen Aufenthaltsort, weiß er keine Antwort. In die Enge getrieben, verspricht er ein Geständnis, wenn der Saal geräumt würde. Mit seinen Richtern allein gelassen, nimmt er seine Verkleidung ab: er ist Chen-Te. Die Götter sind entsetzt. Der einzige gute Mensch, den sie gefunden haben, ist der verhaßteste Mann der Stadt! Das darf nicht wahr sein. Außerstande, dieser Tatsache ins Auge zu blicken, beordern sie eine rosa Wolke und besteigen sie eilig, um wieder in ihren Himmel aufzufahren. Auf ihren Knien bittet Chen-Te sie um ihre Hilfe und ihren Rat. »Wie kann ich gut sein und nicht umkommen ohne meinen Vetter, Erleuchtete?« – »Versuch es jedenfalls!«, sagen die Götter verlegen. – »Aber den Vetter muß ich haben, Erleuchtete!« – »Nicht zu oft, nicht zu oft!« – »Jede Woche zumindest!« – »Jeden Monat, das genügt.« Und in Verzweiflung sieht sie ihre Götter verschwinden nach oben, lächelnd winkend.

Wenn die Tore des Gerichtssaals sich wieder öffnen, begrüßt die Menge entzückt den wiedergekehrten guten Menschen von Sezuan.

3. Frühes Bruchstück der Fabel

BBA 182/106 = Bestandsverzeichnis Nr. 1599

Als aber der Mangel immer mehr wuchs und nahm überhand das Geschrei aller Kreatur, entstand eine Unruhe unter den Göttern. Denn es waren der Klagen viele, daß da keine Gottesfurcht mehr sei, wo der Mangel zu groß ist. Und sie sagten: So wir die Welt änderten, die mit Mühe erschaffen ist, entstünde eine große Unordnung. Wenn wir also solche finden, die standhaft sind im Mangel und unsere Gebote halten im Elend, soll die Welt bleiben, wie sie ist und da keine Unordnung sein.

Es machten sich aber auf drei der obersten unter ihnen, zu suchen Gottesfürchtige, daß sie sie fänden, ihre Gebote halten und widerstehen im Mangel.

Und sie kamen in die Stadt Sezuan und fanden dort einen Wasserverkäufer, der gottesfürchtig war, und er ging herum, für sie Obdach zu suchen. Und er lief herum für sie in der Stadt einen ganzen Tag, und er fand kein Obdach.

Und sagte: »Ich habe gedacht, daß es leicht sei, denn sie gehören zu den obersten der Götter, und es ist nur für eine Nacht. Aber es gibt kein Haus, das ihnen Obdach böte in Sezuan.«

Und er kam zu ihnen zurück und vertröstete sie und ging wieder und kehrte sich an ein Mädchen, das er kannte, mit Namen [LI GUNG] um Obdach.

Und sie sahen, daß sein Maßbecher, aus dem er Wasser verkaufte, einen zwiefachen Boden hatte.

Pläne

1. Stückpläne

Plan BBA 182/5 = Bestandsverzeichnis Nr. 1584

Vorspiel
1 Die Hure bekommt einen Tabakladen
2 Der Herr Vetter muß ihn retten
3 Die Hure verliebt sich
4 Der Herr Vetter soll es bezahlen
5 Der Hure einziger Freund
6 Die Heirat der Hure
7 Der Verdacht
8 Prozeß

Plan BBA 181/29–35 = Bestandsverzeichnis Nr. 1607

0 Vorspiel
Die Götter suchen einen guten Menschen

1 Tabakladen
Li Gung macht einen Tabakladen auf

2 Tabakladen
Der Herr Vetter muß ihn retten

3 Allee am Abend
Li Gung verliebt sich

4 Barbierstube
Der Herr Vetter soll es bezahlen

5 Tabakladen
Der Herr Vetter plant eine Vernunftheirat, aber was hilft Vernunft den Liebenden?

6 Restaurant
Li Gungs Liebesheirat

7 Li Gungs Kammer
Mutterfreuden und der feuchte Fleck

8 In der Vorstadt
Ein Laden für Li Gungs Sohn

9 Tabakladen
Wo ist der Engel der Vorstädte?

10 Vor Gericht
Die Götter erkennen ihren guten Menschen von Sezuan wieder

Plan BBA 181/37–40, 46–50 = Bestandsverzeichnis Nr. 1608–1612

0 Straße in der Vorstadt
Die Götter suchen einen guten Menschen

1 Tabakladen
Eröffnung und Ruin eines Tabakladens

2 Tabakladen
Der Herr Vetter saniert

3 Park am Abend
Liebe, eine Himmelsmacht

4 Platz vor dem Tabakladen
Der Tabakkönig

5 Tabakladen
Kampf des Herrn Vetters mit dem Tabakkönig

6 Restaurant
Die Liebesheirat

7 Tabakladen
Mutterfreuden

8 In der Vorstadt
Eine Tabakfabrik für Li Gungs Sohn

9 Tabakladen bei Regen
Wo blieb der Engel der Vorstädte?

10 Vor Gericht
Die Götter finden ihren guten Menschen wieder

Glückliches Ende

Plan BBA 181/1–10 = Bestandsverzeichnis Nr. 1600
Großer Arbeitsplan (Transkription der Handschriften)

[Zu 1]
Freundlichkeit der LG / Schreiner: vor Zeugen Anspruch notiert / »Zerbrecht nicht das Wassergerät!« / Hauswirtin / Die Invasion *ehrlicher* Leute! / Die Hauswirtin: Ja, eine Option, aber nicht bezahlt! / Über die Hauswirtin: sie wollte ihn selber, sie hat Baracken / Die 7 Säcke Rohtabak / Die Verächter müssen an die Götter glauben / Statt Schreiner: die dicke Hure / Die 8 schreien: Der Großvater

[Zu 2]
LG Ich muß weg / Schin: sein Rat ist ein Schild: Laden zu verkaufen / Die Familie / Der Schreiner / Der Polizist / Diebesgut. Sie wollen es nicht mitnehmen / Die Hauswirtin verlangt Miete oder kündigt

[Zu 3]
Li Gung: Lob des Regens / Alles oder nichts ist seine Parole

[Zu 4]
Vorschlag *Meineid* vom Arbeitslosen / Lied der LG: / Warum haben die Götter nicht Tanks und Kanonen? / Schlachtschiffe und Bombenflugzeuge und Minen / Die Bösen zu fällen, die Guten zu schonen / Es stünde nicht besser mit uns und mit ihnen! / Sie zeigt Sun triumphierend das Kuvert mit der Miete / Die Miete wird nicht bezahlt

[Zu 5]
Er will keinen Laden, er will fliegen / Der Barbier bietet seine Baracken an

[Zu 6]
Sie haben alle zu rauchen / »Raucht! Raucht den Laden auf!«
    3   4   2 5 6 7 1
/ »Der Laden geht in Rauch auf heut« / Sie hat Unterkunft für die Schützlinge / Sun verbirgt seine Hand.

[Zu 7]
(Im Hof spielend, die Wäsche wird gewaschen) / Sun erfährt von der Schwangerschaft / Frau Yu: Anstatt für 2 zu packen, nur für sich. – Er wollte mich zurücklassen. / Li Gung erkennt. / Beim Wäschehängen wird Li Gung schwindlig / Schan soll noch fliegen / Sun verbirgt seine Hand / Li Gung gesteht, sie lud ihn nicht zur Hochzeit, weil sie ihm nicht in die Augen schauen konnte / Er

1
die überschwemmung

das kleine boot, das die götter verliehen haben, ist schnell bis zum kentern besetzt von unglücklichen./ eine familie erhält unterkunft./ die einstige besitzerin wird versorgt/ frühere lieferanten kommen mit forderungen/ die hauswirtin verlangt bürgschaft/

2
notwehr und annonce

der herr vetter kommt und räumt auf./ die familie wird der polizei übergeben/die lieferanten werden abgefunden/ die besitzerin wird vertröstet/ aber keine bosheit ersetzt den mangel an kapital und hilft gegen die mächtigen und eine annonce muss entworfen werden, in der für li gung ein wohlsituierter mann gesucht wird.

in einem zan ruf/ sie geh mit einem woh er/ trifft d flieger scha aufhängen wi verliebt sic von eun, de ihn ein glas

der flieger soll fliegen

suns hand wird zerbrochen, ~~weil er für li gung gutes tun sieht~~/ li gung berichtet von ihrer liebe und kauft einen shawl/ der barbier verliebt sich sterblich in sie/ sie aber entdeckt suns verletzung und sucht zeugen für ihn/ umsonst/ sie bietet einen meineid an/ das teppichhändlerpaar belauscht ein gespräch zwischen ihr und schans mutter über eine stelle für schan, die 400 jen kostet/ sie bieten eine bürgschaft für den laden an/ der flieger soll fliegen/

sieg der liebe

der vetter schafft die summa für schan/ er verramscht an die hauswirtin das verpfändete geschäft/ er macht die bekanntschaft schans und durchschaut ihn/ er bespricht sich mit dem barbier/ sun wird enttäuscht/ li gung soll gutes tun können/ schan und der barbier reden zum publikum/ li gung entscheidet sich für schan/

6

die hochzeit

schan will heiraten und verkaufen/ man wartet auf den vetter/ die teppichhändler kommen gelaufen und werden von li gung beruhigt/ wohin li gung kommt, kommt der vetter nicht/

7

mutterfreuden

mutterfreuden/ schans mutter/ die bürgschaft/ die kehrichttonne/ der schreiner/ der herr vetter wird für li gungs kleinen sohn sorgen/

die t

die kinder
ppen die t
mt eine ans
sich als an
der tabakar

9
das gerücht

regen/ die hauswirtin/ schan macht
eine entdeckung/ die könige rauchen
und eine volksmenge versammelt
sich/ die polizei greift ein/

10
der prozess

als richter erscheinen die
götter/ der tabakkönig er-
schrickt/ der prozess/ die
enthüllung/ die götter entfernen sich auf einer wolke/

zeigt ihr, daß er die Hand fast nicht brauchte. / Die Arbeitslosen *begrüßen* die Arbeit
[Zu 8]
Ich fürchtete, er würde sich aufhängen, aber er war wohl zu hungrig dafür.
[Zu 9]
Lao Go kann sich nicht bücken / Der Ausverkauf
[Zu 10]
Als von der Leihgabe der Alten die Rede ist, grünt [?] bei den Göttern eine Hoffnung auf. Sie sind Atheisten, sicher, aber doch eben gut. / Leider sind sie ruiniert. / Enttäuschung groß. / Ich gestehe. Laßt mich euch die furchtbare Wahrheit gestehen: Ich bin euer guter Mensch!
Wo hat man je erlebt, daß ein Mann von dem Einfluß dieses Lao Go vor Gericht einen schweren Stand gehabt hätte?

2. Pläne für die fünfte Szene

Plan BBA 181/60 = Bestandsverzeichnis Nr. 1619

Lao Go gibt das Mietsgeld weg, damit Shan gleich einen Vorschuß zahlen kann. Der Verkauf des Ladens wird die restlichen 300 Yen bringen und, selbst ohne die Säcke, auch noch die 200 für die Alten.

Dann bringt der Laden nur 300 und dies mit den Säcken.

Lao Go ist immer noch einverstanden. Er wird die 300 Shan aushändigen. Die Alten haben nichts Schriftliches in der Hand. Die Eigentümer der Säcke werden nicht wagen, Vergütung zu verlangen, da ihre Ware unsauber ist.

Da entdeckt Lao Go, daß das Reisegeld für zwei fehlt. Er stutzt und verlangt die 200 zurück. Zuerst muß das Billett für Li Gung gezeigt werden.

Shan weigert sich, die 200 zurückzugeben. Li Gung wird keine Fragen fragen, ihr Laden ist ihr nichts, wenn die Götter sie fragen, warum sie den Laden weggegeben hat, wird sie zurückfragen, warum sie ihr einen Schoß gegeben haben.

Lao Go erkennt, daß Shan nicht liebt und der Laden verloren ist.

Plan BBA 181/61 = Bestandsverzeichnis Nr. 1620

1

Der Herr Vetter wird Yü Sun auf den Zahn fühlen, erwartet Frau Schin. Der reiche Herr Kiau interessiert sich ebenfalls für das Fräulein.

2

Die Fliegerstelle in Peking und das Versprechen des Hangarverwalters.

3

Die Hausbesitzerin besteht auf dem Mietskontrakt, jedoch macht sie ein Angebot für den Tabak. Es ist sehr niedrig.

4

Der Herr Vetter stellt eine kleine Unstimmigkeit in den Plänen des Liebhabers fest und will alles Fräulein Shen Te überlassen.

5

Yü Sun erklärt laut, daß er sich seiner Macht über Shen Te bewußt ist und worin sie besteht.

6

Unter dem Protest des Herrn Vetters eignet er sich die Kaufsumme für den Tabak an.

7

Der Herr Vetter erfährt von Yü Suns Plan, Shen Te zu verlassen, und trifft Gegenmaßnahmen zu ihrer Rettung.

Mit den Gemeinheiten, die der Ladenverkauf nötig macht, das heißt dem Verrat der Freunde und den Anschlägen gegen Unbekannte, ist der Vetter einverstanden, jedoch sieht er in der Heirat eine materielle Chance für Shen Te, sexuell wie finanziell. Die

Fragwürdigkeit dieser Chance erkennend, verwirft er das Projekt.

Plan BBA 181/62 = Bestandsverzeichnis Nr. 1621

1

Der Charakter des Yü Sun ist nicht durchgeführt. Seine hooliganhafte Großartigkeit, die in 3 und in 6 zum Ausdruck kommt und die auch für 9 wichtig ist, kontrastiert mit seinem braven Eifer, zu der Fliegerstelle zu kommen. Eine Komposition kann nur auf der Basis der Naivität beruhen.

2

Wenn er sich seiner sexuellen Macht über Shen Te rühmt, muß es geschehen, damit die Hausbesitzerin überzeugt wird. Die Rede muß zugleich delikater und realistischer sein. Auch länger.

3

Der Vetter verschleudert den Laden (oder läßt ihn durch Yü Sun verschleudern), weil Shen Te Liebe braucht und weil die Stelle in Peking gut ist. Shen Tes Motiv war lediglich, dem Geliebten zu helfen. Der Vetter kann Shen Tes Anspruch auf Liebe ausdrükken, indem er einen Dichter zitiert.

4

Das Einverständnis des Vetters mit den dunklen Machenschaften, durch die allein man zu dem benötigten Geld gelangen kann, muß deutlicher sein. Getrieben wird er von Yü Sun nur zu den materiellen Zugeständnissen – das heißt dazu, billig zu verkaufen.

5

Der Vetter erlebt zwei Enttäuschungen. Die materiellen Vorteile der Stelle scheinen Shen Te nicht zugute kommen zu sollen, denn Yü Sun beabsichtigt, sie zu verlassen, und sein Reden über die Liebe erregt Zweifel daran, ob er selber liebt.

Plan BBA 181/63 = Bestandsverzeichnis Nr. 1622

Im Teeraum zu Herrn Kiaus Barbiersalon (Wartezimmer). Schan spricht mit Herrn Kiau über den Verkauf seines Ladens. Kiau bietet sehr wenig. Herein Schan. Lao Go verbirgt sich hinter Zeitungen. Schan muß warten, prahlt vor Kiau mit seiner Macht über ein Mädchen, spricht von seinen Zukunftsplänen. Dann wird er hineingerufen.

Lao Go zögert jetzt, den Verkauf perfekt zu machen. Er nennt den Namen seiner Kusine. Der Barbier erklärt seine Liebe für das Fräulein. Eine Unterredung wird ausgemacht zwischen Li Gung und dem Barbier.

Lao Go. Von drinnen hört der Barbier Schan über seinen Einfluß auf Fräulein Li Gung reden. Schan beim Herauskommen wird vom Barbier mit der Verkündung der bevorstehenden Verlobung überrascht.

Li Gung kommt und geht mit Schan weg.

Plan BBA 181/64 = Bestandsverzeichnis Nr. 1623

Schan kommt zu Lao Go in den Laden, der ihm auf den Zahn fühlt wegen der Stelle. Er erkennt, daß die Stelle in Peking dem Laden durchaus vorzuziehen ist, und ist bereit, ihn zu verkaufen für 500.

Die Wirtin will nur 300 geben. Lao Go vergißt sofort die Alten: Sie haben auch nichts Schriftliches in der Hand. Die Säcke werden ebenfalls mit verschachert: Die Eigentümer werden nicht wagen, Li Gung gerichtlich zu belangen.

Lao Go entdeckt, daß Schan weder das Reisegeld noch das Geld für die erste Zeit hat. Schan über seine Macht über das Mädchen, die alles machen werde, was er wolle, auch die erste Zeit hier bleiben. Lao Go droht mit seinem Einfluß, da er alles machen werde für seine Kusine. Schan rät ihm, dann die 300 bei der Hochzeit abzuliefern, da sonst das Mädchen verloren sei.

Zusammenbruch Lao Gos: der Laden ist weg!

Die Schin kommt und berichtet von dem sauberen Geliebten Li Gungs, der nur ein Billett nach Peking habe. Lao Go hält sie nicht zurück, als sie jetzt den Barbier holen will.

Lao Go und Barbier besprechen die sofort stattzufinden[de] Unterredung zwischen Li Gung und Barbier. Lao Go verspricht, sie gleich zu holen.

Schan kommt und kommt in Streit mit Barbier.

Li Gung geht mit Schan weg.

Plan BBA 181/65 = Bestandsverzeichnis Nr. 1624

Lao Go und Frau Mi Tsü sprechen über den Verkauf des Ladens. Sie will nur 200 geben. Die Säcke kommen dazu: Gut, dann 300, wenn dafür Li Gung am Montag schon herausgeht statt am ersten.

Die Schin, die das Gespräch belauscht hat, öffnet dem Vetter die Augen über Schan, den sauberen Herrn, der nur ein Billett nach Peking gekauft hat. Gleichzeitig berichtet sie von dem tiefen Interesse des reichen Barbiers für Fräulein Li Gung. Sie wird von Lao Go nicht zurückgehalten, als sie sagt, sie wird den Barbier zu einer Besprechung holen.

Schan kommt und will von dem Laden Besitz ergreifen. Der Vetter ist kühl. Prophezeit, daß Li Gung ihn nicht nehmen wird. Schan über die Macht der Liebe. Lao Go droht mit seinem Einfluß bei Li Gung, für die er übrigens jedes Verbrechen zu begehen bereit ist. Schan verläßt sich dann auf den gesunden Menschenverstand des Vetters, der doch wohl Li Gungs Bestes wolle: denn die 200 gebe er nicht mehr heraus!

Zusammenbruch Lao Gos: der Laden ist weg!

Der Barbier kommt, die beiden Herren besprechen das Zusammentreffen Li Gungs mit dem Barbier. Lao Go verspricht, sie holen zu gehen.

Monolog des Barbiers.

Die beiden Freier, Barbier und Schan, im Wortgefecht.

Li Gung kommt heraus und geht mit Schan weg.

Plan BBA 181/66 = Bestandsverzeichnis Nr. 1625

Im Teeraum zu Herrn Kiaus Barbiersalon sitzt ein Herr hinter Zeitungen. Schan wartet. Da es ihm zu lang wird, erzählt er seinem Nachbarn, irgendeinem dicken Herrn, von seiner Zukunft. Prahlt mit seiner Macht über ein Mädchen.

Schan wird hineingerufen, der Herr, der gelesen hat, läßt die Zeitungen sinken: es ist Lao Go.

Der Barbier kommt und fragt, was Lao Go von ihm will, der ihn um eine Besprechung gebeten hat. Lao Go erklärt, daß er für seine Kusine den Laden habe verkaufen wollen, daß er sich jetzt aber frage, ob es ratsam sein könne. Der Barbier gibt sein Interesse für Fräulein Li Gung zu erkennen, und darauf bittet Lao Go, der Barbier möge mit Fräulein Li Gung sprechen. Da die Sache wegen der Hausbesitzerin schon heute entschieden werden müsse, werde er seine Kusine herschicken.

Schan kommt zurück und spricht noch einige Sätze mit dem dicken Herrn, wobei Li Gungs Name fällt. Der Barbier tritt für sie ein und verkündet die bevorstehende Verlobung.

Li Gung kommt und geht mit Schan weg.

Plan BBA 181/67 = Bestandsverzeichnis Nr. 1626

Lao Go erfährt durch Frau Schin, daß sich der reiche Barbier Herr Kiau für Fräulein Li Gung interessiert. Er geht nicht darauf ein.

Schan sieht den Laden und ergreift Besitz.

Lao Gos Frage, ob Schan nicht doch den Laden weiterführen wolle, wird von diesem verneint: Die Vorzüge der Stelle in Peking werden erklärt.

Lao Go gibt Schan die 200 Yen der Alten, damit er sie als Vorauszahlung dem Hangarverwalter schicken kann.

Die Wirtin kommt, sich zu erkundigen, ob Fräulein Li Gung den Laden behalten wird. Sie hört, daß Li Gung sich verheiraten will, wenn es ihr gelingt, ihrem Geliebten das Geld für die Stelle zu beschaffen. Die Wirtin, hörend, daß 300 fehlen, bietet soviel für den ganzen Laden, wenn Li Gung am Montag zieht. Beim Auszug wird das Geld fällig. Wirtin ab.

Lao Go fragt nach dem Reisegeld und dem Geld für die erste Zeit und erhält ausweichende Antworten. Er erschrickt. Bringt dann das zweimalige Verpfänden zur Sprache. Schan spricht von seiner Macht über Li Gung. Schan ab.

Die Schin kommt zurück und warnt vor dem sauberen Herrn, der nur ein Billett nach Peking gelöst habe! Noch einmal bringt sie den Barbier vor, Lao Go, erstarrt, hält sie nicht zurück, dorthin zu gehen.

Lao Gos Zusammenbruch. Entschluß, Li Gung vor Schan zu retten.

Der Barbier.

Schan und Barbier.

Li Gung kommt und geht mit Schan weg.

Plan BBA 181/68 = Bestandsverzeichnis Nr. 1627

Der Vetter soll Geld beschaffen, gleichgültig, wie, er verramscht den Laden für die 400 Yen. Geschädigt werden Bürgen, und geschädigt wird eine Familie in Peking. All dies kümmert den Vetter wenig, aber die Erkenntnis, daß Schan nur des Geldes willen heiratet, schlägt dem Faß den Boden durch. Der Vetter ist entsetzt. Li Gung ist bankrott, steht auf der Straße. Sie hat ihre Vorräte nicht mehr, die so viel gekostet haben. Und sie hat den Laden auf dem Hals. So bahnt der Vetter eine Geldheirat an. Li Gung wird [...] des Geldes wegen heiraten müssen. Sie entscheidet anders. Anstatt des ordentlichen Mannes, der sie liebt und der ihr eine Existenz verschaffen wird, in der sie Gutes tun kann, wählt sie, gewarnt, wie sie ist, den Lumpen, der sie nicht liebt und dessen Bemühungen um eine Existenz Verbrechen erfordern.

Fassungen einzelner Szenen

1. Zwei Fassungen der ersten Szene [Paralleldruck]

Fassung BBA 182/6 ff. = Bestandsverzeichnis Nr. 1585

Der neue Tabakladen der Li Gung

LI GUNG Drei Tage [Wochen] ist es her, seit die Götter weggezogen sind. Die Aufgabe, die sie mir gestellt haben, wird sehr schwer sein. Ich bin von finsteren Ahnungen erfüllt. Ich dachte, es wird am besten sein, wenn ich nicht mehr mich, sondern etwas anderes verkaufe. Von dem Geld, das sie mir für ihr Nachtlager bezahlten, viel Geld für ein Nachtlager, habe ich einen Tabakladen gekauft. Sein früherer Besitzer wurde von einer Krankheit hingerafft. Gestern bin ich eingezogen. Aber schon am ersten Abend kam die Witwe des Tabakhändlers und bat mich um Milch für ihre Kinder, und jetzt sehe ich sie wieder die Gasse herunterkommen mit ihrem Topf.
Die Witwe Si tritt auf. Die Frauen verbeugen sich voreinander.
LI GUNG Guten Tag, Frau Si.
FRAU SI Guten Tag, Fräulein Li Gung. Wie gefällt es Ihnen in der neuen Wohnung?
LI GUNG Gut. Wie haben Ihre Kinder die Nacht zugebracht?
FRAU SI Ach, in einem fremden Haus, wenn man diese Baracke ein Haus nennen darf! Das Kleinste hustet schon.
LI GUNG Das ist schlimm!
FRAU SI Ach, Sie wissen ja gar nicht, was schlimm ist. Ihnen geht es gut. Aber Sie werden noch allerhand Erfahrungen machen hier in dieser Bude. Das ist ein Elendsviertel! Wer raucht, läßt anschreiben, und wer nicht anschreiben lassen kann, der raucht nicht. Mein Mann ist nicht umsonst krank geworden hier.
LI GUNG Davon sagten Sie mir nichts, als Sie mir den Laden verkauften.
FRAU SI Machen Sie mir nur nicht jetzt auch noch Vorwürfe! Zuerst werfen Sie mich und meine Kinder auf die Straße, und dann heißt es eine Bude und Elendsviertel. Das ist der Gipfel!
Sie weint. Ein Arbeitsloser kommt.

*Fassung BBA 1460 [= Druckfassung] =
Bestandsverzeichnis Nr. 1571 [= Fassung BBA 160/17 ff.,
korrigiert; Nr. 1565]*

*Ein kleiner Tabakladen
Der Laden ist noch nicht ganz eingerichtet und noch nicht eröffnet.*
SHEN TE *zum Publikum:* Drei Tage ist es her, seit die Götter weggezogen sind. Sie sagten, sie wollten mir ihr Nachtlager bezahlen. Und als ich sah, was sie mir gegeben hatten, sah ich, daß es über tausend Silberdollar waren. – Ich habe mir mit dem Geld einen Tabakladen gekauft. Gestern bin ich hier eingezogen, und ich hoffe, jetzt viel Gutes tun zu können. Da ist zum Beispiel die Frau Shin, die frühere Besitzerin des Ladens. Schon gestern kam sie und bat mich um Reis für ihre Kinder. Auch heute sehe ich sie wieder über den Platz kommen mit ihrem Topf.
Herein die Shin. Die Frauen verbeugen sich voreinander.
SHEN TE Guten Tag, Frau Shin.
DIE SHIN Guten Tag, Fräulein Shen Te. Wie gefällt es Ihnen in Ihrem neuen Heim?
SHEN TE Gut. Wie haben Ihre Kinder die Nacht zugebracht?
DIE SHIN Ach, in einem fremden Haus, wenn man diese Baracke ein Haus nennen darf. Das Kleinste hustet schon.
SHEN TE Das ist schlimm.
DIE SHIN Sie wissen ja gar nicht, was schlimm ist, Ihnen geht es gut. Aber Sie werden noch allerhand Erfahrungen machen hier in dieser Bude. Dies ist ein Elendsviertel.
SHEN TE Mittags kommen doch, wie Sie mir sagten, die Arbeiter aus der Zementfabrik?
DIE SHIN Aber sonst kauft kein Mensch, nicht einmal die Nachbarschaft.
SHEN TE Davon sagten Sie mir nichts, als Sie mir den Laden verkauften.
DIE SHIN Machen Sie mir nur nicht jetzt auch noch Vorwürfe! Zuerst rauben Sie mir und meinen Kindern das Heim, und dann heißt es eine Bude und Elendsviertel. Das ist der Gipfel. *Sie weint.*

Shui Ta
Zeichnung von Gabriele Mucchi

SHEN TE *schnell:* Ich hole Ihnen gleich den Reis.
DIE SHIN Ich wollte Sie auch bitten, mir etwas Geld zu leihen.
SHEN TE *während sie ihr den Reis in den Topf schüttet:* Das kann ich nicht. Ich habe doch noch nichts verkauft.
DIE SHIN Ich brauche es aber. Von was soll ich leben? Sie haben mir alles weggenommen. Jetzt drehen Sie mir die Gurgel zu. Ich werde Ihnen meine Kinder vor die Schwelle setzen, Sie Halsabschneiderin! *Sie reißt ihr den Topf aus den Händen.*
SHEN TE Seien Sie nicht so zornig! Sie schütten noch den Reis aus!

Herein ein ältliches Paar und ein schäbig gekleideter Mensch.

DIE FRAU Ach, meine liebe Shen Te, wir haben gehört, daß es dir jetzt so gut geht. Du bist ja eine Geschäftsfrau geworden! Denk dir, wir sind eben ohne Bleibe! Unser Tabakladen ist eingegangen. Wir haben uns gefragt, ob wir nicht bei dir für eine Nacht unterkommen können. Du kennst meinen Neffen? Er ist mitgekommen, er trennt sich nie von uns.
DER NEFFE *sich umschauend:* Hübscher Laden!
DIE SHIN Was sind denn das für welche?
SHEN TE Als ich vom Land in die Stadt kam, waren sie meine ersten Wirtsleute. *Zum Publikum:* Als mein bißchen Geld ausging, hatten sie mich auf die Straße gesetzt. Sie fürchten vielleicht, daß ich jetzt nein sage. Sie sind arm.
  Sie sind ohne Obdach.
  Sie sind ohne Freunde.
  Sie brauchen jemand.
  Wie könnte man da nein sagen?
Freundlich zu den Ankömmlingen: Seid willkommen! Ich will euch gern Obdach geben. Allerdings habe ich nur ein kleines Kämmerchen hinter dem Laden.
DER MANN Das genügt uns. Mach dir keine Sorge.
DIE FRAU *während Shen Te Tee bringt:* Wir lassen uns am besten hier hinten nieder, damit wir dir nicht im Weg sind. Du hast wohl einen Tabakladen in Erinnerung an dein erstes Heim gewählt? Wir werden dir einige Winke geben können. Das ist auch der Grund, warum wir zu dir kommen.
DIE SHIN *höhnisch:* Hoffentlich kommen auch Kunden?
DIE FRAU Das geht wohl auf uns?
DER MANN Psst! Da ist schon ein Kunde!

DER ARBEITSLOSE Meine Halbe. Ach so, Sie sind neu. Ich bekomme eine halbe Zigarette, da ich nur ein paar Züge brauche und das Geld nicht zum Hinauswerfen habe. Morgen hole ich dann die andere Hälfte. Ich bezahle auch nur die Halbe. Ich kenne mich, wenn ich sie einstecke, rauche ich sie noch diesen Abend auf.
Li Gung lacht.
LI GUNG Das sind verwickelte Geschäfte.
FRAU SI Lassen Sie ihn seine Züge rasch machen, sonst fällt er Ihnen im Laden um. Er fällt nämlich alle Augenblicke um, weil er sich in der Tabakfabrik die Gesundheit ruiniert hat.
LI GUNG Heute gebe ich Ihnen eine Zigarette gratis, weil ich eröffne.
DER ARBEITSLOSE Ich rauche sie aber dennoch nur halb, oder nein, gratis rauche ich sie ganz. *Er stolpert hinaus.*

FRAU SI Sie werden den Laden nicht lange haben, wenn Sie ihn so eröffnen. Ich wollte Sie übrigens bitten, das Geld für die Mietschulden nicht an den Hauswirt, sondern an mich auszuzahlen.
LI GUNG *während sie Milch in den Topf schüttet:* Das kann ich nicht.
FRAU SI Ich brauche es aber. Von was soll ich leben? Sie haben mir alles weggenommen. Jetzt stecken Sie mit dem Hauswirt unter einer Decke und drehen mir die Gurgel zu. Ich werde Ihnen meine Kinder auf die Schwelle setzen, Sie Halsabschneiderin. *Sie reißt ihr den Topf aus den Händen und geht bis vor die Tür, wo sie horchend stehenbleibt.*
LI GUNG Sie hat keinen Anspruch, aber sie hat Hunger: das ist mehr. Wozu braucht sie ein Recht auf Brot, wenn sie doch Hunger hat!
EINE MÄNNERSTIMME *ruft von oben:* Fräulein Li Gung! Könnten Sie mir meinen Umschlag machen? Sie haben doch versprochen, nach mir zu sehen.
Ein älterer Mann erscheint in der Tür, an einem Stock humpelnd, einen Fuß umwickelt.
DER MANN *während ihm Li Gung um seinen Fuß einen Lappen legt:* Haben Sie wieder alles gratis abgegeben?
LI GUNG Was soll ich denn machen? Sie haben alle nichts.

Ein abgerissener Mann tritt ein.
DER ABGERISSENE MANN Entschuldigen Sie. Ich bin arbeitslos.
Die Shin lacht.
SHEN TE Womit kann ich Ihnen dienen?
DER ARBEITSLOSE Ich höre, Sie eröffnen morgen. Da dachte ich, beim Auspacken wird manchmal etwas beschädigt. Haben Sie eine Zigarette übrig?
DIE FRAU Das ist stark, Tabak zu betteln! Wenn es noch Brot wäre!
DER ARBEITSLOSE Brot ist teuer. Ein paar Züge aus einer Zigarette, und ich bin ein neuer Mensch. Ich bin so kaputt.
SHEN TE *gibt ihm Zigaretten:* Das ist wichtig, ein neuer Mensch zu sein. Ich will meinen Laden mit Ihnen eröffnen, Sie werden mir Glück bringen.
Der Arbeitslose zündet sich schnell eine Zigarette an, inhaliert und geht hustend ab.
DIE FRAU War das richtig, liebe Shen Te?
DIE SHIN Wenn Sie den Laden so eröffnen, werden Sie ihn keine drei Tage haben.
DER MANN Ich wette, er hatte noch Geld in der Tasche.
SHEN TE Er sagte doch, daß er nichts hat.
DER NEFFE Woher wissen Sie, daß er Sie nicht angelogen hat?
SHEN TE *aufgebracht:* Woher weiß ich, daß er mich angelogen hat!
DIE FRAU *kopfschüttelnd:* Sie kann nicht nein sagen! Du bist zu gut, Shen Te! Wenn du deinen Laden behalten willst, mußt du die eine oder andere Bitte abschlagen können.

DER MANN Sie müssen unbedingt sagen, der Laden gehöre nicht Ihnen. Sagen Sie, er gehört einem Verwandten, der von Ihnen genaue Abrechnung verlangt. Noch besser wäre es, wenn Sie sich nach einem Mann umsehen. Es müßte ein ruhiger, älterer Mensch sein, der Sinn für Häuslichkeit hat. Jemanden wie mich zum Beispiel, der seine kleine Rente bezieht und Ihnen nicht weglaufen kann.

LI GUNG *lächelnd:* Weil sein Fuß schlecht ist?

DER MANN Über so was sollten sie nicht lachen. Ich weiß, daß man über Krüppel lacht.

LI GUNG Aber Sie denken doch nicht, daß mir das etwas ausmacht?

DER MANN Sie können doch eigentlich mit sich machen, was Sie wollen? *Er faßt ihr ans Kinn.*

LI GUNG *langsam:* Sie werden lachen, aber ich habe wirklich einen Verwandten, der mich berät. Es ist ein Vetter.

DER MANN Ein Vetter? Da weiß ich ja Bescheid. Da kann ich ja meinen Fuß auch allein einbinden. *Er humpelt zornig zur Tür.* Werden Sie mir meinen Tee aufstellen?

LI GUNG Sicher! Ich werde eben meinen Laden etwas früher schließen.

DER MANN Ich bin keine so schlechte Partie, wie Sie denken. Ich habe meinen Fuß ganz gut ausgenutzt. *Er zieht sie beiseite und sagt ihr etwas ins Ohr, dann wieder laut, auf sein krankes Bein schlagend:* Bares Kapital! Also kommen Sie nur herauf heute abend. *Ab.*

FRAU SI *steckt den Kopf wieder herein:* Tun Sie das nicht! Was hat er Ihnen denn gesagt über sein Bein? Wenn Sie sich nicht vorsehen, wird er Sie noch heiraten, Sie können ja nicht nein sagen.

LI GUNG Er ist arm
Er ist allein
Er braucht jemand.
Wie soll man da nein sagen?
Er braucht jemand, der ihm sein Bein einbindet
Er braucht jemand, der ihm das Teewasser kocht.
Wer kann sich da zurückhalten?

FRAU SI Der würde Ihnen nie erlauben, daß Sie mir für meine Kinder auch nur ein Kännchen Milch geben.

LI GUNG Niemals.

DER MANN Sag doch, er gehört dir nicht. Sag, er gehört einem Verwandten, der von dir genaue Abrechnung verlangt. Kannst du das nicht?

DIE SHIN Das könnte man, wenn man sich nicht immer als Wohltäterin aufspielen müßte.

SHEN TE *lacht:* Schimpft nur! Ich werde euch gleich das Quartier aufsagen, und den Reis werde ich zurückschütten!

DIE FRAU *entsetzt:* Ist der Reis auch von dir?

Er ist schlecht
Er ist ein Betrüger
Er sitzt in seiner Kammer und fragt:
Wer hat mit mir Mitleid?
Wie könnte man da nein sagen?

FRAU SI Soviel Dummheit habe ich noch nie auf einem Haufen gesehen! Aufgeblasene Person! *Sie läuft weg, Verwünschungen murmelnd.*

Zwei ältere Prostituierte treten ein.

EINE DICKE Ach, Li Gung, du bist ja hoch gestiegen! *Zur andern:* Sie ist Geschäftsfrau geworden! Das trifft sich gut, wir beide haben nämlich keine Bleibe. Da können wir wohl bei dir unterkommen.

LI GUNG Ich habe allerdings nur ein Zimmerchen hinter dem Laden.

DIE BEIDEN Das genügt uns. Hier kann wenigstens keine Vermieterin Krach machen, wenn wir jemand mitbringen.

DIE DICKE Setz dich. Gib mal die Zigaretten herüber. Ach, ist das schön, endlich einmal irgendwo fest sitzen!

DIE MAGERE Du scheinst ja nicht besonders erfreut. Kannst du bestreiten, daß wir ein Dach über dem Kopf brauchen?

LI GUNG *traurig:* Nein.

Zum Publikum: Sie haben mich immer von der Straße gejagt, als ich dort mein Brot suchte, aber soll ich sie auf die Straße jagen? Sie sind so häßlich. Sie kommen mir um. Freilich mein Laden wird darunter leiden.

Kaum ist da eine windgeschützte Stelle
Kommt des ganzen winterlichen Himmels zerzaustes Gevögel
  geflogen
Ängstlich schwankt das Dach und öffnet sich.
Und der hungrige Fuchs
Durchbeißt die dünne Wand, und der einbeinige Wolf
  Stößt den kleinen Eßnapf um!

Der Schreiner Ma tritt ein

DER SCHREINER Ach, Sie packen schon die Stellagen voll? Aber
DIE DICKE Nein. Die da ist es.
DER SCHREINER Ach, Sie packen schon die Stellagen voll. Aber die gehören Ihnen nicht. Das heißt, wenn Sie sie nicht bezahlen. Der Lump, der hier gesessen hat, bezahlte doch nichts. *Zu den*

SHEN TE *zum Publikum:*
 Sie sind schlecht.
 Sie sind niemandes Freund.
 Sie gönnen keinem einen Topf Reis.
 Sie brauchen alles selber.
 Wer könnte sie schelten?

Herein ein kleiner Mann.
DIE SHIN *sieht ihn und bricht hastig auf:* Ich sehe morgen wieder her. *Ab.*
DER KLEINE MANN *ruft ihr nach:* Halt, Frau Shin! Sie brauche ich gerade!
DIE FRAU Kommt die regelmäßig? Hat sie denn einen Anspruch an dich?

andern: Ich bin nämlich der Schreiner.

LI GUNG Aber ich dachte, das gehört zur Einrichtung, die ich bezahlt habe?
DER SCHREINER Betrug! Alles Betrug! Sie stecken natürlich unter der Decke! Ich verlange meine 200 Yen, so wahr ich Ma heiße.
LI GUNG Wie soll ich das bezahlen, ich habe kein Geld mehr!
DER SCHREINER Dann lasse ich Sie einsteigern, sofort. Sie bezahlen sofort oder ich lasse Sie einsteigern.
LI GUNG Kann es nicht morgen sein?
DER SCHREINER Nein.
LI GUNG Seien Sie nicht hart, Herr Ma Fu. Ich kann nicht allem Verlangen gleich nachkommen.
Ein wenig Nachsicht und die Kräfte verdoppeln sich
Ein Durch-die-Finger-Sehen und der Baum
Beugt sich schon unter den Pfirsichen. Wie
Sollen wir zusammenleben ohne Geduld?
Mit einem kleinen Aufschub
Werden die größten Werke geschafft.
Nur ein Weilchen gedulden Sie sich, bitte, Herr Ma Fu!
DER SCHREINER Und wer geduldet sich mit mir?
Er rückt die Stellage von der Wand und schüttelt sie, daß zwei Porzellantöpfe mit Tabak herunterfallen: Werden Sie bezahlen?
LI GUNG *traurig:* Sie wissen vielleicht noch nicht, Herr Ma, daß ich einen Vetter habe, der alles Geschäftliche für mich regelt. Schreiben sie mir Ihre Forderung auf. Ich schicke sie ihm dann.
DER SCHREINER Solche Vettern kennt man, hehe!
DIE DICKE Lachen Sie nicht so dumm, ich kenne ihn, nicht wahr, Li Gung?
DIE MAGERE Einen Mann wie ein Messer!
DER SCHREINER Er soll meine Rechnung haben! *Er setzt sich nie-*

SHEN TE Sie hat keinen Anspruch, aber sie hat Hunger: das ist mehr.

DER KLEINE MANN Die weiß, warum sie rennt. Sind Sie die neue Ladeninhaberin? Ach, Sie packen schon die Stellagen voll. Aber die gehören Ihnen nicht, Sie! Außer, Sie bezahlen sie! Das Lumpenpack, das hier gesessen ist, hat sie nicht bezahlt. *Zu den andern:* Ich bin nämlich der Schreiner.

SHEN TE Aber ich dachte, das gehört zur Einrichtung, die ich bezahlt habe?

DER SCHREINER Betrug! Alles Betrug! Sie stecken natürlich mit dieser Shin unter einer Decke! Ich verlange meine 100 Silberdollar, so wahr ich Lin To heiße.

SHEN TE Wie soll ich das bezahlen, ich habe kein Geld mehr!

DER SCHREINER Dann lasse ich Sie einsteigern! Sofort! Sie bezahlen sofort, oder ich lasse Sie einsteigern!

DER MANN *souffliert Shen Te:* Vetter!

SHEN TE Kann es nicht im nächsten Monat sein?

DER SCHREINER *schreiend:* Nein!

SHEN TE Seien Sie nicht hart, Herr Lin To. Ich kann nicht allen Forderungen sofort nachkommen. *Zum Publikum:*
Ein wenig Nachsicht und die Kräfte verdoppeln sich.
Sieh, der Karrengaul hält vor einem Grasbüschel:
Ein Durch-die-Finger-Sehen und der Gaul zieht besser.
Noch im Juni ein wenig Geduld und der Baum
Beugt sich im August unter den Pfirsichen. Wie
Sollen wir zusammen leben ohne Geduld?
Mit einem kleinen Aufschub
Werden die weitesten Ziele erreicht.
Zum Schreiner: Nur ein Weilchen gedulden Sie sich, Herr Lin To!

DER SCHREINER Und wer geduldet sich mit mir und mit meiner Familie? *Er rückt eine Stellage von der Wand, als wolle er sie mitnehmen.* Sie bezahlen, oder ich nehme die Stellagen mit!

DIE FRAU Meine liebe Shen Te, warum übergibst du nicht deinem Vetter die Angelegenheit? *Zum Schreiner:* Schreiben Sie ihre Forderung auf, und Fräulein Shen Tes Vetter wird bezahlen.

DER SCHREINER Solche Vettern kennt man!

DER NEFFE Lach nicht so dumm! Ich kenne ihn persönlich.

DER MANN Ein Mann wie ein Messer.

DER SCHREINER Schön, er soll meine Rechnung haben.

der und kippt die Stellage um und schmiert wie ein Irrer seine Rechnung.
DIE DICKE Ich wette mit euch, er vergißt nichts. Seine Mutter hat er vergessen, aber seiner unbezahlten Hölzer erinnert er sich genau.
LI GUNG Freilich, er hat gearbeitet, soll er nun leer ausgehen?
DER SCHREINER *schreit:* Ich will mein Geld haben!
Es klopft hinten.
LI GUNG *erschrocken:* Das ist der Hauswirt!
DIE MAGERE Seid nur still jetzt, sonst setzt er sie an die Luft mit ihrem Tabak!
DIE DICKE *zum Schreiner:* Wenn du dein Maul nicht hältst, kannst du dir deine 200 Yen ans Bein schmieren!

Schauspielhaus Zürich 1976 Inszenierung Manfred Wekwerth
Foto Leonard Zubler

Der Hauswirt tritt ein.
DER HAUSWIRT Guten Abend, Fräulein Li Gung. Es handelt sich noch um eine kleine Formalität. Ich höre da eben, daß Sie dort, wo Sie früher gewohnt haben, noch etwas Miete schuldig sind. Es würde mich beruhigen, wenn Sie mir da Erklärungen geben könnten.

Er kippt die Stellage um, setzt sich darauf und schreibt seine Rechnung.

DIE FRAU *zu Shen Te:* Er wird dir das Hemd vom Leibe reißen für seine paar Bretter, wenn ihm nicht Halt geboten wird. Erkenne nie eine Forderung an, berechtigt oder nicht, denn sofort wirst du überrannt mit Forderungen, berechtigt oder nicht. Wirf ein Stück Fleisch in eine Kehrichttonne, und alle Schlachterhunde des Viertels beißen sich in deinem Hof. Wozu gibt's Gerichte?

SHEN TE Die Gerichte werden ihn nicht ernähren, wenn seine Arbeit es nicht tut. Er hat gearbeitet und will nicht leer ausgehen. Und er hat seine Familie. Es ist schlimm, daß ich ihn nicht bezahlen kann! Was werden die Götter sagen?

DER MANN Du hast dein Teil getan, als du uns aufnahmst, das ist übergenug.

Herein ein hinkender Mann und eine schwangere Frau.

DER HINKENDE *zum Paar:* Ach, hier seid ihr! Ihr seid ja saubere Verwandte! Uns einfach an der Straßenecke stehenzulassen!

DIE FRAU *verlegen zu Shen Te:* Das ist mein Bruder Wung und die Schwägerin. *Zu den beiden:* Schimpft nicht und setzt euch ruhig in die Ecke, damit ihr Fräulein Shen Te, unsere alte Freundin, nicht stört. *Zu Shen Te:* Ich glaube, wir müssen die beiden aufnehmen, da die Schwägerin im fünften Monat ist. Oder bist du nicht der Ansicht?

SHEN TE Seid willkommen!

DIE FRAU Bedankt euch. Schalen stehen dort hinten. *Zu Shen Te:* Die hätten überhaupt nicht gewußt, wohin. Gut, daß du den Laden hast!

SHEN TE *lachend zum Publikum, Tee bringend:* Ja, gut, daß ich ihn habe!

Herein die Hausbesitzerin Frau Mi Tzü, ein Formular in der Hand.

DIE HAUSBESITZERIN Fräulein Shen Te, ich bin die Hausbesitzerin, Frau Mi Tzü. Ich hoffe, wir werden gut miteinander auskommen. Das ist ein Mietskontrakt. *Während Shen Te den Kontrakt durchliest:* Ein schöner Augenblick, die Eröffnung eines kleinen Geschäfts, nicht wahr, meine Herrschaften? *Sie schaut sich um.* Ein paar Lücken sind ja noch auf den Stellagen,

LI GUNG Ich habe doch alles bezahlt, als ich wegging.
DER HAUSWIRT Ich weiß, am Schluß. Aber wochenlang waren Sie sie schuldig. Können Sie mir Sicherungen geben, daß das nicht mehr vorkommt? Der Laden bringt doch nichts ein.

LI GUNG Ich werde mit meinem Vetter darüber sprechen.
DER HAUSWIRT Ach, Sie haben einen Vetter hier am Platze? Da können wir doch gleich hingehen.
LI GUNG Er wohnt nicht hier, sondern in einer andern Stadt.
DIE DICKE Sagtest du nicht, in Schun?
LI GUNG Er wird aber bald kommen und das Geschäft übernehmen. Ich führe es nur in seinem Auftrag.
DER HAUSWIRT So.
DIE DICKE *zum Schreiner:* Sie haben ja auch mit Fräulein Li Gungs Vetter über die Stellagen verhandelt, nicht wahr?
DER SCHREINER Habe ich ...
DER HAUSWIRT Ich wunderte mich, offen gestanden, schon, woher Sie plötzlich das Geld hatten. Sie dürfen mir das nicht übelnehmen. Es gibt leider viele unehrliche Elemente in Sezuan. Aber den Kontrakt wollen wir dann doch lieber erst abschließen, wenn Ihr Vetter selbst angekommen sein wird. Wie war doch gleich sein Name?
LI GUNG Ach sein Name? Sein Name ist – Herr Go! Er heißt Lao Go! Nach dem Vater.
DIE ZWEITE HURE Aber den muß ich doch überhaupt kennen, Li Gung! Herr Go ... warte mal, ist der nicht aus Schun?
DIE DICKE Ja? Kennst du ihn? Das ist lustig. *Sie lachen beide sehr.* Was, Li Gung, das ist lustig!
DER HAUSWIRT Nun, wir werden ja sehen. Guten Abend, die Damen! Ich wünschte, Ihr Herr Vetter bliebe nicht mehr allzu lange aus. *Ab.*

aber es wird schon gehen. Einige Referenzen werden Sie mir wohl beibringen können?

SHEN TE Ist das nötig?

DIE HAUSBESITZERIN Aber ich weiß doch gar nicht, wer Sie sind.

DER MANN Vielleicht könnten wir für Fräulein Shen Te bürgen? Wir kennen sie, seit sie in die Stadt gekommen ist, und legen jederzeit die Hand für sie ins Feuer.

DIE HAUSBESITZERIN Und wer sind Sie?

DER MANN Ich bin der Tabakhändler Ma Fu.

DIE HAUSBESITZERIN Wo ist Ihr Laden?

DER MANN Im Augenblick habe ich keinen Laden. Sehen Sie, ich habe ihn eben verkauft.

DIE HAUSBESITZERIN So. *Zu Shen Te:* Und sonst haben Sie niemand, bei dem ich über Sie Auskünfte einholen kann?

DIE FRAU *souffliert:* Vetter! Vetter!

DIE HAUSBESITZERIN Sie müssen doch jemand haben, der mir dafür Gewähr bietet, was ich ins Haus bekomme. Das ist ein respektables Haus, meine Liebe. Ohne das kann ich mit Ihnen überhaupt keinen Kontrakt abschließen.

SHEN TE *langsam, mit niedergeschlagenen Augen:* Ich habe einen Vetter.

DIE HAUSBESITZERIN Ach, Sie haben einen Vetter. Am Platz? Da können wir doch gleich hingehen. Was ist er?

SHEN TE Er wohnt nicht hier, sondern in einer anderen Stadt.

DIE FRAU Sagtest du nicht in Schun?

SHEN TE Herr ... Shui Ta. In Schun!

DER MANN Aber den kenne ich ja überhaupt! Ein Großer, Dürrer.

DER NEFFE *zum Schreiner:* Sie haben doch auch mit Fräulein Shen Tes Vetter verhandelt! Über die Stellagen!

DER SCHREINER *mürrisch:* Ich schreibe für ihn gerade die Rechnung aus. Das ist sie! *Er übergibt sie.* Morgen früh komme ich wieder! *Ab.*

DER NEFFE *ruft ihm nach, auf die Hausbesitzerin schielend:* Seien Sie ganz ruhig, der Herr Vetter bezahlt es!

DIE HAUSBESITZERIN *Shen Te scharf musternd:* Nun, es wird mich auch freuen, ihn kennenzulernen. Guten Abend, Fräulein. *Ab.*

DIE DICKE Den haben wir schön eingewickelt! Sei froh, daß du uns da hast. Was machen wir denn heute abend?

DIE DÜNNE Wenn nur nicht der Vetter hereinplatzt heute nacht! Der gestrenge Herr Go! *Sie lacht schallend.*

LI GUNG *langsam:* Ich glaube nicht, daß er schon heute abend kommt. Er hat mir noch nicht geschrieben.

DIE DICKE Was sagst du da? Du willst uns wohl draußen haben? Das Zimmer gehört wohl dem Herrn Go, wie? So wie der Mietskontrakt und die Stellagen?

LI GUNG Ja, das Zimmer gehört meinem Vetter Go.

DIE DICKE Na, wir sprechen noch darüber. *Zum Schreiner:* Lauf mal, Kleiner, und hol eine Flasche Reiswein auf Rechnung von Herrn Go, und dann setz dich gemütlich zu uns, Eröffnung feiern!

EIN DICKER HERR *ist eingetreten:* Sind Sie die Besitzerin? Kann ich ein Wort mit Ihnen allein haben?

DIE DICKE Wir sind die Freundinnen, reden Sie frei. Da existieren keine Geheimnisse.

DER DICKE HERR Ich sehe, Sie haben den Laden wieder aufgemacht, der einige Zeit geschlossen war.

LI GUNG Ich habe ihn von dem früheren Besitzer gekauft, der gestorben ist.

DER DICKE HERR So, Sie meinen, er ist gestorben. Ich meinte, er ist weggelaufen.

DIE DICKE Warum sollte er denn weggelaufen sein?

DER DICKE HERR Offen gestanden, er hat mir nicht gefallen. Ich wollte nicht, daß er weiter Tabak hier verkauft. Ich verkaufe nämlich auch Tabak. Ich riet ihm, seinen Laden zuzumachen, aber er weigerte sich. Dann wurden die Dinge hier unangenehm für ihn. Es passierte allerhand mit den Waren, und die Preise sanken ein wenig. Er fand, daß ich recht gehabt hatte, und lief weg.

LI GUNG Aber seine Frau und seine Kinder sind doch noch da?

DER DICKE HERR Es kostete ihn wohl zuviel, sie mitzunehmen. Wissen Sie, er war fertig, als ich mit ihm fertig war. Ich suche sie auf, weil ich nicht will, daß Sie seinen traurigen Weg gehen. Ich will, daß Sie hier zumachen. Sagen wir: Ende der Woche. Wenn da ein Schild ZU VERMIETEN an der Tür klebt, kaufe ich Ihnen ihre Restbestände vielleicht ab. Wenn nicht, werden Sie

DIE FRAU *nach einer Pause:* Jetzt kommt alles auf! Du kannst sicher sein, morgen früh weiß die Bescheid über dich.
DIE SCHWÄGERIN *leise zum Neffen:* Das wird hier nicht lange dauern!
Herein ein Greis, geführt von einem Jungen.
DER JUNGE *nach hinten:* Da sind sie.
DIE FRAU Guten Tag, Großvater. *Zu Shen Te:* Der gute Alte! Er hat sich wohl um uns gesorgt. Und der Junge, ist er nicht groß geworden? Er frißt wie ein Scheunendrescher. Wen habt ihr denn noch alles mit?
DER MANN *hinausschauend:* Nur noch die Nichte.
DIE FRAU *zu Shen Te:* Eine junge Verwandte vom Land. Hoffentlich sind wir dir nicht zu viele. So viele waren wir noch nicht, als du bei uns wohntest, wie? Ja, wir sind immer mehr geworden. Je schlechter es ging, desto mehr wurden wir. Und je mehr wir wurden, desto schlechter ging es. Aber jetzt riegeln wir hier ab, sonst gibt es keine Ruhe.
Sie sperrt die Türe zu, und alle setzen sich.
DIE FRAU Die Hauptsache ist, daß wir dich nicht im Geschäft stören. Denn wovon soll sonst der Schornstein rauchen? Wir haben uns das so gedacht: Am Tag gehen die Jüngeren weg, und nur der Großvater, die Schwägerin und vielleicht ich bleiben. Die anderen sehen höchstens einmal oder zweimal herein untertags, nicht? Zündet die Lampe dort an und macht es euch gemütlich.
DER NEFFE *humoristisch:* Wenn nur nicht der Vetter heut nacht hereinplatzt, der gestrenge Herr Shui Ta!
Die Schwägerin lacht.
DER BRUDER *langt nach einer Zigarette:* Auf eine wird es wohl nicht ankommen!
DER MANN Sicher nicht. *Alle nehmen sich zu rauchen. Der Bruder reicht einen Krug Wein herum.*
DER NEFFE Der Vetter bezahlt es!
DER GROSSVATER *ernst zu Shen Te:* Guten Tag!
Shen Te, verwirrt durch die späte Begrüßung, verbeugt sich. Sie hat in der einen Hand die Rechnung des Schreiners, in der andern den Mietskontrakt.
DIE FRAU Könnt ihr nicht etwas singen, damit die Gastgeberin etwas Unterhaltung hat?
DER NEFFE Der Großvater fängt an!

etwas erleben. Ich bin es nämlich, der in der Stadt Sezuan Tabak verkauft. Mein Name ist Feh Pung. *Er geht breit hinaus.*

DER SCHREINER Das ist Feh Pung, der Tabakkönig. Er kauft alle Läden auf.

DIE DICKE Das ist Pech. Da wird es nicht lang dauern, daß wir eine Bleibe haben. Um so mehr müssen wir feiern.

LI GUNG Ich muß noch dem Nachbarn den Tee aufsetzen. Seid nicht zu laut! *Sie geht zur Tür.*
Die beiden Mädchen und der mit einer Flasche zurückgekehrte Schreiner singen das Lied vom Herrn Vetter.

LI GUNG *vor der Türe stehenbleibend:* Ich möchte am liebsten gar nicht mehr hineingehen. Wenn ich mein Vetter Lao Go wäre, hätte es wohl nicht so weit kommen können. Das ist nun mein Tabakladen, von dem ich immer geträumt habe! Wie soll ich ihn retten? *Man hört von der Straße einen Pfiff.*

Sie singen »Das Lied vom Rauch«

DER GROSSVATER

Einstmals, vor das Alter meine Haare bleichte
Hofft mit Klugheit ich mich durchzuschlagen.
Heute weiß ich, keine Klugheit reichte
Je, zu füllen eines armen Mannes Magen.
 Darum sagt ich: laß es!
 Sieh den grauen Rauch
 Der in immer kältre Kälten geht: so
 Gehst du auch.

DER MANN

Sah den Redlichen, den Fleißigen geschunden
So versucht ich's mit dem krummen Pfad
Doch auch der führt unsereinen nur nach unten
Und so weiß ich mir halt fürder keinen Rat.
 Und so sag ich: laß es!
 Sieh den grauen Rauch
 Der in immer kältre Kälten geht: so
 Gehst du auch.

DIE NICHTE

Die da alt sind, hör ich, haben nichts zu hoffen
Denn nur Zeit schafft's und an Zeit gebricht's.
Doch uns Jungen, hör ich, steht das Tor weit offen
Freilich, hör ich, steht es offen nur ins Nichts.
 Und auch ich sag: laß es!
 Sieh den grauen Rauch
 Der in immer kältre Kälten geht: so
 Gehst du auch.

DER NEFFE Woher hast du den Wein?

DIE SCHWÄGERIN Er hat den Ballen mit Tabak versetzt.

DER MANN Was? Dieser Tabak war das einzige, das uns noch blieb! Nicht einmal für ein Nachtlager haben wir ihn angegriffen! Du Schwein!

DER BRUDER Nennst du mich ein Schwein, weil es meine Frau friert? Und hast selber getrunken. Gib sofort den Krug her!
Sie raufen sich. Die Tabakstellagen stürzen um.

SHEN TE *beschwört sie:* Oh, schont den Laden, zerstört nicht alles! Er ist ein Geschenk der Götter! Nehmt euch, was da ist, aber zerstört es nicht!

DIE FRAU *skeptisch:* Der Laden ist kleiner, als ich dachte. Wir

DIE DICKE PROSTITUIERTE *aufgeregt zu Li Gung:* Der Freier pfeift vor dem Haus, und hier fehlen die Kuchen! Die Miete ist noch nicht bezahlt, und du willst allein schlafen?

LI GUNG *auf der Schwelle:*
Ein halber Tag oben und schon wieder
Ist alles ganz wie gestern und schlimmer.
Der Rettung kleiner Nachen
Wird sofort heruntergezogen:
Zu viele Versinkende
Greifen gierig nach ihm.

FRAU SI *kommt mit einem Topf:* Ich war zu durstig. Ich habe den Topf selber ausgetrunken. Haben Sie nicht noch etwas Milch für meine Kinder, Fräulein Li Gung?

DIE STIMME DES MANNES VON OBEN Wo stecken Sie denn? Das Wasser kocht! *Der Freier auf der Straße pfeift. Li Gung steht unentschlossen.*

2. Zwei Fassungen vom Schluß der 10. Szene (Schlußszene) [Paralleldruck]

Fassung BBA 160/118 ff. = Bestandsverzeichnis Nr. 1565

Es tritt eine plötzliche Stille ein.

LAO GO *ist auf seinen Stuhl gesunken:* Ich kann nicht mehr. Ich will alles aufklären. Wenn der Saal geräumt wird und nur die Richter zurückbleiben, will ich ein Geständnis machen.

ALLE Er gesteht! Er ist überführt!

DER ERSTE GOTT Der Saal soll geräumt werden.

Der Inspektor räumt den Saal.

DER ERSTE GOTT So gestehe!

LAO GO Sind sie draußen? Alle? Ich kann nicht mehr schweigen. Ich habe euch erkannt, Erleuchtete.

DER ZWEITE GOTT Was hast du mit unserm guten Menschen von Sezuan gemacht?

LAO GO Dann laßt mich auch die furchtbare Wahrheit gestehen: Ich bin euer guter Mensch! *Er nimmt die Maske ab und reißt sich die Kleider weg. Li Gung steht da.*

hätten vielleicht doch nicht der Tante und den andern davon erzählen sollen. Wenn sie auch noch kommen, wird es eng hier.

DIE SCHWÄGERIN Die Gastgeberin ist auch schon ein wenig kühler geworden.

Von draußen kommen Stimmen, und es wird an die Tür geklopft.

RUFE Macht auf! – Wir sind es!

DIE FRAU Bist du es, Tante? Was machen wir da?

SHEN TE Mein schöner Laden! O Hoffnung! Kaum eröffnet, ist er schon kein Laden mehr! *Zum Publikum:*
Der Rettung kleiner Nachen
Wird sofort in die Tiefe gezogen:
Zu viele Versinkende
Greifen gierig nach ihm.

RUFE *von draußen:* Macht auf!

Fassung BBA 1460 = Bestandsverzeichnis Nr. 1571

Es tritt eine plötzliche Stille ein.

SHUI TA *ist auf seinen Stuhl gesunken:* Ich kann nicht mehr. Ich will alles aufklären. Wenn der Saal geräumt wird und nur die Richter zurückbleiben, will ich ein Geständnis machen.

ALLE Er gesteht! – Er ist überführt!

DER ERSTE GOTT *schlägt mit dem Hammer auf den Tisch:*
Der Saal soll geräumt werden.

Der Polizist räumt den Saal.

DIE SHIN *im Abgehen, lachend:* Man wird sich wundern.

SHUI TA Sind sie draußen? Alle? Ich kann nicht mehr schweigen. Ich habe euch erkannt, Erleuchtete!

DER ZWEITE GOTT Was hast du mit unserem guten Menschen von Sezuan gemacht?

SHUI TA Dann laßt mich Euch die furchtbare Wahrheit gestehen: ich bin euer guter Mensch!

Er nimmt die Maske ab und reißt sich die Kleider weg. Shen Te steht da.

DER ZWEITE GOTT Li Gung!
LI GUNG Ja, ich bin es. Lao Go und Li Gung, ich bin beides.
Euer einstiger Befehl
Gut zu sein und doch zu leben
Zerriß mich wie ein Blitz in zwei Hälften. Ich
Weiß nicht, wie es kam; gut sein zu andern
Und zu mir konnte ich nicht zugleich.
Andern und mir zu helfen, war mir zu schwer.
Ach, eure Welt ist schwierig! Zu viel Not, zu viel Verzweiflung!
Die Hand, die dem Elenden gereicht wird
Reißt er einem gleich aus! Wer den Verlorenen hilft
Ist selbst verloren! Denn wer könnte
Lang sich weigern, böse zu sein, wenn da stirbt, wer kein Fleisch ißt?
Aus was sollte ich nehmen, was alles gebraucht wurde? Nur
Aus mir! Aber dann kam ich um! Der Ballen eurer Vorschriften
Drückte mich in die Erde. Doch wenn ich Unrecht tat
Ging ich lustig herum und aß vom guten Fleisch!
Etwas muß falsch sein an eurer Welt. Warum
Ist auf die Bosheit ein Preis gesetzt und warum erwarten den Guten
So harte Strafen? Ach, in mir war
Solch eine Gier, mich zu verwöhnen! Und da war auch
In mir ein heimliches Wissen, denn meine Ziehmutter
Wusch mich mit Gossenwasser. Davon kriegte ich
Ein scharfes Aug. Jedoch Mitleid
Schmerzte mich so, daß ich gleich in wölfischen Zorn verfiel
Angesichts des Elends. Dann
Fühlte ich, wie ich mich verwandelte und
Mir die Lippe zur Lefze wurd. Wie Asche im Mund
Schmeckte das gütige Wort. Und doch
Wollte ich gern ein Engel sein in den Vorstädten. Zu schenken
Ist mir eine Wollust. Ein glückliches Gesicht
Und ich ging wie auf Wolken.
Verdammt mich: alles, was ich verbrach
Tat ich, meinen Nachbarn zu helfen
Meinen Geliebten zu lieben und

DER ZWEITE GOTT Shen Te!
SHEN TE Ja, ich bin es. Shui Ta und Shen Te, ich bin beides.
Euer einstiger Befehl
Gut zu sein und doch zu leben
Zerriß mich wie ein Blitz in zwei Hälften. Ich
Weiß nicht, wie es kam: gut sein zu andern
Und zu mir konnte ich nicht zugleich.
Andern und mir zu helfen, war mir zu schwer.
Ach, eure Welt ist schwierig! Zu viel Not, zu viel Verzweiflung!
Die Hand, die dem Elenden gereicht wird
Reißt er einem gleich aus! Wer den Verlorenen hilft
Ist selbst verloren! Denn wer könnte
Lang sich weigern, böse zu sein, wenn da stirbt, wer kein Fleisch ißt?
Aus was sollte ich nehmen, was alles gebraucht wurde? Nur
Aus mir: Aber dann kam ich um! Die Last der guten Vorsätze
Drückte mich in die Erde. Doch wenn ich Unrecht tat
Ging ich mächtig herum und aß vom guten Fleisch!
Etwas muß falsch sein an eurer Welt. Warum
Ist auf die Bosheit ein Preis gesetzt und warum erwarten den Guten
So harte Strafen? Ach, in mir war
Solch eine Gier, mich zu verwöhnen! Und da war auch
In mir ein heimliches Wissen, denn meine Ziehmutter
Wusch mich mit Gossenwasser. Davon kriegte ich
Ein scharfes Aug. Jedoch Mitleid
Schmerzte mich so, daß ich gleich in wölfischen Zorn verfiel
Angesichts des Elends. Dann
Fühlte ich, wie ich mich verwandelte und
Mir die Lippe zur Lefze wurd. Wie Asche im Mund
Schmeckte das gütige Wort. Und doch
Wollte ich gern ein Engel sein den Vorstädten. Zu schenken
War mir eine Wollust. Ein glückliches Gesicht
Und ich ging wie auf Wolken.
Verdammt mich: alles, was ich verbrach
Tat ich, meinen Nachbarn zu helfen
Meinen Geliebten zu lieben und

Seinen kleinen Sohn vor dem Mangel zu retten.
Für eure großen Pläne, ihr Götter
War ich armer Mensch zu klein.
DER ERSTE GOTT *mit allen Zeichen des Entsetzens:* Sprich nicht weiter, Unglückliche! Was sollen wir denken, wir, die so froh sind, dich wiedergefunden zu haben!
LI GUNG Aber ich muß euch doch sagen, daß ich der böse Mensch bin, von dem alle hier diese Untaten berichtet haben!
DER ERSTE GOTT Der gute Mensch, von dem alle nur Gutes berichtet haben!
LI GUNG Nein, auch der böse!
DER ERSTE GOTT Ein Mißverständnis! Einige unglückliche Vorkommnisse! Ein paar Nachbarn ohne Herz! Etwas Übereifer!

DER ZWEITE GOTT Aber wie soll sie weiterleben?
DER ZWEITE GOTT Hast du nicht gehört, was sie sagt?
DER ERSTE GOTT *heftig:* Verwirrtes, sehr Verwirrtes! Unglaubliches, sehr Unglaubliches! Sollen wir eingestehen, daß unsere Gebote tödlich sind? Sollen wir verzichten auf unsere Gebote? *Verbissen:* Niemals! Soll die Welt geändert werden? Wie? Von wem? Nein, es ist alles in Ordnung!
Und nun *Auf ein Zeichen von ihm ertönt Musik. Eine rosige Helle entsteht.*
Laßt uns zurückkehren. Diese kleine Welt
Hat uns sehr interessiert. Ihr Freud und Leid
Hat uns erquickt und uns geschmerzt. Doch gern
Gedenken wir dort über den Gestirnen
Deiner, Li Gung, des guten Menschen, wohl.
Die du von unserm Geist hier unten zeugst
In kalter Finsternis die kleine Lampe trägst.
Leb wohl, mach's gut!
Auf ein Zeichen von ihm öffnet sich die Decke. Eine rosa Wolke läßt sich hernieder. Auf ihr erheben sich die Götter langsam zum Himmel.
LI GUNG O nicht doch, Erleuchtete! Fahrt nicht weg! Verlaßt mich nicht! Wie soll ich den beiden guten Alten in die Augen schauen, die ihren Laden verloren haben, und dem Wasserver-

Meinen kleinen Sohn vor dem Mangel zu retten.
Für eure großen Pläne, ihr Götter
War ich armer Mensch zu klein.
DER ERSTE GOTT *mit allen Zeichen des Entsetzens:* Sprich nicht weiter, Unglückliche! Was sollen wir denken, die so froh sind, dich wiedergefunden zu haben!
SHEN TE Aber ich muß euch doch sagen, daß ich der böse Mensch bin, von dem alle hier diese Untaten berichtet haben!
DER ERSTE GOTT Der gute Mensch, von dem alle nur Gutes berichtet haben!
SHEN TE Nein, auch der böse!
DER ERSTE GOTT Ein Mißverständnis! Einige unglückliche Vorkommnisse! Ein paar Nachbarn ohne Herz! Etwas Übereifer!
DER ZWEITE GOTT Aber wie soll sie weiterleben!
DER ERSTE GOTT Sie kann es. Sie ist eine kräftige Person und wohlgestaltet und kann viel aushalten.
DER ZWEITE GOTT Aber hast du nicht gehört, was sie sagt?
DER ERSTE GOTT *heftig:* Verwirrtes, sehr Verwirrtes! Unglaubliches, sehr Unglaubliches! Sollen wir eingestehen, daß unsere Gebote tödlich sind? Sollen wir verzichten auf unsere Gebote? *Verbissen:* Niemals! Soll die Welt geändert werden? Wie? Von wem? Nein, es ist alles in Ordnung! *Er schlägt schnell mit dem Hammer auf den Tisch.*
und nun – *auf ein Zeichen von ihm ertönt Musik. Eine rosige Helle entsteht –*
Laßt uns zurückkehren. Diese kleine Welt
Hat uns sehr gefesselt. Ihr Freud und Leid
Hat uns erquickt und uns geschmerzt. Jedoch
Gedenken wir dort über den Gestirnen
Deiner, Shen Te, des guten Menschen, gern
Die du von unserm Geist hier unten zeugst
In kalter Finsternis die kleine Lampe trägst
Leb wohl, mach's gut!
Auf ein Zeichen von ihm öffnet sich die Decke. Eine rosa Wolke läßt sich hernieder. Auf ihr fahren die Götter sehr langsam nach oben.
SHEN TE Oh, nicht doch, Erleuchtete! Fahrt nicht weg! Verlaßt mich nicht. Wie soll ich den beiden guten Alten in die Augen schauen, die ihren Laden verloren haben, und dem Wasserver-

käufer mit der steifen Hand? Und wie soll ich mich des Barbiers erwehren, den ich nicht liebe, und wie Schans, den ich liebe? Und mein Leib ist gesegnet, bald ist mein kleiner Sohn da und will essen? Ich kann nicht hier bleiben!

DER ERSTE GOTT Du kannst es. Sei nur gut, und alles wird gut werden!

Herein die Zeugen. Sie sehen mit Verwunderung die Richter auf ihrer rosa Wolke schweben.

SUN Bezeugt euren Respekt! Die Götter sind unter uns erschienen! Drei der höchsten Götter sind nach Sezuan gekommen, einen guten Menschen zu suchen. Sie hatten ihn schon gefunden, aber ...

DER ERSTE GOTT Kein Aber! Hier ist er!

ALLE Li Gung!

DER ERSTE GOTT Sie ist nicht umgekommen, sie war nur verborgen. Sie wird unter euch bleiben, ein guter Mensch!

LI GUNG Aber ich brauche den Vetter!

DER ERSTE GOTT Aber nicht zu oft!

LI GUNG Jede Woche zumindest!

DER ERSTE GOTT Jeden Monat, das genügt!
  Doch laßt uns eilen, da dies nun vorbei!
  Bevor das Volk sich sammelt, fahren schnell hinan!
  Gepriesen sei, gepriesen sei
  Der gute Mensch von Sezuan!

Während Li Gung verzweifelt und gehetzt nach der Tür schaut, durch welche ihre Peiniger bald eintreten werden, verschwinden sie oben, lächelnd und winkend.

[Alternative]

DER ERSTE GOTT Jeden Monat, das genügt!

LI GUNG Oh, entfernt euch nicht, Erleuchtete!
  Ich habe noch nicht alles gesagt! Ich brauche euch dringend!
  Die Götter singen das »Terzett der entschwindenden Götter auf der Wolke«.

Lied der entschwindenden Götter auf der Wolke

käufer mit der steifen Hand? Und wie soll ich mich des Barbiers erwehren, den ich nicht liebe, und wie Suns, den ich liebe? Und mein Leib ist gesegnet, bald ist mein kleiner Sohn da und will essen? Ich kann nicht hier bleiben!
Sie blickt gehetzt nach der Tür, durch die ihre Peiniger eintreten werden.

DER ERSTE GOTT Du kannst es. Sei nur gut, und alles wird gut werden!

Herein die Zeugen, sie sehen mit Verwunderung die Richter auf ihrer rosa Wolke schweben.

WANG Bezeugt euren Respekt! Die Götter sind unter uns erschienen! Drei der höchsten Götter sind nach Sezuan gekommen, einen guten Menschen zu suchen. Sie hatten ihn schon gefunden, aber ...

DER ERSTE GOTT Kein Aber! Hier ist er!

ALLE Shen Te!

DER ERSTE GOTT Sie ist nicht umgekommen, sie war nur verborgen. Sie wird unter euch bleiben, ein guter Mensch!

SHEN TE Aber ich brauche den Vetter!

DER ERSTE GOTT Nicht zu oft!

SHEN TE Jede Woche zumindest!

DER ERSTE GOTT Jeden Monat, das genügt!

SHEN TE Oh, entfernt euch nicht, Erleuchtete! Ich habe noch nicht alles gesagt! Ich brauche euch dringend!

DIE GÖTTER *singen das »Terzett der entschwindenden Götter auf der Wolke«:*
Leider können wir nicht bleiben
Mehr als eine flüchtige Stund!
Lang besehn, ihn zu beschreiben
Schwände hin der schöne Fund.

Eure Körper werfen Schatten
In der Flut des goldnen Lichts
Drum müßt ihr uns schon gestatten
Heimzugehen in unser Nichts.

SHEN TE Hilfe!

DIE GÖTTER
Und lasset, da die Suche nun vorbei
Uns fahren schnell hinan!

Allzu scharf aufs Korn genommen
Schwindet hin der schöne Fund
Allzunahe euch zu kommen
Ist uns Göttern nicht gesund.
Eure Körper werfen Schatten
In der Flut des goldnen Lichts
Drum müßt ihr uns schon gestatten
Heimzugehn in unser Nichts.
LI GUNG Hilfe! Hilfe
DIE GÖTTER Und laßt uns eilen, da dies nun vorbei!

Piccolo Teatro Mailand 1958 Inszenierung Giorgio Strehler
Foto Luigi Ciminaghi

Gepriesen sei, gepriesen sei
Der gute Mensch von Sezuan!
*Während Shen Te verzweifelt die Arme nach ihnen ausstreckt,
verschwinden sie oben, lächelnd und winkend.*

Piccolo Teatro Mailand 1981   Inszenierung Giorgio Strehler
Foto Luigi Ciminaghi

3. Fünf Fassungen eines Details der fünften Szene

Fassung BBA 182/43 ff. = Bestandsverzeichnis Nr. 1589
[Szenenfassung 1940]

Herein das Dienstmädchen des Barbiers mit Wang, dem Arbeitslosen.

DAS DIENSTMÄDCHEN Herr Kau kommt gleich. Als Wang Ihre Einladung ausrichtete, sah ich, daß er Schmerzen hatte. Ihm wurde gestern abend, als er Li Gung beisprang, die Hand verletzt. In der Nacht ist sie aufgeschwollen. *Sie hebt Wangs verletzte Hand hoch.* Haben Sie nichts, woraus man eine Schlinge für den Arm machen könnte? *Lao Go holt aus dem Nebengelaß den Shawl der Li Gung und wirft ihn Sun zu.*

DAS DIENSTMÄDCHEN Aber das ist doch Li Gungs neuer Shawl. Meinen Sie nicht, daß sie gerade den ungern hergeben würde?

LAO GO Warum? Ich denke nicht, daß sie ihn noch braucht.

DAS DIENSTMÄDCHEN Aber sie sagte mir gestern, sie habe ihn gekauft, um jemand Bestimmtem zu gefallen.

LAO GO Ja, aber das ist nicht mehr nötig, wie es sich herausgestellt hat. – Wie ist das mit der Hand passiert?

WANG Der große Mensch, der die Teppiche auf die Straße warf, hat sie mir im Gelenk umgedreht.

DAS DIENSTMÄDCHEN *weint:* Seine Hand ist kaputt, er kann nie mehr arbeiten.

LAO GO *seine Preistafeln umschreibend:* Haben Sie Zeugen?

DAS DIENSTMÄDCHEN Wozu?

LAO GO Wenn ihr Zeugen habt, kann er zu Herrn Feh Pung gehen und Schadenersatz verlangen.

DAS DIENSTMÄDCHEN Oh, Wang, das wäre etwas, wie? Ich habe es gesehen.

LAO GO Sie scheiden aus. Sie sind seine Freundin. Hat es Frau Si gesehen?

FRAU SI Ich? Nein. Ich gehe nicht vor Gericht. Aber Herr Tai hat zum Fenster heruntergesehen.

LAO GO Herr Tai ist eine vertrauenswürdige Persönlichkeit. Rufen Sie ihn!

Frau Si geht, ihn rufen.

WANG *auf seine Hand blickend, besorgt:* Aber ist sie auch dick

genug? Es kommt mir vor, als sei sie schon wieder abgeschwollen.
DAS DIENSTMÄDCHEN *beruhigt ihn:* Nein, sie ist bestimmt nicht abgeschwollen.
WANG Wirklich nicht? *Herein Frau Si mit Herrn Ma.*
DAS DIENSTMÄDCHEN Herr Ma, Sie können doch vor Gericht bezeugen, daß Wang gestern niedergeschlagen wurde.
HERR MA Ich? Wieso? Keine Ahnung.
LAO GO Es handelt sich um eine Schadenersatzforderung. Wie können Sie sagen, daß Sie da keine Ahnung haben?
HERR MA Aber wie komme ich dazu, ihm den Zeugen zu machen?
LAO GO Weil seine Hand verletzt wurde.
HERR MA Verletzt oder nicht verletzt, ich habe nichts mit ihm zu schaffen.
LAO GO *mit leiser Drohung:* Sie sind der Ansicht, es spielt bei seiner Rente keine Rolle, ob eine Verletzung stattfand oder nicht?
HERR MA *verwirrt:* Das habe ich nicht gesagt.
LAO GO Nicht wahr? *Zu Wang:* Ihr seht, Herr Ma ist kein Unmensch. Sein eigenes Leiden hat ihn für das Leiden seiner Mitmenschen empfindlich gemacht. Er geht mit Euch zu Herrn Feh Pung und legt Zeugnis ab.
DAS DIENSTMÄDCHEN O wirklich? Das ist schön von Ihnen. Es müßte nur gleich sein, damit Wang die Hand noch richtig dick zeigen kann.
Der Barbier betritt den Laden. Er gibt Lao Go ein Zeichen, sich nicht stören zu lassen.
LAO GO Geht also schnell.
WANG *geht hinaus, den Blick starr auf seine Hand gerichtet, gefolgt vom Barbier:* Ja, ich glaube auch, sie schwillt noch ein wenig mehr an. Vielleicht ist doch das Gelenk gebrochen. *Ab.*
DAS DIENSTMÄDCHEN Das ist vielleicht seine erste Chance, die er je gehabt. Aber wo ist Frau Si hin?
Frau Si ist weggelaufen.
DAS DIENSTMÄDCHEN Sie hat den Eimer mitten im Zimmer stehen lassen. *Sie räumt ihn zur Seite und geht ab:* Besten Dank, Herr Lao Go.
LAO GO *zum Barbier:* Könnten Sie sogleich mit meiner Kusine zu

dem hohen Beamten gehen?
HERR KAU Gewiß, ich sehe, auch Sie setzen Ihre Preise herab. Haben Sie genug Kapital für die nächsten Wochen?
LAO GO Offen gestanden: Nein.
HERR KAU Ich hoffe, Fräulein Li Gung wendet sich in Bedrängnis an niemand andern als an mich, der ihr wirklich wohlwill ... Ich sage das, weil ich einige gewiß lächerliche Gerüchte gehört habe, nach denen sie von bösen Mäulern in Beziehung mit einem üblen Subjekt gebracht wird ...
LAO GO Das ist böse Nachrede, meine Kusine ist mit nichts anderem beschäftigt als mit der Rettung ihres kleinen Ladens, den ihr die Götter verliehen haben, damit sie in bescheidenem Umfang Gutes tun kann. Wenn Sie gestatten, hole ich sie, damit Sie das, ungestört durch mich selbst, aus ihrem eigenen Mund bestätigt hören.
Er holt lächelnd die Heiratsannonce aus dem Ladenfenster, zeigt sie Herrn Kau und verstaut sie unter den Ladentisch.
HERR KAU Man sagt ja, Vernunftheiraten seien die besten.
LAO GO *ins Gelaß gehend:* Man sagt es mit Recht.
HERR KAU Ich befinde mich in einem ernsten seelischen Zwiespalt, meine Damen und Herren. Es ist Fräulein Li Gungs Wunsch, diese elf kleinen Geschäfte gegen den Feh Pung zu verteidigen. Und es ist mein Wunsch, Wünsche Fräulein Li Gungs zu erfüllen. Da ich bei mir diesen Wunsch entdeckte, hatte ich heute eine schlaflose Nacht. Er ist nicht ungefährlich. Er kann zum Bankrott führen, wissen Sie. Um es gleich vorwegzunehmen: gegen Morgen erschien es mir nicht als ein Opfer, sondern als ein Geschäft, die elf Läden und den der Li Gung mit ein wenig Kapital auszustatten, da ja dieser Feh Pung sie braucht und es recht einträgliche Verschmelzungsverhandlungen geben muß, wenn er entdeckt, daß Kapital hinter ihnen steht. Leider bohrt in mir immer weiter ein entsetzlicher Zweifel, nämlich der, ob ich nicht diese Sache nur für ein Geschäft ansehe, weil mir Li Gung den Kopf verdreht hat. Ich leide, meine Damen und Herrn, ich leide schrecklich. Ach ja, Liebesqualen. *Er geht zur Tür und schaut hinaus.* Der Laden ist eröffnet. Es kommen schon Kunden. Ich werde Li Gung sagen, sie darf ihre Preise unter keinen Umständen heruntersetzen. Hier wird ein paar Tage nichts verkauft werden, aber drüben wird mit Verlust verkauft werden. *Er reibt sich die Hände:* Es

ist doch ein Geschäft. Ich werde einen ganzen Abend mit ihr sein. Nein, es ist doch Liebe.

Fassung BBA 182/31 ff. = Bestandsverzeichnis Nr. 1589
[Szenenfassung 1940]

Herein der Barbier Kiau. Verbeugungen.
HERR KIAU Ich bin der Barbier Kiau. Gestatten Sie mir, Ihnen mein Bedauern über das Unrecht auszudrücken, das Ihrer schönen Kusine widerfahren ist. Gleichzeitig bemerke ich, daß ich Ihre Annonce im Fenster mit Interesse studiert habe. *Lao Go verbeugt sich.* Wir sollten uns zusammensetzen und beraten, wie wir den Anschlag auf Fräulein Li Gungs Laden zurückschlagen können. Die Machenschaften dieses Feh Pung sind ungesetzlich.
LAO GO Was, Einbruch in einen Laden am hellichten Tag ist ungesetzlich?
KIAU Jawohl. Wir vergessen allzu leicht, daß dieses Land gegen jede Art von Gewalttätigkeit und Willkür Gesetze hat, die sehr streng sind.
LAO GO Darf ich fragen, woher Sie von der Existenz von Gesetzen gegen die gewaltsame Zerstörung kleiner Geschäfte Kenntnis bekommen haben?
KIAU *lächelt, ohne zu antworten.*
LAO GO Etwa, weil Sie selber ein kleines Geschäft haben?
KIAU O nein. Ich habe ein großes Geschäft. Ich verlasse mich auf Ihre Diskretion, wenn ich Ihnen gestehe, daß ich nicht nur ein Barbiergeschäft, sondern acht Barbiergeschäfte besitze. Daher habe ich Kenntnis von Gesetzen, die gegen die Bildung allzugroßer Geschäfte erlassen sind.
LAO GO Wie interessant!
KIAU Verstehen Sie, was wir machen müssen, ist: zum Stadtrichter gehen und ihn dazu bringen, die betreffenden Gesetze anzuwenden.
LAO GO Ich verstehe. Das wird nicht ganz leicht sein, meinen Sie?
KIAU Keineswegs, natürlich nicht. Aber ich kenne diesen hohen Beamten. Als Besitzer eines allzugroßen Geschäfts bin ich gezwungen, mit ihm gute Beziehungen aufrechtzuerhalten.
LAO GO Aber wird nicht auch Herr Feh Pung . . . ?

KIAU Selbstverständlich. Zufällig weiß ich, daß der gute Feh Pung neulich im Knöchelspiel mit dem hohen Beamten, bei dem alle Besitzer allzugroßer Geschäfte in der Regel verlieren, gewonnen hat, da er eine Leidenschaft für dieses Spiel hat. Das hat eine Verstimmung geschaffen.
LAO GO Die nicht behoben wurde?
KIAU Im Gegenteil, die vertieft wurde. Dieser Feh Pung wagte es, dem hohen Beamten ein Geldgeschenk zu schicken.
LAO GO Ach.
KIAU Ich selber bin ein sehr schlechter Knöchelspieler, mit keinem Ehrgeiz und großer Achtung vor Justizbeamten. Jedoch wird es noch nötig sein, daß der hohe Beamte auch Ihr Fräulein Kusine kennenlernt. Er ist ein Damenfreund ...
LAO GO Sie meinen, eine Sympathie zu meiner Kusine könnte ihn dazu bringen ...
KIAU Die Gesetze anzuwenden? Sie allein vielleicht nicht, da der hohe Beamte durch weiblichen Charme sich nicht in der Führung der Amtsgeschäfte beeinflussen läßt. Immerhin ist anzunehmen, daß er, erheitert durch meine Verluste im Knöchelspiel und gerührt durch Fräulein Li Gungs hilflosen Charme, sich einen Stoß gibt.
LAO GO Und dem Gesetz freien Lauf läßt!
KIAU Richtig. –
LAO GO Ich zweifle nicht, daß die Hilfe eines einflußreichen Mannes für meine Kusine und für die elf Familien, die in der gleichen Lage sind, entscheidend sein könnte. Ihr Interesse an Fräulein Li Gung ist äußerst schmeichelhaft, Ihre Lektüre meiner armseligen und undelikaten Annonce eine große Freundlichkeit. Aber ich muß es meiner Kusine überlassen, ob sie glaubt, Ihr Angebot, zu helfen, annehmen zu können.
HERR KIAU Teilen Sie es mir mit, wenn Sie ihr Einverständnis gewonnen haben, und ich werde sogleich – es kann sogar schon heute abend sein – ein Zusammentreffen mit dem hohen Beamten verabreden.
Verbeugungen. Herr Kiau geht hinaus. Lao Go setzt Sun wieder hinter seine Zeitung.

Fassung BBA 182/55 ff. = Bestandsverzeichnis Nr. 1590
[Szenenfassung, 10. 5. 1940]

Herein Sun mit dem Polizisten.
SUN Ist Fräulein Li Gung nicht hier?
LAO GO *sich schneuzend:* Nein.
SUN Ich bin Sun, der Wasserverkäufer. Sie sind wohl Herr Lao Go, Li Gungs Vetter?
LAO GO Ganz richtig. Guten Tag, Sun.
SUN Ich bin befreundet mit Fräulein Li Gung, wissen Sie.
LAO GO Ich weiß, daß Sie einer ihrer ältesten Freunde sind und sie große Stücke auf Sie hält.
SUN *zum Polizisten:* Hören Sie? Ich bin nämlich hier, weil Fräulein Li Gung als Zeugin bestätigen wollte, daß mir gestern die Hand zerbrochen wurde.
Der Polizist hebt sie hoch, sie zu betrachten: Kaputt ist sie.
LAO GO Sie brauchen eine Schlinge für den Arm. *Er holt aus dem Gelaß den Shawl der Li Gung und wirft ihn ihm zu.*
SUN Aber das ist doch Li Gungs neuer Shawl. Meinen Sie nicht, daß sie gerade den ungern hergeben würde?
LAO GO Warum? Sie braucht ihn nicht mehr.
SUN Aber sie hat ihn gekauft, um jemandem Bestimmtem zu gefallen.
LAO GO Das ist nicht mehr nötig, wie es sich herausgestellt hat.
SUN *macht sich eine Schlinge daraus:* Sie ist meine einzige Zeugin.
DER POLIZIST Ihr Fräulein Kusine soll gesehen haben, wie der Barbier Kiau mit der Brennschere nach dem Wasserverkäufer geschlagen hat. Wissen Sie davon?
Der Barbier Kiau ist eingetreten, gefolgt von Frau Schin.
LAO GO Nein, ich weiß von nichts. *Er verbeugt sich vor Kiau, der sich auch verbeugt.*
SUN Oh, Li Gung wird alles bezeugen. Wo ist sie?
LAO GO *auf den Barbier schauend:* Ich erinnere mich jetzt doch, daß sie mir davon berichtete. Sie irren sich aber, Herr Sun, wenn Sie glauben, daß sie selbst gesehen hat, wie der kleine Vorfall sich abspielte.
SUN Herr Lao Go, Sie müssen sie mißverstanden haben.
Zum Polizisten: Es ist nur ein Mißverständnis. Lassen Sie Li Gung dasein, und alles klärt sich auf. Mir ist die Hand zerbro-

chen worden. Hier, man sieht es. Sie wird schon steif.

LAO GO Herr Sun, Sie haben meine Kusine mißverstanden. Sie war überhaupt nicht auf dem Platz, als alles sich abspielte. Nehmen Sie Platz, Herr Kiau. *Er stellt ihm einen Stuhl hin.*

DER POLIZIST Hier ist ja Herr Kiau, gegen den sich deine Anklage richtet. Herr Lao Go, den ich als einen sehr gewissenhaften Mann kenne, muß recht haben, wenn Herr Kiau hier im Laden verkehrt. Du scheinst gelogen zu haben, Kerl.

SUN Ich verstehe nicht. Es ist ein Mißverständnis.

LAO GO Herr Sun, Sie nennen sich einen Freund meiner Kusine. Meine Kusine hat eben jetzt sehr große Sorgen. Sie hat sich in einem Menschen, auf den sie vertraute, getäuscht und ist aus allen Himmeln gestürzt. Ich bin überzeugt, daß Sie von ihr nicht verlangen werden, daß sie anderes als die strengste Wahrheit sagt.

SUN *verwirrt:* Natürlich nicht.

LAO GO Bedenken Sie die Ungelegenheiten, in die Sie das bringen könnte.

SUN Ja.

DER POLIZIST Worauf ich wohl wieder gehen kann. Sei das nächste Mal ein wenig vorsichtiger mit deinen Anklagen, Kerl. Wenn Herr Kiau nicht sehr gütig ist, kannst du noch wegen Ehrabschneidung ins Kittchen kommen. Ab jetzt!
Er geht mit dem bestürzten Sun hinaus.

DER POLIZIST *leise:* Eine Frage: gibt es hier einen zweiten Ausgang? Ich möchte ungern Ihrer Frau Schin begegnen.

LAO GO Leider hat das Gelaß hier keinen eigenen Ausgang.

FRAU SCHIN *in der Tür:* Wenn Sie Ihr Auge zugedrückt und Ihre Zigarre eingeschoben bekommen haben, können Sie mich nach Haus begleiten, Ma Wang!
Er folgt ihr zerschmettert hinaus.

LAO GO *zu Kiau:* Ich bitte, den Vorgang zu entschuldigen.

KIAU Er ist es. Ich bin gekommen, um Ihnen mitzuteilen, daß ich die kleine Annonce, die einige Tage in Ihrem Schaufenster hing, mit tiefem Interesse studiert habe.

LAO GO Ich betrachte Ihre Lektüre meiner armseligen und undelikaten Annonce als eine große Freundlichkeit. Jedoch sind in allerletzter Zeit Veränderungen eingetreten, die einige Phrasen der Annonce direkt Lügen strafen. Dieser Laden ist bankrott, Herr Kiau.

KIAU Herr Lao Go, der Reiz des in der Annonce erwähnten Fräuleins besteht nicht in der Güte ihres Ladens, sondern in der Güte ihres Herzens.

LAO GO Leider hat ein gewisses Subjekt die Güte dieses Herzens allzusehr ausgebeutet.

KIAU Er war wohl kaum der einzige. Der Name, den das Fräulein im Viertel genießt, sagt alles. Der Engel der Vorstädte!

LAO GO Aber Sie verstehen, daß dem unbedingt ein Riegel vorgeschoben werden muß.

KIAU Gestatten Sie, daß ich eine abweichende Meinung äußere: Dieser Güte muß der Riegel recht eigentlich geöffnet werden. Es ist die Natur des Fräuleins, Gutes zu tun. Unzweifelhaft eine sehr schöne Natur.

LAO GO Aber wenn ich Ihnen sage, daß sie heute kaum noch 100 Yen auszuteilen hätte...

KIAU Was sind 100 Yen? 10 000 Yen sind vonnöten! Was bedeutet die Speisung von 4 Menschen, die ich jeden Morgen vor ihrer Tür sehe! Man kann 400 speisen! Dieser Laden gestattet es kaum, 4 Menschen zu unterhalten. Eine kleine Fabrik, die doch leicht einzurichten wäre, würde das ganze Viertel in Brot setzen. Herr Lao Go, meinen Sie, daß solche Ideen, die mir in den letzten Tagen gekommen sind, bei dem Fräulein für mich sprechen würden?

LAO GO Meine Kusine war bisher auf nichts anderes bedacht als auf die Führung ihres kleinen Ladens, den die Götter ihr verliehen haben, damit sie in bescheidenem Umfang Gutes tun kann. Sie wird Ihre hohen Gedanken mit Bewunderung anhören.

KIAU Und die Sache mit diesem üblen Subjekt ist wirklich vorüber, ganz aus?

LAO GO Ganz. Freilich, es wird Zeit nehmen, bis sie alles verwunden hat.

KIAU Man wird vorsichtig sein, behutsam.

LAO GO Da sind frische Wunden. Sie wird aufs Land reisen, einige Wochen. Sie wird jedoch froh sein, zuvor alles zu besprechen mit jemand, dem sie vertrauen kann.

KIAU Bei einem kleinen Abendessen, in diskreter Weise.

LAO GO Das wird für beide Teile das beste sein. Ich beeile mich, meine Kusine zu verständigen. Gedulden Sie sich ein paar Minuten. *Ab in das Gelaß.*

DER BARBIER *aufstehend:* Wie finden Sie das, meine Damen und Herren? Kann man mehr tun? Kann man selbstloser sein? Feinfühliger? Weitblickender? Ein kleines Abendessen! Was denkt man sich dabei gemeinhin Ordinäres und Plumpes dabei. Und nichts davon wird geschehen, nichts. Keine Berührung, nicht einmal eine scheinbar zufällige, beim Reichen des Salznäpfchens! Nur ein Austausch von Ideen wird stattfinden. Zwei Seelen werden sich finden, über den Blumen des Tisches, weißen Chrysanthemen übrigens. *Er notiert sich das.* Nein, hier wird nicht eine unglückliche Lage ausgenutzt, hier wird kein Vorteil aus einer Enttäuschung gezogen. Verständnis und Hilfe wird geboten, aber beinahe lautlos. Nur mit einem Blick wird das vielleicht anerkannt werden, einem Blick, der auch anderes bedeuten kann.

Fassung BBA 182/72 ff. = Bestandsverzeichnis Nr. 1591
[Szenenfassung, 16. 5. 1940]

Herein Sun mit dem Polizisten.
SUN Ist Fräulein Li Gung nicht hier?
LAO GO *sich schneuzend:* Nein.
SUN Ich bin Sun, der Wasserverkäufer. Sie sind wohl Herr Lao Go, Li Gungs Vetter?
LAO GO Ganz richtig. Guten Tag, Sun.
SUN Ich bin befreundet mit Fräulein Li Gung, wissen Sie.
LAO GO Ich weiß, daß Sie einer ihrer ältesten Freunde sind und sie große Stücke auf Sie hält.
SUN *zum Polizisten:* Hören Sie? Ich bin nämlich hier, weil Fräulein Li Gung als Zeugin bestätigen wollte, daß mir gestern die Hand zerbrochen wurde.
DER POLIZIST *hebt sie hoch, sie zu betrachten:* Kaputt ist sie.
LAO GO Sie brauchen eine Schlinge für den Arm.
Er holt aus dem Gelaß den Shawl der Li Gung und wirft ihn Sun zu.
SUN Aber das ist doch der neue Shawl.
LAO GO Sie braucht ihn nicht mehr.
SUN Aber sie hat ihn gekauft, um jemandem Bestimmten zu gefallen.
LAO GO Das ist nicht mehr nötig, wie es sich herausgestellt hat.

SUN *macht sich eine Schlinge daraus:* Sie ist meine einzige Zeugin.
DER POLIZIST Ihr Fräulein Kusine soll gesehen haben, wie der Barbier Kiau mit der Brennschere nach dem Wasserverkäufer geschlagen hat. Wissen Sie davon?
Der Barbier Kiau ist eingetreten, gefolgt von Frau Schin, die sich jedoch auf einen Wink des Barbiers zurückzieht.
LAO GO Es ist eines meiner Prinzipien, mich in keinen Streit zu mischen. Ich weiß von nichts.
Er verbeugt sich vor Kiau, der sich auch verbeugt.
SUN Oh, Li Gung wird alles bezeugen. Wo ist sie?
LAO GO *auf den Barbier schauend:* Ich erinnere mich jetzt doch, daß sie mir davon berichtete. Sie irren sich aber, Herr Sun, wenn Sie glauben, daß sie selbst gesehen hat, wie der kleine Vorfall sich abspielte.
SUN Herr Lao Go, Sie müssen sie mißverstanden haben. *Zum Polizisten:* Es ist nur ein Mißverständnis. Lassen Sie Li Gung dasein, und alles klärt sich auf. Mir ist die Hand zerbrochen worden. Hier, man sieht es. Sie wird schon steif.
LAO GO Herr Sun, Sie haben meine Kusine mißverstanden. Sie war überhaupt nicht auf dem Platz, als alles sich abspielte. Nehmen Sie Platz, Herr Kiau. *Er stellt ihm einen Stuhl hin.*
DER POLIZIST Hier ist ja Herr Kiau, gegen den sich deine Anklage richtet. Herr Lao Go, den ich als einen sehr gewissenhaften Mann kenne, muß recht haben, wenn Herr Kiau hier im Laden verkehrt. Du scheinst gelogen zu haben, Kerl.
SUN Ich verstehe nicht. Es ist ein Mißverständnis.
LAO GO Herr Sun, Sie nennen sich einen Freund meiner Kusine. Meine Kusine hat eben jetzt sehr große Sorgen. Sie hat sich in einem Menschen, auf den sie vertraute, getäuscht und ist aus allen Himmeln gestürzt. Ich bin überzeugt, daß Sie von ihr nicht verlangen werden, daß sie anderes als die strengste Wahrheit sagt.
SUN *verwirrt:* Natürlich nicht. Nur bin ich im Vertrauen auf ihr Zeugnis zum Richter gelaufen anstatt zum Arzt, so daß die Hand jetzt wohl steif bleibt.
LAO GO Und bedenken Sie gar nicht die Ungelegenheiten, in die es sie bringen könnte, wenn sie einen Meineid schwüre?
SUN Doch, nur ...
DER POLIZIST Worauf ich wohl wieder gehen kann. Sei das näch-

ste Mal ein wenig vorsichtiger mit deinen Anklagen, Kerl. Wenn Herr Kiau nicht sehr gütig ist, kannst du noch wegen Ehrabschneidung ins Kittchen kommen. Ab jetzt!
Der bestürzte Sun hinaus.
DER POLIZIST *leise:* Eine Frage: Gibt es hier einen zweiten Ausgang? Ich möchte ungern Ihrer Frau Schin begegnen.
LAO GO Leider hat das Gelaß hier keinen eigenen Ausgang.
FRAU SCHIN *in der Tür:* Wenn Sie Ihr Auge zugedrückt und Ihre Zigarre eingeschoben bekommen haben, können Sie mich nach Haus begleiten, Ma Wang!
Er folgt ihr zerschmettert hinaus!
LAO GO *zu Kiau:* Ich bitte, den Vorgang zu entschuldigen.
KIAU Er ist es. Ich bin gekommen, um Ihnen mitzuteilen, daß ich die kleine Annonce, die einige Tage in Ihrem Schaufenster hing, mit tiefem Interesse studiert habe.
LAO GO Ich betrachte Ihre Lektüre meiner armseligen und undelikaten Annonce als eine große Freundlichkeit. Jedoch sind in allerletzter Zeit Veränderungen eingetreten, die einige Phrasen der Annonce direkt Lügen strafen. Dieser Laden ist bankrott, Herr Kiau.
KIAU Herr Lao Go, der Reiz des in der Annonce erwähnten Fräuleins besteht nicht in der Güte ihres Ladens, sondern in der Güte ihres Herzens.
LAO GO Leider hat ein gewisses Subjekt die Güte dieses Herzens allzu sehr ausgebeutet.
KIAU Er war wohl kaum der einzige. Der Name, den das Fräulein im Viertel genießt, sagt alles. Der Engel der Vorstädte!
LAO GO Aber Sie verstehen, daß dem unbedingt ein Riegel vorgeschoben werden muß.
KIAU Gestatten Sie, daß ich eine abweichende Meinung äußere: Dieser Güte muß der Riegel recht eigentlich geöffnet werden. Es ist die Natur des Fräuleins, Gutes zu tun. Unzweifelhaft eine sehr schöne Natur!
LAO GO Aber wenn ich Ihnen sage, daß sie heute kaum noch 100 Yen auszuteilen hätte ...
KIAU Was sind 100 Yen? 10 000 Yen sind vonnöten. Das bedeutet die Speisung von 4 Menschen, die ich jeden Morgen vor ihrer Tür sehe! Man kann 400 Speisen? Dieser Laden gestattet es kaum, 4 Menschen zu unterhalten. Eine kleine Fabrik, die doch leicht einzurichten wäre, würde das ganze Viertel in Brot set-

zen. Herr Lao Go, meinen Sie, daß solche Ideen, die mir in den letzten Tagen gekommen sind, bei dem Fräulein für mich sprechen würden?

LAO GO Meine Kusine war bisher auf nichts anderes bedacht als auf die Führung ihres kleinen Ladens, den die Götter ihr verliehen haben, damit sie in bescheidenem Umfang Gutes tun kann. Sie wird Ihre hohen Gedanken mit Bewunderung anhören.

KIAU Und die Sache mit diesem üblen Subjekt ist wirklich vorüber, ganz aus?

LAO GO Ganz. Freilich, es wird Zeit nehmen, bis sie alles verwunden hat.

KIAU Man wird vorsichtig sein, behutsam.

LAO GO Da sind frische Wunden. Sie wird aufs Land reisen, einige Wochen. Sie wird jedoch froh sein, zuvor alles zu besprechen mit jemand, dem sie vertrauen kann.

KIAU Bei einem kleinen Abendessen, in diskreter Weise.

LAO GO Das wird für beide Teile das beste sein. Ich beeile mich, meine Kusine zu verständigen. Gedulden Sie sich ein paar Minuten.

Ab in das Gelaß.

DER BARBIER *aufstehend:* Wie finden Sie das, meine Damen und Herren? Kann man mehr tun? Kann man selbstloser sein? Feinfühliger? Weitblickender? Ein kleines Abendessen! Was denkt man sich dabei gemeinhin Ordinäres und Plumpes dabei. Und nichts davon wird geschehen, nichts. Keine Berührung, nicht einmal eine scheinbar zufällige, beim Reichen des Salznäpfchens! Nur ein Austausch von Ideen wird stattfinden. Zwei Seelen werden sich finden, über den Blumen des Tisches, weißen Chrysanthemen übrigens. *Er notiert sich das.* Nein, hier wird nicht eine unglückliche Lage ausgenutzt, hier wird kein Vorteil aus einer Enttäuschung gezogen. Verständnis und Hilfe wird geboten, aber beinahe lautlos. Nur mit einem Blick wird das vielleicht anerkannt werden, einem Blick, der auch anderes bedeuten kann.

Fassung BBA 1460 = Bestandsverzeichnis Nr. 1571
[Druckfassung, Versuche 1953, Heft 12]

SHUI TA *eilt ihm entgegen:* Lieber Herr, vom Hörensagen weiß ich, daß Sie für meine Kusine einiges Interesse angedeutet haben. Lassen Sie mich alle Gebote der Schicklichkeit, die Zurückhaltung fordern, beiseite setzen, denn das Fräulein ist im Augenblick in größter Gefahr.

HERR SHU FU Oh!

SHUI TA Noch vor wenigen Stunden im Besitz eines eigenen Ladens, ist meine Kusine jetzt wenig mehr als eine Bettlerin. Herr Shu Fu, dieser Laden ist ruiniert.

HERR SHU FU Herr Shui Ta, der Zauber Fräulein Shen Tes besteht kaum in der Güte ihres Ladens, sondern in der Güte ihres Herzens. Der Name, den dieses Viertel dem Fräulein verlieh, sagt alles: Der Engel der Vorstädte!

SHUI TA Lieber Herr, diese Güte hat meine Kusine an einem einzigen Tage 200 Silberdollar gekostet! Da muß ein Riegel vorgeschoben werden.

HERR SHU FU Gestatten Sie, daß ich eine abweichende Meinung äußere: dieser Güte muß der Riegel erst recht eigentlich geöffnet werden. Es ist die Natur des Fräuleins, Gutes zu tun. Was bedeutet da die Speisung von vier Menschen, die ich sie jeden Morgen mit Rührung vornehmen sehe! Warum darf sie nicht vierhundert speisen? Ich höre, sie zerbricht sich zum Beispiel den Kopf, wie ein paar Obdachlose unterbringen. Meine Häuser hinter dem Viehhof stehen leer. Sie sind zu ihrer Verfügung. Usw. usw. Herr Shui Ta, dürfte ich hoffen, daß solche Ideen, die mir in den letzten Tagen gekommen sind, bei Fräulein Shen Te Gehör finden könnten?

SHUI TA Herr Shu Fu, sie wird so hohe Gedanken mit Bewunderung anhören.

Herein Wang mit dem Polizisten. Herr Shu Fu wendet sich um und studiert die Stellagen.

WANG Ist Fräulein Shen Te hier?

SHUI TA Nein.

WANG Ich bin Wang, der Wasserverkäufer. Sie sind wohl Herr Shui Ta?

SHUI TA Ganz richtig. Guten Tag, Wang.

WANG Ich bin befreundet mit Shen Te.

SHUI TA Ich weiß, daß Sie einer ihrer ältesten Freunde sind.

WANG *zum Polizisten:* Sehen Sie? *Zu Shui Ta:* Ich komme wegen meiner Hand.

DER POLIZIST Kaputt ist sie, das ist nicht zu leugnen.

SHUI TA *schnell:* Ich sehe, Sie brauchen eine Schlinge für den

Arm. *Er holt aus dem Gelaß einen Shawl und wirft ihn Wang zu.*

WANG Aber das ist doch der neue Shawl!

SHUI TA Sie braucht ihn nicht mehr.

WANG Aber sie hat ihn gekauft, um jemand Bestimmtem zu gefallen.

SHUI TA Das ist nicht mehr nötig, wie es sich herausgestellt hat.

WANG *macht sich eine Schlinge aus dem Shawl:* Sie ist meine einzige Zeugin.

DER POLIZIST Ihre Kusine soll gesehen haben, wie der Barbier Shu Fu mit der Brennschere nach dem Wasserverkäufer geschlagen hat. Wissen Sie davon?

SHUI TA Ich weiß nur, daß meine Kusine selbst nicht zur Stelle war, als der kleine Vorfall sich abspielte.

WANG Das ist ein Mißverständnis! Lassen Sie Shen Te erst dasein, und alles klärt sich auf. Shen Te wird alles bezeugen. Wo ist sie?

SHUI TA *ernst:* Herr Wang, Sie nennen sich einen Freund meiner Kusine. Meine Kusine hat eben jetzt sehr große Sorgen. Sie ist von allen Seiten erschreckend ausgenutzt worden. Sie kann sich in Zukunft nicht mehr die allerkleinste Schwäche leisten. Ich bin überzeugt, Sie werden nicht verlangen, daß sie sich vollends um alles bringt, indem sie in Ihrem Fall anderes als die Wahrheit sagt.

WANG *verwirrt:* Aber ich bin auf ihren Rat zum Richter gegangen.

SHUI TA Sollte der Richter Ihre Hand heilen?

DER POLIZIST Nein. Aber er sollte den Barbier zahlen machen. *Herr Shu Fu dreht sich um.*

SHUI TA Herr Wang, es ist eines meiner Prinzipien, mich nicht in einen Streit zwischen meinen Freunden zu mischen.
Shui Ta verbeugt sich vor Herrn Shu Fu, der sich zurückverbeugt.

WANG *die Schlinge wieder abnehmend und sie zurücklegend, traurig:* Ich verstehe.

DER POLIZIST Worauf ich wohl wieder gehen kann. Du bist mit deinem Schwindel an den Unrechten gekommen, nämlich an einen ordentlichen Mann. Sei das nächste Mal ein wenig vorsichtiger mit deinen Anklagen, Kerl. Wenn Herr Shu Fu nicht

Gnade vor Recht ergehen läßt, kannst du noch wegen Ehrabschneidung ins Kittchen kommen. Ab jetzt!
Beide ab.
SHUI TA Ich bitte, den Vorgang zu entschuldigen.
HERR SHU FU Er ist entschuldigt. *Dringend:* Und die Sache mit diesem »bestimmten jemand« – er zeigt auf den Shawl – ist wirklich vorüber? Ganz aus?
SHUI TA Ganz. Er ist durchschaut. Freilich, es wird Zeit nehmen, bis alles verwunden ist.
HERR SHU FU Man wird vorsichtig sein, behutsam.
SHUI TA Da sind frische Wunden.
HERR SHU FU Sie wird aufs Land reisen.
SHUI TA Einige Wochen, Sie wird jedoch froh sein, zuvor alles besprechen zu können mit jemand, dem sie vertrauen kann.
HERR SHU FU Bei einem kleinen Abendessen, in einem kleinen, aber guten Restaurant.
SHUI TA In diskreter Weise. Ich beeile mich, meine Kusine zu verständigen. Sie wird sich vernünftig zeigen. Sie ist in großer Unruhe wegen ihres Ladens, den sie als Geschenk der Götter betrachtet. Gedulden Sie sich ein paar Minuten. *Ab in das Gelaß.*
DIE SHIN *steckt den Kopf herein:* Kann man gratulieren?
HERR SHU FU Man kann. Frau Shin, richten Sie heute noch Fräulein Shen Tes Schützlingen von mir aus, daß ich ihnen in meinen Häusern hinter dem Viehhof Unterkunft gewähre.
Sie nickt grinsend.
HERR SHU FU *aufstehend, zum Publikum:* Wie finden Sie mich, meine Damen und Herren? Kann man mehr tun? Kann man selbstloser sein? Feinfühliger? Weitblickender? Ein kleines Abendessen! Was denkt man sich doch dabei gemeinhin Ordinäres und Plumpes! Und nichts wird davon geschehn, nichts. Keine Berührung, nicht einmal eine scheinbar zufällige, beim Reichen des Salznäpfchens! Nur ein Austausch von Ideen wird stattfinden. Zwei Seelen werden sich finden, über den Blumen des Tisches, weiße Chrysanthemen übrigens. *Er notiert sich das.* Nein, hier wird nicht eine unglückliche Lage ausgenutzt, hier wird kein Vorteil aus einer Enttäuschung gezogen. Verständnis und Hilfe wird geboten, aber beinahe lautlos. Nur mit einem Blick wird das vielleicht anerkannt werden, einem Blick, der auch mehr bedeuten kann.

DIE SHIN So ist alles nach Wunsch gegangen, Herr Shu Fu?
HERR SHU FU Oh, ganz nach Wunsch! Es wird vermutlich Veränderungen in dieser Gegend geben. Ein gewisses Subjekt hat den Laufpaß bekommen, und einige Anschläge auf diesen Laden werden zu Fall gebracht werden. Gewisse Leute, die sich nicht entblöden, dem Ruf des keuschesten Mädchens dieser Stadt zu nahe zu treten, werden es in Zukunft mit mir zu tun bekommen. Was wissen Sie von diesem Yang Sun?
DIE SHIN Er ist der schmutzigste, faulste . . . .
HERR SHU FU Er ist nichts. Es gibt ihn nicht. Er ist nicht vorhanden.

4. Epilog-Variante [um 1953]

Zuschauer, wisse, die Hauptstadt von Sezuan
In der man nicht zugleich gut sein und leben kann
Besteht nicht mehr. Sie mußte untergehn.
Doch gibt's noch viele, die ihr ähnlich sehn.
Tut einer Gutes dort, frißt ihn die nächste Maus
Die Untat aber zahlt sich dorten aus.
Zuschauer, wohnst du selber in solcher Stadt
Bau sie schnell um, eh sie dich gefressen hat!
Kein größeres Glück gibt es auf Erden nun
Als gut sein dürfen und Gutes tun.

Arbeitsnotizen und Bruchstücke

1. Elemente des *Guten Menschen von Sezuan*
BBA 181/56 = Bestandsverzeichnis Nr. 1615

Die Untersuchungskommission der Götter 0, 10

Des Menschen einziger Freund: Er selbst. Die Doppelrolle 4a

Der Gute handelt die Sache; der Böse handelt die Sache
1, 2/4, 5/ 5, 6/7/8

Damit Gutes geschehe, muß Böses geschehen. 1, 2/4, 5/5, 6/7/8

»Der Vetter« soll immer nur für kurz, nur noch einmal kommen, und am Schluß ist nur er mehr da. 1, 4, 7

Die Götter finden keinen guten Menschen, keinen besseren als diesen 9, 10

Die Kenntnis Lao Gos von Schans Schlechtigkeit kuriert Li Gung nicht von ihrer Liebe zu ihm 5

Der Weg der kleinen Leute: nur hinauf oder hinunter 10

Der Prozeß des guten Menschen: ein Prozeß der Götter 10

2. Szenische Elemente des *Guten Menschen von Sezuan*
BBA 181/58 = Bestandsverzeichnis Nr. 1617

Schwierigkeiten eines Gläubigen, seinen Göttern Genugtuung zu verschaffen 0

Schneller Verfall einer Existenz durch Güte 1

Schneller Wiederaufbau einer Existenz durch Härte 2

Der Gute, einen Helfer suchend, findet einen, dem er helfen kann 3

Dem Geliebten kann leider nur der Herr Vetter helfen 4

Der Herr Vetter aber entdeckt die Bosheit des Geliebten. Freilich der Liebenden selbst hilft dies nicht. 5

Wo Li Gung hinkommt, kann Lao Go nicht hinkommen. 6

Um dem kleinen Sohn der Li Gung zu helfen, muß der Herr Vetter vieler Leute kleine Söhne opfern. 7

Was Li Gung versprochen hat, hält Lao Go 8

Hat Lao Go seine Kusine Li Gung ermordet? 9

Die Götter verhören den Mörder ihres guten Menschen. 10

3. Die guten Taten der Li Gung

BBA 181/72 = Nr. 1631

Die guten Taten der Li Gung
(1) Beherbergung einer Familie
(3) Rettung eines Verzweifelten
(4) Falsches Zeugnis für einen Geschädigten
(5) Vertrauen in den Geliebten
(6) Vertrauen wird nicht enttäuscht
(7) Bürgschaft für die Aufstrebenden
(8) Alles für das Kind

Die Untaten des Lao Go
(2) Auslieferung einer Familie ins Gefängnis
(4) Diskreditierung des Geschädigten
(5) Preisgabe der Bürgen
(6) Planung einer »Vernunftheirat«
(7) Erschleichung eines billigen Lokals
(8) Ausbeutung von Kindern
(9) Ausbeutung des Geliebten (Die Tabakkönigin)

4. Schlecht ist

BBA 181/70 = Nr. 1629

jemanden
- töten   (8) die Kinder
- erpressen   (7) Schan
- mißbrauchen   (5) die Alten   (9) Schan
- enttäuschen   (5) die Alten   (5) Sun
- ruinieren   (2) die Familie   (7) den Schreiner, die Alten
- zu Schlechtem verleiten   (2) die Familie
- ausbeuten   (8) alle Hilflosen
- unterdrücken   (9) Schan
- belügen
- mit Mißtrauen behandeln   (9) Sun
- verachten   (5) Schan
- verwirren   (5) Sun
- unproduktiv machen   (7) Schreiner   (8) Schan
- verschlechtern

sich
- verkümmern lassen   (5)

5. [Entwürfe]

BBA 182/104 = Nr. 1597

Die Hitzigkeit der Li Gung.
Sie geht leicht zu weit. Sodom.
»Wer übers Ziel hinausschießt, trifft auch nicht das Ziel.«

Die Existenzangst des Lao Go

Sie verschweigt die Wahrheit – aus Freundlichkeit und weil sie annimmt, sie weiß sie doch nicht so genau.

Immer noch steht in 9 die Milch vor dem Laden.

Auch Lao Go lügt, und das nützt ja sehr. Auch er ist unbeherrscht.

6. [Notizen]

BBA 181/57 = Bestandsverzeichnis Nr. 1616

Der Edle spiegelt sich nicht im Wasser, sondern er spiegelt sich im Menschen.
Die Götter

Wenn die Lippen fehlen, werden die Zähne kalt.
Lao Go

Generosität schließt das eigene Selbst nicht aus.
Lao Go

Damit man nicht sagt: Himmel und Erde sind nicht gütig und betrachten die Geschöpfe wie Strohhunde.
Sun

Ein Wunsch, den man wünscht, wenn man in einer Zwangslage ist, ist kein Wunsch.
Li Gung

7. [Gestrichener Entwurf]

BBA 176/3 = Bestandsverzeichnis Nr. 1635

Die Welt hat einen ernsten Fehler: Den Schlechten geht es auf ihr gut, den Guten schlecht. Alle Götter sind darüber beunruhigt; denn auch ihr Zustand ist der Moral abträglich.

»Zur Praktizierung von Tugend ist ein gewisses Maß von Komfort nötig.«
Thomas von Aquino

8. Sezuanstück
Finnische Fassung

BBA 181/73 = Bestandsverzeichnis Nr. 1632

(2) + (4)
Auch der böse Vetter kann nichts ausrichten, wo das Kapital fehlt. Er sieht hilflos um sich, bereit zu allem, fähig zu wenigem, geschenkt wird ihm nichts, er ist zu tüchtig (»warum bellen für ihn, sagen sie, er ist selber ein Hund«). Aber da sind gute Leute; wenn seine Bosheit versagt, hilft ihre Güte. Sie geben Li Gung.
(4)
Li Gung wünscht, daß die Götter es dem Teppichhändlerpaar vergelten möchten. Es stellt sich heraus, daß sie nicht an die Göt-

ter glauben. Sie sind höflich, sehen sich lächelnd an, wollen nicht verletzen. Li Gung hat die Götter gesehen (»hier standen sie, dieser Laden ist ihr Geschenk«); die Alten lächeln.
(2a)
Der eine Gott ist sehr lang, damit er viel übersehen kann. Der zweite ist sehr schwer, so kommt er nicht gut vom Boden hoch und denkt ungern an die Rückreise. Auch sieht er immer noch Möglichkeiten der Untersuchung (weil faul).
(4)
Bei einem Streit über den Ruf Li Gungs (und Schan) wird Sun die Hand zerbrochen. Auftritt Li Gung und berichtet von ihrem Liebesglück. Sie erschrickt, wenn sie bemerkt, daß sie, beschäftigt mit sich, Suns Unglück nicht erkannt hat. Sie ruft alle zu Zeugen an, ohne Erfolg. Sie bietet ihr eigenes Zeugnis an. (Sun hat über den Grund des Streites gelogen.) Er läuft glücklich weg, zum Richter statt zum Arzt. Nun kommt Schans Mutter, die den Strick zeigt, den sie ihrem Sohn eben weggenommen hat. Er benötigt 400 Yen, er hat einen Brief aus Peking erhalten, da ist eine letzte Chance. Die beiden Alten bieten ihr ein Darlehen auf den Laden an. Sie bedankt sich, es wird über die Götter gesprochen, die Alten verlassen sich lieber auf den guten Menschen als auf die Götter. Dann stellt es sich heraus, daß, was sie leihen können, zu wenig ist. Der Herr Vetter muß kommen.

Die Szene eröffnet mit der Tschuang-tsi-Lektüre Suns und seinem Gespräch mit dem Barbier.
(2)
Dem Vetter bleibt nichts übrig als die Heirat mit wohlsituiertem Herrn.
(8)
Die Kinder, welche die Tabaksäcke schleppen. Das feuchte Lokal des Barbiers, zu schlecht für die Waren, gut genug für die Menschen.

9. [Notizen für eine Umarbeitung einer nicht-erhaltenen Fassung]

BBA 182/93–102 = Bestandsverzeichnis Nr. 1595

1 (Seite 8)
Da Chen-Te der Hausbesitzerin keine Referenzen angeben kann, soll sie plötzlich die Miete für ein halbes Jahr vorausbezahlen.

Chen-Te verweist auf ihren Vetter, der verhandeln wird für sie.

Die unglückliche Familie bringt einige Säcke mit, die sie angeblich aus dem Schiffbruch gerettet hat. Es werden jedoch einige Andeutungen gemacht, daß die Familie in Schwierigkeiten mit der Polizei gekommen ist und darum flüchten mußte ...
8, 9

2 (Seite 15)
Wenn die Familie verhaftet ist, untersucht der Vetter die Säcke, die sie zurückließ. Er zeigt sie dem Publikum: sie enthalten Opium (Opium zu verkaufen ist in der Provinz Sezuan verboten!)

Wenn die Hausbesitzerin gegangen ist, beginnt der Vetter bei dem Polizisten auf den Busch zu klopfen, ob man die Protektion der Polizei für illegalen Opiumverkauf bekommen könnte... Die Antwort ist ja, jedoch wagt sich der Vetter dann nicht weiter vor, und der Polizist rät zu einer Vernunftheirat.
19, 21

3 (Seite 23)
Sun deutet seine finanziellen Schwierigkeiten an, und Chen-Te bestellt ihn in ihren Laden. Dort wird ihr Vetter anwesend sein, der wird ihm helfen können.

(Der Schluß von 4 kommt als Schluß von 3. Anstelle zur Mutter Suns spricht Chen-Te zum Wasserverkäufer.)
26

4 (Seite 30)
gestrichen.

5 (Seite 37)
Der Vetter sagt der Hausbesitzerin, daß Frl. Chen-Te nicht beabsichtigt, den Laden zu halten. Er bietet ihr, zusammen mit dem Flieger Sun, die Vorräte zum Verkauf an. Der Erlös ist zu klein für Sun, und so zeigt ihm der Vetter die Säcke mit dem Opium. Das wird er verkaufen, und Sun wird die Stelle erwerben können.

Wenn am Schluß Sun wieder der Chen-Te begegnet, sagt er frech zu ihr: »Dein Vetter muß dir Äußerungen von mir zugetragen haben, die ich im Zorn gemacht habe. Kannst du, mir in die Au-

gen blickend, glauben, daß ich dich nicht auch ohne Geld liebe?«
 37, 38, 39

5a (Seite 46)
Anstelle der Erzählung von der alten Frau begegnet Chen-Te auf dem Weg zur Hochzeit jener Nichte aus der achtköpfigen Familie und sieht, wie sie im Opiumrausch ist. Sie ist sehr froh, daß das Opium nicht verkauft werden mußte, da ja Sun sie auch ohne das Geld für die Stellung nimmt.

6 (Seite 47)
Sun sagt seiner Mutter, daß er das Geld ohne Schwierigkeit vom Vetter bekommen kann. Notfalls wird er ihn erpressen. Er hat bereits nach dem Vetter geschickt.
 Sie spricht anstatt von den beiden Alten von der Schlechtigkeit, Opium zu verkaufen. (Es gehört ihr übrigens gar nicht ...)

7 (Seite 55)
Der Barbier hat gehört, daß sie ihren Laden verkaufen muß, weil sie mit der Miete Schwierigkeiten hat. Er räumt ihr nahezu unbegrenzten Kredit ein.
 Die Häupter der Familie kommen aus dem Gefängnis zurück. Sie wollen ihre Säcke wieder haben. Am Abend werden sie zurückkommen.
 Die Szene schließt unten auf Seite 59 mit dem Weggehen der Chen-Te. Vielleicht kommen auch noch die Leute in den Hof, jedenfalls erscheint der Vetter *nicht* mehr.

8 (Seite 63)
gestrichen.

9 (Seite 66a)
Der Vetter ist sehr reich geworden. Chen-Te ist verschwunden. Mitunter kommen die Häupter der achtköpfigen Familie (anstelle der alten Frau), nach Chen-Te und ihren Säcken zu fragen. Sie deuten an, sie wüßten, woher Schui-Tas Reichtum stammt. Jedoch können sie nicht zu Gericht gehen.
 Sun, der Prokurist, weiß auch von der alten Geschichte mit den

Säcken, die jedoch längst nicht mehr beweisbar ist. Das Geschäft ist jetzt blühend. Es ist ein toller Opiumhandel.

10. Die große Rede der Li-gung über die Strafe, welche die Götter auf das Nichtessen des Fleisches gesetzt haben [Bruchstück einer gestrichenen Passage]

BBA 182/105 = Bestandsverzeichnis Nr. 1598

Die Kämpfe um das Essen
Zeitigten schreckliche Verbrechen. Der Bruder
Trieb die Schwester vom Tisch weg. Die Ehepaare
Rissen sich die Teller aus den Händen. Für ein Stück Fleisch
Verriet der Sohn die Mutter. So kam eine Sekte auf
Die das Heil erwartete vom Fasten. Es hieß
Nur der Verzichtende könne ein Mensch bleiben. Es sinke

Piccolo Teatro Mailand 1981   Inszenierung Giorgio Strehler
Foto Luigi Ciminaghi

Unaufhaltsam zum Tier herab, der zu essen begehrt. Eine Zeitlang
Sahen die besten auf die Güter des Universums
Wie auf vergifteten Unrat. Aber da griffen die Götter ein.
Erzürnt, daß ihre Gaben verachtet wurden, setzten sie die Todesstrafe
Auf die Entsagung. Man sah
Wie die nicht aßen zusammenschrumpften und häßlich wurden
Und es starb, der nicht Fleisch aß. Um der schrecklichen Krankheit zu entgehen
Stürzten sich die Menschen um so gieriger auf das Essen.
Die Verbrechen nahmen zu.

Vorarbeiten

1. »Fanny Kreß«
oder
»Der Huren einziger Freund« [Entwurf 1927/28]

BBA 823/42 = Bestandsverzeichnis Nr. 3757

ist die Hure. Die Hure verkleidet sich als Mann (Zigarrenhändler), um ihnen allen zu helfen. Nun sieht sie, wie alle Huren einander verraten und jede versucht, den Mann zu kapern.

2. Kurzstücke ($1^1/_4 - 1^1/_2$ Stunden)
1) ...
2) Die Ware Liebe [Entwurf 1930]

BBA 464/54–55 = Bestandsverzeichnis Nr. 3755

Eine junge Prostituierte sieht, daß sie nicht zugleich Ware und Verkäufer sein kann. Durch ein günstiges Geschick bekommt sie eine kleine Geldsumme in die Hand. Damit eröffnet sie einen Zigarrenladen, in dem sie in Männerkleidern den Zigarrenhändler spielt, während sie ihren Beruf als Prostituierte fortsetzt.

3. Die Ware Liebe
(zwei Fassungen) [Entwürfe um 1930]

BBA 464/58 = Bestandsverzeichnis Nr. 3756

I

Sie ist der Zigarrenhändler, der einen Gehilfen hat. Den beutet sie aus. Wenn er mit ihr schläft, beutet er sie aus. Dann kriegt sie ein Kind und verschwindet als Mädchen. Wird er, der weiß, daß sie bei dem Zigarrenhändler zuletzt gesehen wurde, seinen Brotgeber anzeigen? Er tut es nicht. Schon vorher ist sie zu dem Händler gegangen, um sich über ihn zu beschweren. Er hat ihm geschworen, sich anständig zu benehmen, aber das Kind will er dann diesem zuschieben. Überhaupt will er ihn erpressen. Und will er, daß sie von ihm Geld herausholt. Dann kriegt sie das Kind, ist hilflos und Wachs in seiner Hand.

2

Sie ist ihr eigener Zutreiber. Nämlich: sie tritt bei dem Händler als Gehilfe ein. Und vermittelt. Als das Mädchen verschwindet, erpreßt sie ihn. Als Zutreiber hat sie sozusagen eine erstklassige Ware in der Hand, die sie nach allen Marktregeln ausschlachtet. So kann sie den Zigarrenladen kaufen.

3

Sie hat einen Verkäufer (Ludwig), den sie als Zigarrenhändler in Schach hält. Ähnlich wie 1.

DAS MÄDCHEN: Das Schlimmste ist, daß ich keinen einzigen Freund habe. So muß ich entweder schlecht und hartherzig werden oder zugrunde gehen, indem ich zu entgegenkommend bin. Wenn ich einen Freund hätte, könnte ich bleiben, wie ich bin, was ich gern möchte.

Wenn der Herr vorübergeht an mir und ich wasche seinen Boden auf, erregt ihn der Anblick meiner Beine, und er greift nach mir. Dabei ist ihm dies selber unangenehm. Sein schlechtes Gewissen steht ihm im Gesicht geschrieben. Und auch der Besitzer wünscht mich allein zu treffen.

Quellen und Bezüge

Chinesische Quellen

1. Dschuang Dsi. Das wahre Buch vom südlichen Blütenland

DAS LEIDEN DER BRAUCHBARKEIT

In Sung ist ein Platz namens Dornheim. Dort gedeihen Katalpen, Zypressen und Maulbeerbäume. Die Bäume nun, die ein oder zwei Spannen im Umfang haben, die werden abgehauen von den Leuten, die Stäbe für ihre Affenkäfige wollen. Die, die drei, vier Fuß im Umfang haben, werden abgehauen von denen, die nach Balken suchen für prächtige Häuser. Die mit sieben, acht Fuß Umfang werden abgehauen von den vornehmen und reichen Familien, die Bretter für ihre Särge suchen. So erreichen sie alle nicht ihrer Jahre Zahl, sondern gehen auf halbem Wege zugrunde durch Axt und Beil. Das ist das Leiden der Brauchbarkeit.

In einem alten Opferbuch heißt es, daß Rinder mit weißen Stirnen, Schweine mit langen Rüsseln und Menschen, die an Geschwüren leiden, dem Flußgott nicht geopfert werden dürfen. Alle Priester wissen das und halten jene Eigenschaften darum für unheilvoll. Der Mann des Geistes aber hält gerade sie für segensreich.

(Zum Zwischenspiel »Wangs Nachtlager« zwischen Bild 6 und 7; wa 4, 1563 f.)

DER KRÜPPEL

Es war einmal ein Krüppel mit Namen Schu. Der war so verwachsen, daß ihm das Kinn bis auf den Nabel reichte. Seine Schultern waren höher als der Kopf, sein Haarknoten stand zum Himmel empor, die Eingeweide waren alle nach oben verdreht, und seine Beine waren an den Rippen angewachsen. Als Schneider und Waschmann verdiente er genug, um davon zu leben; durch Getreide-Sieben erwarb er sich so viel, daß er zehn Menschen davon ernähren konnte.

Wurde von oben her eine Aushebung von Soldaten ausgeschrieben, so stand jener Krüppel dabei und fuchtelte mit den Armen;

waren für die Regierung schwere Fronden zu leisten, so wurde dem Krüppel wegen seiner dauernden Untauglichkeit keine Arbeit zugewiesen. Wenn dagegen die Regierung Getreide unter die Armen verteilte, so bekam der Krüppel drei Scheffel und zehn Bündel Reisig.

So diente ihm seine körperliche Verkrüppelung dazu, seinen Lebensunterhalt zu finden und seiner Jahre Zahl zu vollenden. Wieviel mehr wird der davon haben, der es versteht, Krüppel zu sein im Geiste!

(Zum Zwischenspiel »Wangs Nachtlager« zwischen Bild 6 und 7; wa 4, 1563 f.)

WALTER BENJAMIN BERICHTET:

Und er [Brecht] kommt auf das Gleichnis eines chinesischen Philosophen über »die Leiden der Brauchbarkeit«. [»] Im Walde gibt es verschiedenartige Stämme. Aus den dicksten werden Schiffsbalken geschnitten; aus den weniger soliden aber immer noch ansehnlichen Stämmen macht man Kistendeckel und Sargwände; die ganz dünnen verwendet man zu Ruten; aus den verkrüppelten aber wird nichts – die entgehen den Leiden der Brauchbarkeit. – In dem, was Kafka geschrieben hat, muß man sich umsehen wie in solchem Wald. Man wird dann eine Anzahl sehr brauchbarer Sachen finden. Die Bilder sind ja gut. Der Rest ist eben Geheimniskrämerei. Der ist Unfug. Man muß ihn beiseite lassen. Mit der Tiefe kommt man nicht vorwärts. Die Tiefe ist eine Dimension für sich, eben Tiefe – worin dann garnichts zum Vorschein kommt.« (5. August 1934)

(Zum Zwischenspiel »Wangs Nachtlager« zwischen Bild 6 und 7; wa 4, 1563 f.)

2. Po-Chü-yi

DIE GROSSE DECKE

Der Gouverneur, von mir befragt, was nötig wäre
Den Frierenden in unsrer Stadt zu helfen
Antwortete: Eine Decke, zehntausend Fuß lang
Die die ganzen Vorstädte einfach zudeckt.

That so many of the poor should suffer from the cold
  what can we do to prevent?
To bring warmth to a single body is not much use.
I wish I had a big rug ten thousand feet long,
Which at one time would cover up every inch of the city.

(Zu Bild 2 »Der Tabakladen«; wa 4, 1512; vgl. wa 9, 618)

3. Me-ti (Mo Ti)

Weiter sagen die Konfuzianer: »Der Edle ist wie eine Glocke; schlägt man sie, so tönt sie, schlägt man sie nicht, so tönt sie nicht.« – Dagegen ist Folgendes einzuwenden: Alle rechtschaffenen Menschen dienen ihrem Fürsten mit vollkommener Hingebung und ihren Eltern mit kindlicher Liebe. Wenn eine gute Tat verübt wird, so loben sie dieselbe und, wenn Fehler begangen werden, so halten sie mit ihrem Tadel nicht zurück. So handeln gute Untertanen. Wenn sie nun erst einen Laut von sich geben, sobald sie angerührt werden und, solange sie es nicht sind, sich nicht hören lassen, dann halten sie auch alle Anschläge, von denen sie wissen, geheim und zwingen sich zum Schweigen und zur Gleichgültigkeit, denn sie antworten erst, wenn sie gefragt werden. Auch wenn ein großer Vorteil ihres Herrschers oder ihrer Eltern auf dem Spiele steht, so sagen sie doch nichts, wenn nicht gefragt werden. Wenn nun eine große Rebellion oder Raub und Diebstahl bevorstehen, oder geheime Machinationen im Gange sind, von denen niemand anders, sondern auch nur sie allein etwas wissen, und sie ungefragt nichts sagen, auch wenn ihr Fürst oder ihre Eltern zugegen sind, so sind sie nichts anderes als Schurken, die großes Unheil stiften. [. . .] Sie sagen, daß sie nichts davon erfahren hätten, und wenn etwas sehr eilig ist, so lassen sie es liegen und suchen das Weite.

(Zu Bild 8 »Shui Ta's Tabakfabrik«; wa 4, 1584)

Kung Mêng-tse sprach zu dem Meister Mê-tse [=Mê-ti]: »Der edele Mensch zeigt sich ehrerbietig und verhält sich abwartend. Wenn er gefragt wird, so antwortet er, und wenn er nicht gefragt wird, so schweigt er. Er ist wie eine Glocke: wenn sie angeschlagen wird, so tönt sie, und wenn sie nicht angeschlagen wird, so tönt sie nicht.«

Der Meister *Mê-tse* erwiderte: »[...] du kennst nur die eine Seite und weißt nicht, was du eigentlich sagst. [...]

[Du sagst] »der Edele zeige sich ehrerbietig und verhalte sich abwartend. Nur, wenn er gefragt werde, rede er, sonst verharre er im Schweigen ähnlich einer Glocke, die nur töne, wenn angeschlagen und, wenn nicht angeschlagen, nicht erklinge. Nun hast du jetzt eben geredet, ohne von irgend jemand dazu angeregt zu sein. Ist es nun deine Meinung, daß man auch ohne Anlaß seine Stimme hören lassen könne, oder erklärst du das selbst für die Handlungsweise eines Nichtedelen?«

(Zu Bild 8 »Shui Ta's Tabakfabrik«; wa 4, 1584)

Die Alten hatten das Sprichwort: »Der Edele spiegelt sich nicht im Wasser, sondern er spiegelt sich im Menschen.« Im Wasser trifft nur das Antlitz den Blick – im Menschen spiegelt sich Glück und Mißgeschick.

(Erwogenes Zitat; vgl. in diesem Band S. 105)

Ein altes Sprichwort sagt: Wenn die Lippen fehlen, werden die Zähne kalt.

(Erwogenes Zitat; vgl. in diesem Band S. 105)

Generosität schließt das eigene Selbst nicht aus.
 (Dies ist eine weitere Anspinnung des Gedankens, daß Liebe zur eigenen Person noch keine Selbstsucht ist. Der Mehismus verlangt nicht, daß der Mensch im Dienste seiner Mitmenschen sich selbst kasteit. Er kann auch auf sein eigenes Wohlsein bedacht sein.)
[= Kommentar Forkes]

(Erwogenes Zitat; vgl. in diesem Band S. 105)

Ein Wunsch, den man wünscht, solange man noch in einer Zwangslage ist, ist kein Wunsch.
 (Ein erzwungener Wunsch ist kein Wunsch mehr, ein Wunsch muß frei sein. Solche erzwungenen Wünsche spielen in der Politik eine gewisse Rolle, wenn z. B. ein unterjochtes Volk, das heißt die

bestochenen Minister, die Unterdrücker ersuchen, die Regierung zu übernehmen. Das gibt dem Gewaltakt ein sehr unschuldiges Aussehen. [...].) [= Kommentar Forkes]

(Erwogenes Zitat; vgl. in diesem Band S. 105)

Der Himmel liebt die Menschen weniger, als der Weise sie liebt, aber er nützt den Menschen mehr, als der Weise es kann. Der große Mann hat weniger Liebe für den kleinen Mann, als dieser für ihn, aber er hilft dem kleinen Mann mehr, als dieser ihm hilft.

([...] Ob der Ausspruch richtig ist, kann dahingestellt bleiben. Daß die Natur besondere Liebe für die Menschen hat, läßt sich aus ihrem Wirken nicht erkennen. Es erscheint oft als der höchste Grad der Herz- und Gefühllosigkeit, und es ist daher weiser anzunehmen, daß die Natur überhaupt nichts fühlt. Der Nutzen, den die Menschen aus der Natur ziehen, ist natürlich viel größer als alles, was ein Einzelner und selbst der Weiseste leisten kann [...]. Lao-tse [...] drückt denselben Gedanken aus, indem er sagt: [...] »Himmel und Erde sind nicht gütig und betrachten die Geschöpfe wie Strohhunde« d. h. wie wertlose Dinge.) [= Kommentar Forkes]

(Erwogenes Zitat; vgl. in diesem Band S. 105)

Europäische Quellen

1. Rudyard Kipling

Kala Nag stand zehn Fuß hoch über dem Boden; seine mächtigen Stoßzähne waren der Sitte gemäß vorne abgeschnitten und an ihren Enden mit Kupferbändern umspannt, um sie vor dem Zersplittern zu schützen. Er konnte mit diesen noch immerhin fünf Fuß langen Stümpfen mehr ausrichten als die nicht abgerichteten Elefanten mit ihren vollgewachsenen scharfen Stoßzähnen.

Wenn nach wochenlangem, mühsamem Jagen in den Bergen etwa vierzig oder fünfzig wilde Kolosse endlich in die letzte Umzäunung getrieben waren und das schwere Falltor aus den Baumstämmen dröhnend hinter ihnen niederfiel, begab sich Kala Nag auf ein Kommandowort in das stampfende, schnaubende, sich wild drängende Gewühl (gewöhnlich bei Nacht, wenn der flakkernde Schein der Fackeln die eingefangenen Tiere unsicher machte), suchte sich den stärksten und wildesten Bullen aus der Masse und hämmerte und stieß so lange auf ihn ein, bis er Ruhe gab, während Männer auf dem Rücken der anderen Arbeitselefanten die schwächeren Tiere mit Stricken einfingen und fesselten.

(Zum »Lied vom achten Elefanten«, Bild 8 »Shui Ta's Tabakfabrik«; wa 4, 1582 f.; vgl. auch das *Kriegsfibel*-Gedicht 55, wa 10, 1045)

Kala Nag, was soviel heißt wie »Schwarze Schlange«, und Nazim waren zwei der größten Elefanten aus der Herde, und eine ihrer Obliegenheiten bestand darin, die schweren Strafen auszuteilen, denn ein Mann ist nicht imstande, einen Elefanten zweckentsprechend zu verprügeln.

Sie traten pflichtgemäß an, nahmen die Peitschketten, rasselten sie in ihre Rüssel hinein und schritten auf Moti Guj zu, um ihn in die Mitte zu nehmen.

(Zum »Lied vom achten Elefanten«, Bild 8 »Shui Ta's Tabakfabrik«; wa 4, 1582 f.; vgl. auch das *Kriegsfibel*-Gedicht 55, wa 10, 1045)

2. Friedrich Nietzsche

Vereinsamt

Die Krähen schrein
Und ziehen schwirren Flugs zur Stadt:
Bald wird es schnein. –
Wohl dem, der jetzt noch – Heimat hat!

Nun stehst du starr,
Schaust rückwärts, ach! wie lange schon!
Was bist du Narr
Vor Winters in die Welt – entflohn?

Die Welt – ein Tor
Zu tausend Wüsten stumm und kalt!
Wer das verlor,
Was du verlorst, macht nirgends halt.

Nun stehst du bleich,
Zur Winter-Wanderschaft verflucht,
Dem Rauche gleich,
Der stets nach kältern Himmeln sucht.

Flieg, Vogel, schnarr
Dein Lied im Wüsten-Vogel-Ton! –
Versteck, du Narr,
Dein blutend Herz in Eis und Hohn!

Die Krähen schrein
Und ziehen schwirren Flugs zur Stadt:
– Bald wird es schnein,
Weh dem, der keine Heimat hat!

(Zum »Lied vom Rauch«, Bild 1 »Ein kleiner Tabakladen«; wa 4, 1507 f.;
vgl. auch die andere Fassung des Lieds, wa 8, 90 f.: »Der Gesang aus der
Opiumhöhle«)

3. Calderón de la Barca

Der Landmann kommt, um sich erstmals auf der Lebensbühne vorzustellen:
Wer sah härtres Los als meins?
[...]
Braucht man irgendeine Steuer...
Gleich wird frisch drauflosgesteuert
Auf das arme Bäuerlein.
Aber wart nur, muß ich schwitzen,
Nun so soll auch meinen Schweiß
Mir mein Kunde wohl bezahlen,
Denn ich stelle selbst den Preis.
[...]
Regnet's diesen Mai nicht – und ich
Bitte Gott um Trockenheit –,
Ei, so weiß ich, daß mein Weizen
Um ein paar Dukaten steigt,
Und so werd ich Rübezahl
Bald der ganzen Gegend sein,
Alles wird mich fürchten, ehren –
Doch so aufgebläht und reich,
Was dann fang ich weiter an?

(Zum »Lied des Wasserverkäufers im Regen«, Bild 3 »Abend im Stadtpark«; wa 4, 1526 f.)

4. Sergej Tretjakow

MILDA Ein Kind.
JAKOB Nicht schlecht, was? *Rollt den Wagen durchs Zimmer.* Hier wird es dann hineingesetzt. Wie liegt sich's, Genosse Kind, sehen Sie die Krähe dort auf dem Telegrafendraht sitzen? Jetzt wird angefahren. Auf dem Bürgersteig. Nein, Bürger, Verzeihung, bitte gehen Sie zur Seite.
Bürgerin, paß auf, sonst überfahren wir Dich. Alte Weiblein, rettet Euch! Bürger, da kommt wieder einer gefahren? Halt! Auto, den Weg frei! Bitte weinen Sie nicht, Genosse Sohn, wir werden schon über die Straße kommen. Polizist, machen Sie

uns den Weg frei! Den Arm in die Höhe! Autobus halt! Motorrad halt! Bürger laßt uns vorbei! *Hebt Milda hoch und dreht sich mit ihr im Zimmer herum, jauchzend.* Alte!

MILDA Jakob, Sie dürfen mich nicht tragen.

JAKOB Dich trage ich auch nicht. Das Kindchen trage ich. Was bist denn Du? Du bist nur die Packung! Bist nur »tara, Du bist tara, tara, tara, taratara« ... halt Dich fest – wir haben's!

(Zur Pantomime in Bild 7 »Hof hinter Shen Te's Tabakladen; wa 4, 1568)

5. Goethe/Schiller

Ein guter Mensch in seinem dunklen Drange
Ist sich des rechten Weges wohl bewußt. (*Faust*, Vers 328 f.)

Es wächst der Mensch mit seinen größern Zwecken.
(*Wallenstein*, Prolog, Vers 60)

(Zur Schlußrede der Götter im Zwischenspiel »Wangs Nachtlager« zwischen Bild 6 und 7; wa 4, 1565)

Zeitgenössische Bezüge

Titel:

Der Name »Sezuan« bezieht sich auf die chinesische Provinz (nicht Stadt) Szechuan (sprich: Setschuan) im südlichen Zentralchina. Die Provinz war zwischen 1937 und 1945 im chinesisch-japanischen Krieg Schauplatz der kriegerischen Auseinandersetzungen. Brecht schreibt am 4. 5. 1940 an Hans Tombrock: »Ich meine, wenn in den Zeitungen eines bestimmten Tages steht, daß die Chinesen Sezuan gestürmt haben, mußt Du Dich fragen: Was machte an diesem Tag Tombrock?«.

Vorspiel:

Wangs Anpreisung der Götter – »Greifen Sie um Gottes willen zu!« (wa 4, 1493) – spielt in der Sprachgebung (Konsum-, Werbesprache) auf die allgemeine Vermarktung im Kapitalismus an. Auch die Götter werden, wie eine Ware unter anderen, »feilgeboten«.

Bild 1:

Der gesellschaftliche Zustand, den das 1. Bild entwirft, nämlich die allgemeine Verarmung, Ruinierung des Mittelstands (achtköpfige Familie), Kampf ums Brot, bezieht sich auf die Zustände in der Weimarer Republik 1923/24 während und nach der Inflation, die den deutschen Mittelstand »proletarisiert« und alle Lohnempfänger (Geldentwertung) ruiniert hat. Die achtköpfige Familie steht für die ehemalige »Großfamilie« (drei Generationen), die als Produktionsgemeinschaft im 19. Jahrhundert intakt gewesen ist und dann während und nach dem 1. Weltkrieg sich aufzulösen beginnt: Verlust des Vermögens, Arbeit in der Fabrik (bzw. Arbeitslosigkeit).

Bild 2:

Shui Ta erscheint als »Gewinnler« der schlechten gesellschaftlichen Zustände, sie bzw. die Betroffenen (Schreiner) ausnutzend.

Schlange vor einer Berliner Armenküche, 1923

Bild 3:

Der Beruf Suns, den er freilich nicht ausüben kann, verweist auf das fortgeschrittene »technische Zeitalter«, das bereits herrscht. Das »Fliegen« galt in den zwanziger Jahren (vgl. die erste Ozeanüberquerung durch Charles Lindbergh 1927) allgemein als Symbol für den Triumph der Technik.

Das »Lied des Wasserverkäufers im Regen« (wa 4, 1526 f.) verweist auf die für den Kapitalismus typischen Überproduktionskrisen: der überreiche »Segen der Natur« (hier der Regen) ruiniert den Händler (hier den Kleinbürger Wang). Der Monopolkapitalismus wehrt sich gegen solche Überproduktionskrisen mit der Vernichtung des Überschusses, das heißt: mit künstlicher Verknappung, ein Mittel, das dem kleinen Händler nicht zur Verfügung steht. Ein Ereignis dieser Art war z. B. die systematische Vernichtung der brasilianischen Kaffee-Ernte von 1932, die auch in den deutschen Medien ausgiebig dokumentiert worden ist. Brecht hat das Ereignis in seinem Film *Kuhle Wampe* verarbeitet:

MANN MIT BÄRTCHEN *beiläufig aus der Zeitung* In Brasilien haben se 24 Millionen Pfund Kaffee verbrannt.
STIMME EINES FAHRGASTES VON LINKS *erstaunt, ungläubig* Was – ham die mit dem Kaffee gemacht?
MANN MIT BÄRTCHEN Verbrannt! Einfach verbrannt.
MANN MIT STEHKRAGEN Halt ich glattweg für 'ne Verhetzung.
ALTER HERR MIT BRILLE Hab's auch gelesen, aber das kann ich nicht glauben.
MANN MIT WEISSEM HUT *besserwisserisch, belehrend* Das sagt einem doch der gesunde Menschenverstand, daß sowas gar nicht möglich sein kann.
MANN MIT BÄRTCHEN *belegt seine Behauptung, indem er jetzt aus der Zeitung vorliest* »Verbrannter Kaffee – Irrsinn der Weltwirtschaft.« Hier, bitte schön: »In Santos, dem größten Kaffeehafen der Welt, lagert mehr Kaffee, als die Welt ... hm ... fähig ist, zu kaufen ... Alles zusammen zwölf bis fumfzehn Millionen Sack ..., mehr als eine volle Jahresproduktion Brasiliens, um ... Und da immer mehr Kaffee zu diesem Kaffee hinzukommt, ...«
MANN MIT BÄRTCHEN »... läßt die Regierung den Überschuß verbrennen.«
(Bertolt Brecht: *Kuhle Wampe. Protokoll des Films und Materialien.* Hg. v. Wolfgang Gersch und Werner Hecht. Frankfurt a. M. 1969, S. 67-69. VIII. Akt: Politisches Gespräch in der S-Bahn; die die Filmregie betreffenden Texte wurden stillschweigend ausgelassen)

Bild 4:

Die ökonomische Handlung zeigt die relative Konsolidierung der Besitzenden. Shen Tes Verse – als Kommentar zur Verletzung von Wang – verweisen auf die mangelnde Solidarität der Betroffenen (wa 4, 1536) und auf die spätere, von Brecht vielfach angeprangerte »Neutralität« gegenüber dem Faschismus.

Bild 5:

Die Kennzeichnung Shen Tes als »Engel der Vorstädte« (wa 4, 1529) knüpft an das Stück *Die heilige Johanna der Schlachthöfe* an, das die Zustände des amerikanischen Kapitalismus, der in der Weimarer Republik nach Deutschland importiert wird, beschrieben hat; Johanna wird da als »Fürsprecherin der Armen«, »Trösterin der untersten Tiefe« bezeichnet (wa 2, 778).

Bild 6:

Suns Beschimpfung Sezuans als »Gäulestadt« kennzeichnet die Rückständigkeit der Verhältnisse von Sezuan gegenüber denen von Peking, was sich von China auf »Chima« (ins Chinesische verkleidete Deutschland) übertragen auf den Gegensatz Deutschland-Amerika beziehen läßt (vgl. z. B. die Amerikanisierung der Weimarer Republik durch die »Dawes«-Anleihe 1924). Den Vergleich zwischen »Droschke« (Pferdewagen) und Auto bzw. auch zwischen Segel- und Dampfschiffahrt benutzt Brecht häufiger zur Abgrenzung überholter bürgerlicher Idyllik des 19. Jahrhunderts und sich ausbreitender technisierter Ökonomie im 20. Jahrhundert. »Dazu kann ich nur sagen, daß nach meiner Ansicht in einem eventuellen Disput zwischen einer Droschke und einem Auto es bestimmt die Droschke sein wird, die den Unterschied geringfügig findet« (»Unterschied der Generationen«, bezogen auf Thomas Mann und seinen Sohn Klaus; wa 18, 43).

Bild 7:

Shen Tes Stilisierung ihres ungeborenen Sohns als Heilsbringers und Erlösers, auf den die Welt »im Geheimen« wartet (wa 4, 1568) spielt auf die verschiedenen, vom Expressionismus herrührenden Erwartungen der Zeit auf den »neuen Menschen«, der die Welt bessern soll, an.

Bild 8:

Shen Tes/Shui Tas Aufstieg vom Kleingewerbetreibenden zum Fabrikbesitzer wird als Rückblende realisiert (ästhetisches Zitat der Technik des Films). Die ästhetische Lösung dieser Szene gibt ihrem Inhalt zugleich den Anstrich des »Historischen« (Aufstieg Suns) im Sinn eines knappen Abrisses der Entwicklung, die nun in ein qualitativ neues Stadium getreten ist.

Die Zustände in der Tabakfabrik des Shui Ta erinnern an Konzentrations- und »Arbeits«-Lager (»*Hinter Gittern hocken, entsetzlich zusammengepfercht, einige Familien*«; wa 4, 1578).

Die Geschäfte des Kapitalismus sind nun in verschiedenen Ländern (ihre Zahl wächst) ohne Roheit nicht mehr zu machen. Manche glauben noch, es ginge doch; aber ein Blick in ihre Kontobücher wird sie früher oder

Die Friedrich-Krupp-Gußstahlfabrik Essen um das Jahr 1920.
Foto: Krupp

später vom Gegenteil überzeugen. Das ist nur eine Zeitfrage.

Es kann in einem Aufruf gegen den Faschismus keine Aufrichtigkeit liegen, wenn die gesellschaftlichen Zustände, die ihn mit Naturnotwendigkeit erzeugen, in ihm nicht angetastet werden. Wer den Privatbesitz an Produktionsmitteln nicht preisgeben will, der wird den Faschismus nicht loswerden, sondern ihn brauchen.
[...]
Aber um in seinen Entscheidungskampf mit seinem Proletariat einzutreten, muß der Kapitalismus sich aller, auch der letzten Hemmungen entledigen und alle seine eigenen Begriffe, wie Freiheit, Gerechtigkeit, Persönlichkeit, selbst Konkurrenz, einen nach dem andern über Bord werfen. So tritt eine einstmals große und revolutionäre Ideologie in der niedrigsten Form gemeinen Schwindels, frechster Bestechlichkeit, brutalster Feigheit, eben in faschistischer Form, zu ihrem Endkampf an, und der Bürger verläßt den Kampfplatz nicht, bevor er seine dreckigste Erscheinungsform angenommen hat. (wa 20, 188 f.)

Das »Lied vom Elefanten« (wa 4, 1582 f.) bezieht sich auf das in den späten zwanziger Jahren aus den USA nach Deutschland importierte »laufende Band« (heute »Fließband«), das hier ästhetisch durch den von Sun immer schneller geschlagenen Takt des Lieds angemessen umgesetzt ist. Je schneller Sun den Takt schlägt, desto schneller müssen die Arbeiter arbeiten: er stellt sozusagen das Tempo des »laufenden Bandes« schneller ein.

Die Lage wird dadurch so kompliziert, daß weniger denn je eine einfache »Wiedergabe der Realität« etwas über die Realität aussagt. Eine Photographie der Kruppwerke oder der AEG ergibt beinahe nichts über diese

Institute. Die eigentliche Realität ist in die Funktionale gerutscht. Die Verdinglichung der menschlichen Beziehungen, also etwa die Fabrik, gibt die letzteren nicht mehr heraus. Es ist also tatsächlich »etwas aufzubauen«, etwas »Künstliches«, »Gestelltes«. Es ist also ebenso tatsächlich Kunst nötig. Aber der alte Begriff der Kunst, vom Erlebnis her, fällt eben aus. Denn auch wer von der Realität nur das von ihr Erlebbare gibt, gibt sie selbst nicht wieder. Sie ist längst nicht mehr im Totalen erlebbar. (wa 18, 161 f.)

Die Alternative »Kittchen« oder »Fabrik«, vor die Shui Ta Sun stellt (wa 4, 1579), ist evtl. durch eine Karikatur von Thomas Theodor Heine »Die Lösung der sozialen Frage 1898/99« angeregt. Sie zeigt einen Arbeiter vor zwei Wegen (links Fabrik, rechts Zuchthaus) neben einem grinsenden Polizisten, der ihm die Hand auf die Schulter legt (gemeint war die 1899 gerade noch verhinderte »Zuchthausvorlage«, die für streikende Arbeiter Zuchthaus androhte). Da Brecht im *Guten Menschen von Sezuan* Bezüge zur untergehenden Weimarer Republik, ihre Faschisierung, herstellt, könnte die historische Reminiszenz zugleich auf die »Arbeits-Beschaffungs-Maßnahmen« der Nazis am Beginn ihrer Herrschaft hin aktualisiert sein (»Unternehmen Reichsautobahn«, 27. 5. 1933; »Reichsarbeitsdienst«, 26. 6. 1935).

Bild 9:

Suns Umschwenken in die ausbeuterische Anpassung in Shui Tas Betrieb, das zugleich die Aufgabe seines »Berufs« (Flieger zu sein) bedeutet, deutet die Rolle der Technik um (vgl. z. B. »Postfliegen ist Nachtdienst. Die Firma ist mir sozusagen ans Herz gewachsen«; wa 4, 1589). Der Fortschritt, den die Technik (Bild des Fliegens) in den zwanziger Jahren meinte, ist ganz in den Dienst der brutalen (faschistischen) Ausbeutung übergegangen. Im anschließenden »Zwischenspiel« (wa 4, 1595 f.) beschreibt der erste Gott dann die von der ausbeuterisch eingesetzten Technik »entfremdete« Landschaft: »Selbst die Landschaft ist von uns abgefallen. Die schönen Bäume sind enthauptet von Drähten, und jenseits der Gebirge sehen wir dicke Rauchwoken und hören Donner von Kanonen, und nirgends ein guter Mensch, der durchkommt«. Die schließliche Konsequenz der gezeigten ökonomischen Verhältnisse ist damit genannt.

Thomas Theodor Heine: Die Lösung der sozialen Frage 1898/99

Epilog:

Der Begriff »goldene Legende« ist zwar eine Übersetzung des Titels der *Legenda aurea* des Jakob von Voragine (13. Jahrhundert), verweist aber zugleich auch historisch auf die »Goldenen Zwanziger«, den Versuch einer demokratischen Republik, die ein schlechtes Ende genommen hat. In der *Versuche*-Ausgabe des Stücks hat Brecht in der Vorbemerkung geschrieben: »Die Provinz Sezuan der Parabel, die für alle Orte stand, an denen Menschen von Menschen ausgebeutet werden, gehört heute nicht mehr zu diesen Orten« (*Versuche*, Heft 12, Berlin 1958, S. 6).

Aufführungsberichte und -dokumente

Werner Wüthrich
Die Uraufführung am Zürcher Schauspielhaus
(1943)

Der Text der Zürcher Uraufführung, die Leonard Steckel, in Bühnenbildern von Teo Otto, besorgte, weicht kaum von der 1953 erfolgten Druckfassung ab.[1] Steckel – er kannte Brecht auch von einer Übernahme der *Dreigroschenoper* aus Berlin[2] – wurde die Regie übertragen, weil Lindtberg zu der Zeit andere regieliche Verpflichtungen hatte.[3] Für Leonard Steckel, »einer jener, in einem gewissen Sinn hochgezüchteten Spezialisten der zwanziger Jahre, der nie im eigentlichen Sinne das Repertoiretheater kennengelernt hatte«[4], wurde in Zürich das Regieführen zu einer Art »Lebensrettung«[5]. Er hatte als überlasteter Schauspieler mehrere Nervenzusammenbrüche gehabt. Er galt unter den Regisseuren des Zürcher Schauspielhauses – im Gegensatz zum »ausgesprochenen Logiker« und Vertreter eines »betont verstandesmäßigen Regieprinzips«[6] Leopold Lindtberg – in erster Linie als Mimiker.[7] Günther Schoop schrieb über Steckel: »Der schauspielerische Ausdruck ist ihm so wichtig, daß hinter ihm alles andere zurückzustehen hat.«[8] Der Regisseur Steckel habe jeweils »von der Rolle zum Werk«[9] inszeniert: »Wo Lindtberg die geistigen, auch die politischen, historischen Hintergründe sah und inszenierte, spürte Steckel immer wieder vor allem den Menschen in seinen menschlichen Situationen auf.«[10]

Über die Aufführung nun, über Stil, Schauspielerführung oder jene »optischen« und »mimischen« Akzente ist wenig mehr bekannt. In der Zürcher Presse wurde lediglich betont, daß die Aufführung »mit größter Sorgfalt vorbereitet«[11] worden sei. Das epische Theater, so hat man den Eindruck, war für den Regisseur ausschließlich Sache der Dramaturgie des Stückes, des Aufbaus der Parabel, nicht aber der Darstellungsweise der Schauspieler. In einem Programmheft-Aufsatz wurde denn auch festgestellt, daß sich das neue Stück von Brecht selbst nicht an die theoretischen Forderungen des epischen Theaters halte: »Er [Brecht] versucht in ihm zu einer Synthese zu kommen, in der das schicksalhaft Emotionelle der ›Mutter Courage‹ verbunden wird mit den rationalen Elementen des Lehrstückes.«[12]

Im weiteren scheint es, wurde der »Theatertheoretiker Brecht« gegen den »interpretierten Dramatiker Brecht« ausgespielt: »Diese Formulierungen Brechts sind, wie alle literarischen Theorien, überspitzt. Jedenfalls sind sie schärfer, als sie der Autor in seinem Werk zu realisieren imstande war. Denn niemand kann bestreiten, daß Brechts künstlerische Qualität den Zuhörer nicht nur intellektuell beansprucht, sondern ihn auch gefühlsmäßig ergreift.«[13] Neben der Inszenierung sind auch über Teo Ottos andeutende Bühnenbilder, die »dem zwischen Irrealität und Realität schwankenden Stil des Schauspiels aufs höchste gerecht«[14] werden, kaum noch Einzelheiten bekannt.[15] Bernhard Diebold beschrieb die Bühne nur kurz: »Aus Binsen, Bambus, Holz und Lappen hat Teo Otto einheitlich getönte Interieurs geschaffen, über denen es wie Altgold flimmert – ein Märchenton.«[16] Von »durchaus ausgezeichneten«[17] Masken wird auch gesprochen, ohne daß klar wird, wer sie getragen hat.

Die Lieder und eine Zwischenakt-Musik, die fast alle Kritiker an Kurt Weills *Dreigroschenoper* gemahnten, komponierte Huldreich Georg Früh. Der Schweizer Komponist begleitete die Aufführung mit einem kleinen Orchester. Das rhythmische Element habe, schrieb Carl Seelig, das melodische durchwegs überwogen.[18] Auch Huldreich Georg Frühs Musik wurde später von Brecht nicht gebilligt; Paul Dessau schrieb sie neu.[19]

Mit der jungen, aus Berlin gebürtigen Maria Becker[20] wagte der Regisseur ein Experiment: die erst 23jährige Schauspielerin stand nicht nur während fast des ganzen Stückes auf der Bühne, sie hatte sich auch gegen die ersten Kräfte des Ensembles, die weit weniger zentrale Rollen spielten, zu behaupten.

Von den insgesamt 20 Aufführungen des *Guten Menschen von Sezuan* fanden zwei als Gastspiele in den Städten Schaffhausen und Winterthur statt.

Ernst Ginsberg, der zum Katholizismus konvertierte Schauspieler, schrieb über die Rezeption des uminterpretierten, verfälschten *Guten Menschen von Sezuan:* »Brecht hat sich alle Mühe gegeben, die Götter zu entgöttlichen, zu parodieren. Welch ein Geheimnis, daß trotzdem der letzte Aufschrei der verzweifelten Shen Te ›verlaßt mich nicht, meine Götter!‹ als religiöser Aufschrei in den Herzen der Zuschauer nachklingt. Kein Zufall, daß der kommunistische Teil unserer Zürcher Kollegen das Stück damals erbittert ablehnte. Es gibt eben tatsächlich dichterische Wirkungen, die, durch eigene elementare Kräfte, über den Willen des Dichters hinausgehen.«[21] Nun, nicht das Stück, sondern Steckels Interpretation rief bei den Ensemblemitgliedern, die Brecht politisch nahe standen, Opposition hervor.[22] Langhoff, Heinz und Paryla erschienen nach der Premiere beim Regisseur zu Hause, um eine Art Scherbengericht über ihn abzuhalten. Steckel rückblickend: »Sie fragten mich, warum ich dies und das so oder so gemacht hätte, und ich sagte ihnen, weil ich es so gesehen habe, habe ich es so gemacht.«[23] Und später, eher allgemein: »Wir verstanden uns nicht immer gut. Es gab Konflikte. Es gab viele Streitereien, gerade um Stilfragen. Wir haben uns bis aufs Messer bekämpft, manchmal, aber es ging immer um künstlerische Dinge, weil wir ja gar nichts anderes hatten.«[24] Nur waren eben, spätestens seit Brecht, Stilfragen, wie Steckel meint, nicht nur »künstlerische Dinge« ...

Bei der Analyse der Presserezeption sind zunächst die von der Kritik vermeintlichen Aussagen des Parabelstückes eines »radikalen unbürgerlichen«[25] Dramatikers hervorzuheben. Brecht habe sich nun von den »manchmal überhitzten und agitatorischen Stücken, in denen der Expressionismus und die Neue Sachlichkeit, die Technik und die Jazzstimmung ein begabtes Theatertalent fanden«[26], »allmählich zu moralisierenden Lehrstücken«[27] entwickelt.

Für Carl Seelig ging es um eine »psychoanalytisch interessante Figur«, um ein »Unikum«, das sich »an vorbehaltloser, sich verschenkender Güte einzig dadurch unter den Bösen behaupten und lebensfähig erhalten kann, daß sie sich spaltet und ein Doppelleben führt«.[28]

Für das sozialdemokratische »Volksrecht« war »diesmal die Lehre Brechts«, daß »es des *Menschen* und des Menschlichen bedarf, mit den Änderungen der Verhältnisse allein wäre es nicht getan«.[29] Und der Kritiker Ott stellte resümierend fest, der Stückeschreiber gebe als »Moral« an: »*Hilf dir selbst,* so hilft dir Gott.«[30]

Jakob Rudolf Welti bemerkte in der »Neuen Zürcher Zeitung« beruhigend, daß »der zweite Weltkrieg den Dichter reifer denken und gerechter werten gelehrt hat«: »Er weiß heute, daß Vetter Shui-Ta ein bißchen überall auftaucht, nicht nur bei den Bonzen,

Mandarinen und Hausbesitzern, sondern auch bei den Armen.«[31] Für Welti wurde die Feststellung wichtig, daß auch Arme sich, falls sie einmal zu Geld gekommen, wie Reiche benehmen; nicht aber die Frage, warum.

Bernhard Diebold von der »Tat« sah durch das Stück »unser Zweiseelenwesen« bestätigt. Der Kritiker bedauerte aber, daß Brecht nur »im Äußern statt im Innern [...] die Zwietracht der Welt« zu beweisen versucht habe: »Und so zielt seine Anklage auch nur auf materielle Lösungen – die er verschweigt«. Und, indem Diebold die Darstellung gegen das Stück ausspielt: »Aber ohne die seelische Suggestion einer bedeutenden Menschengestalterin[32] erkennen wir den Trug der falschen Waage, in deren einer Schale die unwägbaren Werte seelischer Güte zum Nichts emporgeschleudert werden durch die materiellen Schwergewichte in der andern Schale des geschäftlichen Vorteils. Unvergleichbares wird gegeneinander abgewogen. Seele wird unzulässig materialisiert.«[33]

Wilhelm Zimmermann von den christlich konservativen »Neuen Zürcher Nachrichten« fühlte sich durch Brechts »fragwürdigen politischen Extremismus« und »zynischen Anarchismus« dermaßen provoziert, daß er Brechts neues Stück »nicht einmal vom Formalen her« für eine Bereicherung hielt: »Aber Brecht läßt es diesmal bei der Schilderung dieses vermeintlichen sozialen Zwanges zur moralischen Doppelbödigkeit nicht bewenden. Er wird deutlicher, überdeutlich, und zerrt auch den religiösen Aspekt in den Bereich seiner Attacken. [...] Bis zum Überdrusse wird an den Grundlagen unserer sittlichen Ordnung gerüttelt und mit sakrilegisch anmutendem Fanatismus das Höchste in den Bereich höchst fragwürdiger Beweisführung hinabgezerrt. Dämonen eines Zusammenbruchs aller moralischen Werte trommeln durch die Nacht dieses Stückes.«[34]

Auch der Kritiker der, von bedeutenden Industrie- und Bankkreisen finanzierten, »Schweizer Mittelpresse Zürich« hatte »irgendwie [...] stets ein leises, unangenehmes Gefühl«: »das Stück entspricht unserem Denken nicht, das angeschnittene, ungelöste Problem der machtlosen Götter mißfällt uns, und stets dünkt es uns zersetzend und nicht ganz der Mission entsprechend, die das Theater in der gegenwärtigen Zeit zu erfüllen hat«.[35]

Der Rezensent der »Weltwoche«, erstaunt »über den gewaltigen Weg inneren Reifens, den der Dichter zurückgelegt hat, vom aktivistischen Nihilismus zum Bekenntnis der Humanität«, folgerte aus der Zürcher Interpretation: »ein guter Mensch muß hart sein, um nicht zu Grunde zu gehen. [...] Der stürmische Anspruch des Proletariats auf Glück wird zugunsten des charitativen Besitzes fallen gelassen: der Kommunist Brecht entpuppt sich als *Apologet des bürgerlichen Kapitalismus*«. Daher ist *Der gute Mensch von Sezuan* für diesen bürgerlichen Kritiker »unbestreitbar der bisherige Höhepunkt der Spielzeit«.[36]

Von einer »psychoanalytisch interessanten Figur« bis zum »Apologet des bürgerlichen Kapitalismus« reichten die Mißverständnisse! Und die lange Reihe der verschiedenartigsten Interpretationen, die sich noch beliebig erweitern ließe, zeugt von einer das Stück verfälschenden Regie. Selbst wenn die Rezensenten nur ihre bürgerlichen Begriffe von Moral und Lebensauffassung vermitteln wollten, geben ihre Äußerungen doch vor allem über die Inszenierung und weniger über den Stückinhalt Auskunft. So müßte Günther Schoops Formulierung über den *Guten Menschen von Sezuan* in Zürich dahingehend korrigiert werden: »Bei näherer Betrachtung seines Schauspieles zeigt sich aufs neue, wie stark Brecht von seiner alten politisch festgelegten Linie abgewichen war, und wie sehr er auch dieses Drama im rein menschlich-dichterischen Bereich ansiedelte.«[37] Am Beispiel von Leonard Steckels Interpretation des *Guten Menschen von Sezuan* kann gezeigt werden, daß das bürgerliche Theater eben nicht nur »dramatische Werke nebeneinander stellte, die einer lebendigen Weltanschauung dienten, ohne selbst Stellung zu ihnen zu nehmen«[38], wie der Literaturkritiker Hans Mayer 1945 behauptete.

Anläßlich der Basler Erstaufführung 1944 charakterisierte der Rezensent der »National-Zeitung« die Zürcher Presserezeption der Uraufführung folgendermaßen: »[...] so war etwa letztes Jahr anläßlich der Zürcher Aufführung zu lesen, darum könne man jetzt von einem Brecht sprechen, der die Grenzen einer Partei überschritten habe und nun das Ganzmenschliche gestalte. Das wurde sogar in lebendigem Ton geäußert, aber es war doch ein recht zweifelhaftes Kompliment und im Grund ein Mißverständnis. Denn für den politischen Menschen, sagt ausdrücklich Brecht, habe es keinen Zweck, einen bestimmten Menschen so lange aller Besonderheiten zu entkleiden, bis er als ›der‹ Mensch (schlechthin) dasteht, also als nicht weiter zu veränderndes Wesen, der Mensch sei vielmehr in seiner Eigenschaft als des Menschen (des Zuschauers) Schicksal zu fassen. Denn die Definition müsse praktikabel sein«.[39]

Von besonderem Interesse dürfte wieder die Auseinandersetzung um Brechts Theorie vom epischen Theater gewesen sein. Carl Seelig schrieb darüber: »Mit Feuer und Vitalität führte Leonard *Steckel*, der sich in das ›epische Theater‹ Bert Brechts glänzend eingefühlt hat, die Regie.«[40] Seelig drückte sich nicht nur ungewollt paradox aus, sondern bestätigte allgemein, daß das epische Theater doch eher von der Bühne ins Programmheft verdrängt worden war.

Auch Welti war allen Ernstes der Meinung: »Das fadenscheinige Schema dieser von einem jugendlich-unbekümmerten Anti-Lessing aufgestellten Theorie ist, hoffentlich nur als literarische Reminiszenz gedacht, im Programmheft des Schauspielhauses abgedruckt. – Von der grauen oder hier besser gräulichen Theorie wenden wir uns lieber dem goldenen Baum des Lebens, dem neuen Stück Brechts zu, und da ist von manchem schönen grünen Trieb freudig zu berichten.«[41]

Wenn also »das bisher reifste und dichterisch wertvollste Werk dieses deutschen Bühnenschriftstellers«[42] in Zürich, mit Einschränkung der katholischen Presse, positiv aufgenommen wurde, so muß man eindeutig von einem Mißverständnis sprechen – oder sollte man es als Fehlinterpretation bezeichnen? Nicht unerheblich an einem derartigen Gelingen – und 20 Aufführungen weisen darauf hin – war wieder auch das Ensemble beteiligt, allen voran Maria Becker, »das große schauspielerische Erlebnis des Abends«.[43]

Als sich Brecht 1948 in Zürich aufhielt, wurde ihm von Steckels Interpretation berichtet, daß »nämlich der Mensch nur dann gut sein könne, wenn er auch Geld habe«. Brecht habe sich damals gegen »die Verhunzung seiner Stücke«[44] in diesem Sinne sehr erbost gezeigt.

Anmerkungen

1 Es konnten die Texte der Songs verglichen werden.
2 Leonard Steckel, Regisseur und Schauspieler, 1901 in Ungarn geboren, in Berlin aufgewachsen, kam 1933 ans Zürcher Schauspielhaus. 1971

verunfallte er tödlich bei Aitrang. In der Gedenksendung 1972 von Radio DRS zu Steckels Tod sagte Steckel auf einer älteren Aufzeichnung in bezug auf Brecht: »Ich hatte in der berühmten ›Dreigroschenoper‹-Aufführung, als sie wieder aufgenommen wurde, den Peachum gespielt. [...] Aber wir haben uns da gar nicht verstanden. [...] Aber ich dachte, wir würden uns nie verstehen. Dann kamen seine Stücke aus der Emigration, die fand ich also ungeheuer [...].«

3 In der Spielzeit 1942/43 inszenierte Lindtberg zur gleichen Zeit in Zürich Bernard Shaws *Caesar und Cleopatra* und anschließend in Basel wieder *Mutter Courage und ihre Kinder*. Zu Beginn der Spielzeit 1943/44, als Brechts *Leben des Galilei* uraufgeführt wurde, war Lindtberg für ein halbes Jahr vom Schauspielhaus beurlaubt. Er drehte den Richard-Schweizer-Film *Marie-Louise*.
4 Kurt Horwitz über Leonard Steckel in der Gedenksendung zu dessen Todestag.
5 Ebd., nach eigener Aussage Steckels.
6 Günther Schoop, in: *Schauspielhaus Zürich 1938-1958*. Zürich 1958, S. 152.
7 Ebd.
8 Ebd., S. 146.
9 Ebd.
10 Curt Rieß, in: *Sein oder Nichtsein. Zürcher Schauspielhaus. Der Roman eines Theaters*, Zürich 1963, S. 277.
11 NZZ Nr. 209 vom 6. 2. 1943 und TA Nr. 31 vom 6. 2. 1943.
12 Programmheft Nr. 25 der Spielzeit 1942/43.
13 Ebd.
14 NZN Nr. 31 vom 6. 2. 1943.
15 Im BBA finden sich lediglich vier Fotos.
16 TAT Nr. 32 vom 6./7. 2. 1943.
17 TA Nr. 31 vom 6. 2. 1943.
18 NZ Nr. 63 vom 8. 2. 1943.
19 Paul Dessau schrieb die Musik 1947. Vgl. dazu: Fritz Hennenberg: *Über die dramaturgische Funktion der Musik Paul Dessaus*, in diesem Band, S. 268–277.
20 Maria Becker, Schauspielerin, 1920 in Berlin geboren, kam 1938 ans Zürcher Schauspielhaus. Sie spielte die Rolle der Shen Te/Shui Ta demnach schon mit 23 Jahren.
21 Ernst Ginsberg: *Abschied*, Zürich 1965, S. 151 f.
22 Zu einer kommunistischen Zelle am Zürcher Schauspielhaus gehörten unter andern Wolfgang Langhoff, Wolfgang Heinz, Heinz Greif, Karl Paryla, Hortense Raky und Emil Stöhr.
23 Curt Rieß, a.a.O., S. 278.
24 Gedenksendung Steckel, s. Anm. 2.
25 NZ Nr. 63 vom 8. 2. 1943.

26 Ebd.
27 Ebd.
28 Ebd.
29 VR Nr. 31 vom 6. 2. 1943.
30 Ebd.
31 NZZ Nr. 32 vom 6. 2. 1943.
32 Diebold meint hier Maria Becker.
33 TAT Nr. 32 vom 6. 2. 1943.
34 NZN Nr. 31 vom 6. 2. 1943.
35 SMZ vom 16. 2. 1943. Die »Schweizer Mittelpresse Zürich« war während des 2. Weltkrieges ein Pressedienst, dem etwa 250 kleinere und größere Zeitungen angeschlossen waren. Nach Alfred Häslers Meinung (*Das Boot ist voll ... Die Schweiz und die Flüchtlinge 1933-1945*, Zürich 1967, S. 23 und 25) übernahm sie die Aufgabe der »Front« und verbreitete – allerdings »gesitteten Antisemitismus«.
36 Weltwoche Nr. 483 vom 12. 2. 1943.
37 Günther Schoop, a.a.O., S. 96.
38 Hans Mayer: *Theater in der Emigration*, S. 290 f.
39 NZ Nr. 123 vom 13. 3. 1944.
40 NZ Nr. 63 vom 8. 2. 1943.
41 NZZ Nr. 32 vom 6. 2. 1943.
42 Ebd.
43 Bund Nr. 65 vom 9. 2. 1943.
44 Mündliche Mitteilung von Marthe Kauer am 14. 3. 1971. Vgl. auch *Arbeitsjournal* vom 7. 1. 1948: »a kesser [...] wirft die frage auf, wie tief die mißverständnisse meiner stücke in ihnen steckt.«

Johannes Jacobi
Brechts guter Mensch

(zur Frankfurter Aufführung 1952)

Harry Buckwitz, der auch den *Lukull* in Frankfurt aufführen ließ, inszenierte in seinem »Kleinen Haus« eine deutsche Erstaufführung von Bert Brecht. *Der gute Mensch von Sezuan* ist ein Beitrag zum epischen Theater, ein echter Brecht, der heute weder recht in den Osten, noch in den Westen passen will. Die östliche Mentalität, mit deren Repräsentantenkaste Brecht inzwischen mindestens ein taktisches Bündnis geschlossen hat, wird zwar Honig saugen aus der Gesellschaftskritik, aus der Entlarvung kapitalistischer Scheinmoral und aus dem Bankrott der geglaubten Götter — aber daß dieses Stück ohne Schluß bleibt, daß ein Spieler die Zuschauer auffordert, einen Ausweg selber zu finden, das ist doch weit entfernt von Rezepturen, wie sie die Volksdemokratien ihren Massen verschreiben. Gleichwohl wird man sich auch im Westen mit diesem Stück kaum tiefer befreunden. Denn dem restaurativen Optimismus muß das analytische Fazit eines Dichters als reiner Nihilismus erscheinen.

Die Szenen spielen in der halb europäisierten Hauptstadt von Sezuan. Drei Götter sind ausgezogen, um einen guten Menschen zu suchen. Aber weder Arme noch Reiche gewähren den Erleuchteten Unterkunft. Nur eine Dirne überläßt ihnen ein Zimmer. Zur Belohnung schenken die Götter dem Mädchen Geld, von dem es sich einen Tabakladen kauft. Es bemüht sich nun aufrichtig, als guter Mensch zu leben. Mildtätigkeit trägt ihm den Ruf eines Engels der Vorstädte ein, das Geschäft gerät dabei an den Rand des Ruins. Nachdem die Nächstenliebe als soziales Prinzip ad absurdum geführt ist, versucht es die Kleine mit der großen Liebe. Gut sein zu anderen (nach den moralischen Gesetzen) und gut sein zu sich selbst (als individuelles Glücksbedürfnis), in solcher Verknüpfung stellt Brecht das ethische Problem. Die echte wundersame Liebe der Frau, die einem stellungslosen Flieger durch Stellenkauf zur Erfüllung seiner Berufsleidenschaft helfen möchte, scheitert am Egoismus des Mannes. Seiner bürgerlichen

Phraseologie ist Frauenliebe ein Mittel zum Zweck.

Der theatralische Trick, zeitweise als ihr weltkluger, energischer Vetter aufzutreten, ermöglicht es der kleinen Shen Te, die wahre Natur ihrer »Freunde« zu erkennen. Als ein reicher, ungeliebter Anbeter ihr einen großen Geldbetrag zur Verfügung stellt, schafft der »gute Mensch von Sezuan«, nun ständig in der Maske des Vetters, vernünftig Ordnung: sie gibt den Armen anstatt Almosen Arbeit, gründet eine Tabakfabrik und läßt darin auch den ahnungslosen Geliebten sich als Arbeiter mit Aufstiegsmöglichkeit bewähren. Diese planmäßige und wirtschaftlich produktive, wenn auch privatkapitalistische Lösung des Sozialproblems führt zur Katastrophe vor Gericht. Der harte »Vetter« wird verklagt, weil er den milden Engel der Vorstädte verschwinden ließ. Nach der Identifizierung des Angeklagten befinden sich plötzlich die Richter, das sind die Götter selbst, auf der Anklagebank. Ihr einziger guter Mensch kann das Leben nicht ertragen. Die Götter aber wollen nicht eingestehen, daß ihre Gebote tödlich sind. Deshalb finden sie, es sei »alles in Ordnung«, entziehen sich der Welt auf einer Wolke und überlassen ihren »guten Menschen« sich selbst.

Dieser Bilderbogen hat nicht die Prägnanz und auch nicht in allen Teilen die poetische Eigenschwingung wie etwa *Herr Puntila und sein Knecht*. Aber nach einem matten Anfang verdichtet sich Brechts Darstellungskraft. Die beabsichtigte Meditation bohrt sich durch künstlerische Mittel in den Zuschauer ein. Es sind alte Bekannte: Situationsbildchen von epigrammatischem Schliff, stellenweise werden sie zu dramatischen Episoden ausgeweitet, dazwischen Reflexion, mit der die Zentralfigur das Publikum unmittelbar anspricht, in anderen Fällen songhafte Stilisierung der direkten Aussage.

Die Frankfurter Aufführung war eine stilistisch überzeugende, durchgearbeitete, von präzisen Einzelleistungen getragene Interpretation. Bildlich bot Teo Otto eine zünftige Brecht-Szenerie. Buckwitz hielt das epische Theater sinngemäß im Bereich dokumentarischer Aussage. Die große Doppelrolle des Titels stand Solveig Thomas mit Konzentration und Differenzierung anerkennenswert durch.

Thomas Halbe
Bertolt Brechts »Götterdämmerung«
(zur Frankfurter Aufführung 1952)

Das Stück reizt ungewöhnlich stark zur Stellungnahme – ebenso wie sein Autor Bertolt Brecht. Freuen wir uns, daß es noch Hechte im Karpfenteich des Theaters gibt. Die politischen Akten über den Autor sind geschlossen. Lassen wir es dabei bewenden. Sehen wir nicht in erster Linie rot, wenn die Peitsche knallt und der soziale Nerv getroffen wird.

Den religiösen Menschen muß das Stück schockieren. Drei Götter suchen einen guten Menschen in Sezuan. Also irgendwo oder überall. Lendenlahm und arg lädiert kehren die drei nach ihrer verzweifelten Mission hinter die Sterne zurück. Sie verlassen den einzigen Menschen auf Erden, den sie als gut erkannt haben, das Freudenmädchen Shen Te, das ihnen selbstlos Nachtquartier angeboten hat. Die Götter scheiden wie in einer Flucht mit unverbindlichem Trösten.

Was an ironischen Seitenhieben des Autors auf die Himmlischen fällt, zielt in Wirklichkeit auf den religiösen Glauben, ganz unmißverständlich. Wer steuert dem Übel der Ungerechtigkeit, der Lieblosigkeit? Der Himmel hat versagt. Brecht hat ihm das Zeit seines Lebens vorgeworfen und hat religiöse Dogmen mit sozialpolitischen Doktrinen bekämpft.

Aber er ist ein Gegner von Format. Er liebt die Erde, ebenso den Asphalt unter seinen Füßen. Wie schön ist der Gang durch die Stadt am Morgen mit seinen Augen.

Brecht weiß keine Formel für das Elend, er weiß auch, daß es überhaupt kein Rezept dagegen gibt, sondern nur eine Gesinnung, die helfen könnte. Und selbst die gute Gesinnung allein tut es auch nicht. Deshalb schreibt er sein Stück. Er wendet sich, im Grund ein Moralist bis auf die Knochen, im Epilog an die Zuschauer: »Verehrtes Publikum, wir suchen einen Schluß! Es muß ein guter da sein, muß, muß, muß!« Das ist nur noch ein rhetorischer Aufschwung aus einer hoffnungslosen Lage.

Wie gut kennt Brecht die Menschen, genauer gesagt all das, was an Unzulänglichkeiten in ihnen steckt. Es ist eine Anklage, der Beklagte nicht erreichbar. (Weder der Himmel noch das Publikum ändern sich.) Brecht kennt den Mangel der geschundenen Kreatur. Von daher zimmert er seine Stücke, die dem Theater geben, was das Theater braucht.

Im Mittelpunkt der Handlung steht Shen Te. Sie erhielt für eine Übernachtung von den Göttern so viel Silber, um sich einen Tabakladen kaufen zu können. Im gleichen Moment wird sie, die Gutes tut, beinah zerrissen von den Nachbarn, denen es noch schlechter geht als ihr. Sie gerät mir ihrem Helfenwollen von einem Konflikt in den anderen. Ihr Laden ist voll von Unglücklichen, Faulenzern, Wucherern, Dieben und Gierigen. Immerhin, die tägliche Schüssel Reis soll für alle erhalten bleiben, das Gutsein darf nicht bankrott werden, die Quelle muß weiterfließen.

Deshalb wird organisiert, hart organisiert, es schmeckt nach saurem Schweiß. Wo das Herz der Shen Te sich verschließen muß, spricht der Geschäftsführer, der Herr Vetter, in dessen Maske sie auftritt. Und da knallt die Peitsche rücksichtslos. Akkord – Tempo! Geschäft wird großgeschrieben. Noch die letzten angstvollen Worte der Shen Te zu den scheidenden Göttern lauten: »Ich brauche den Vetter, jede Woche zumindest.« Aber sie bleibt allein, mit dem Kind, das sie erwartet.

Harry Buckwitz ist die Annahme dieser deutschen Erstaufführung zu danken. Er hat das Stück elastisch und vital angepackt, die bittere Lauge unverdünnt, aber in schlankem Strahl ausgeschenkt. Die beträchtlichen Längen sind überbrückt.

Doch man empfindet sie manchmal noch als solche. Zwei Bilder sind schauspielerisch von lang haftender Wirkung. Die Liebesszene mit dem Mädchen, das an einem Regentag den stellungslosen Flieger im Park findet. Zwischen aller Trostlosigkeit, in Schlamm und Nässe beginnt hier ein menschliches Gefühl zu wachsen, das wie ein zarter Duft die kalten Worte des Mannes einhüllt. Und dann die Runde in der Tabakfabrik, wenn das Arbeitstempo die Lungen auspumpt und dazu der Song von den sieben Elefanten ertönt. Hier packt es elementar, wie einst zu den Zeiten der *Dreigroschenoper*. Hier brach auch der Beifall bei offener Bühne los.

Teo Otto hat aus dem Bühnenraum im Börsensaal durch sein Arrangement von Stäben – »mit Zwischenraum hindurchzuschaun« – eine Spielfläche geschaffen, die dem Stück ausgezeichnet zugute kommt. Solveig Thomas in der Doppelrolle: ein junges graziles Geschöpf, das rein in allem Unrat geblieben ist, von der Biegsamkeit einer hauchdünnen Stahlfeder in den Höhepunkten, sonst Kind-Weib, sprachlich reich moduliert. Über manche Wessely-Töne kommt sie noch nicht hinweg. Auf jeden Fall eine große Leistung.

Arno Aßmann spielt kalt und hundeschnäuzig – und beides virtuos – den stellungslosen Flieger, der das Häuflein Elender und die Geliebte dazu nach seiner Pfeife tanzen läßt. Otto Rouvel gibt den Wasserverkäufer, ein gepreßtes Stück Mensch, klug und verhalten, Ernstwalter Mitulski einen würdigen Gauner mit sentimentalen und karitativen Anwandlungen. Kurt Dommisch spielt einen sich duckenden Schreiner, wozu noch die guten Leistungen von Werner Siedhoff, Fritz Saalfeld und das Göttertrio von Heinrich Troxbömker, Konrad Georg und Siegfried Nürnberger kommen. Anita Mey ist eine kalt pointierende Hausbesitzerin. Elisabeth Kuhlmann die Witwe Shin und Magdalena Stahn eine erschütternd echte zweifelhafte Dame. Außerdem Ellen Daub, mit scharfen Tönen, Anny Hannewald und Karl Luley.

*

Die Musik von Paul Dessau (1947 geschrieben) hat hier nicht die Bedeutung wie die im *Lukullus*. Das Orchester (Flöte, Klarinette, Trompete, Gitarre, Schlagzeug und Reißklavier) illustriert mehr mit kleinen dissonierenden Motiven und verstärkt den lapidaren Charakter einzelner Textstellen. Zündend ist der Elefantensong. Lyrisch Wangs Nachtlager im Kanalrohr ($^6/_8$ Takt, Flöte mit Tamtam). Daß die Musik in sich sehr differenziert ist, auch rhythmisch, läßt sich nicht leugnen. Ob sie insgesamt durchschlägt, ist recht fraglich. Carl Orffs Art, eine Bühnenmusik zu schreiben, scheint näher am Zentrum zu sein. Walther Knör hatte den musikalischen Teil mit großer Sorgfalt und mit leichter Hand einstudiert. Der Applaus des Hauses rief die Mitwirkenden immer wieder vor den Vorhang.

Alfred Happ
Vom Wunder der Güte, die sich wehren muß

(zur Frankfurter Aufführung 1952)

Wir erzählen von der liebreichen Shen Te und ihrem bösen Vetter Shui Ta: Shen Te war eine arme, kleine, brave Prostituierte, die, um täglich ihre Handvoll Reis zu verdienen, ein bißchen in Liebe machte, aber niemandem etwas zuleide tat. Durch drei erleuchtete ältere Reiseonkels, die bei ihr (aber nicht . . .) schliefen, kam sie zu tausend Silberdollars, eröffnete ein Tabaklädchen in der Stadt Sezuan, wo sie lebte, und bald lebte ganz Sezuan bei ihr. Sie verschenkt ihr Herz an den windigen Flieger Yang Sun, und gar, als sie einen Nachwuchsflieger im Leibe spürt, ist sie aus lauter Mutterzärtlichkeit ganz närrisch. – Anders ihr Vetter Shui Ta. Er raucht Zigaretten, bohrt die Fäuste in die Rocktaschen, trägt einen weichen Hut und wirft die Schmarotzer aus dem Laden. Er macht sogar eine Tabakfabrik auf, in der nach Takt geschuftet wird, und bringt die Wirtschaft der liebreichen, aber darob ausgeplünderten Shen Te in Ordnung; aber da sie verschwunden bleibt, sagt man ihm nach, er habe sie umgebracht. Es ist nicht wahr: Shen Te und Shui Ta sind ein und dieselbe Person.

Vom Wunder der Güte, die sich wehren muß: Die von dem erleuchteten Dichter Bert Brecht erfundene (oder vielleicht gefundene) Geschichte ist diese: Die drei älteren Reiseonkel, die in weiten hellen Mänteln, gelegentlich einen goldenen Kopfputz auf dem rasierten Chinesenhaupt, wie die Heiligen Drei Könige durchs Land ziehen, waren Götter. Sie befanden sich auf der auch für nichtchinesische Weltobrigkeiten beherzigenswerten Mission, nachzuprüfen, ob es trotz aller durch die Not bedingten Zustände noch gute Menschen auf der Welt gebe. Die Erleuchteten fanden nur die liebreiche Prostituierte Shen Te (da sieht man es, wieviel Unschuld heutzutage von der Polizei drangsaliert wird!) und auch die arme Shen Te kann nur gut sein, indem sie sich von Zeit zu Zeit in den bösen Vetter Shui Ta verwandelt, der wieder in die Kasse zurückbringt, was ihr gutes Herz den Menschen hingegeben hatte. Anders hätte sie, aller Mittel bloß (denn auch ein himmlisches Nachtgeld von tausend Silberdollars reicht nicht lange), auf die Dauer nicht gut sein können.

Eine schöne Parabel, deren sich die Schweiz zuerst bemächtigte: Der west-östliche Dichter Bert Brecht schuf mit der spannend aufgeputzten Parabel von der Menschengüte, die sich, um sich zu erhalten, in gelegentliche Härte kleidet, ein Theaterstück, das mitten in die Menschensituation von heute greift und kaum ein Tönchen Propaganda für bereits vorhandene bessere Weltzustände pfeift. Ein symbolisches, ein menschliches Stück, das durch eine dichtgewobene Handlung unterhält und den Zuschauer nachdenklich entläßt. (Otto Rouvel sprach den Epilog besonders schön.) Es wurde in der Schweiz vor einigen Jahren uraufgeführt; man darf es den Städtischen Bühnen Frankfurt als Verdienst anrechnen, daß sie sich die deutsche Erstaufführung des Werks sicherten und es in einer Aufführung von bemerkenswertem Niveau herausbrachten.

Wir erzählen von der Inszenierung des Generalintendanten Harry Buckwitz: Das vielleicht Erstaunlichste der an sorgfältig ausgearbeiteten Details reichen Aufführung war die Menschenführung; man erkannte die meisten der neuen und altvertrauten Darsteller nicht wieder. Else Knott als Fliegermutter hatte den verängstigten Stakkato-Ton einer armen Frau aus dem Volk, Magdalena Stahn kokettierte als alte Hure mit Trikotbeinen, Karl Lieffen als Arbeitsloser schmetterte den Elefanten-Song ins Megaphon, Ernstwalter Mitulski verwandelte sich als liebender Barbier in gezähmt-groteske Bürgerlichkeit, Elisabeth Wiedemann sprach als kesse Käufliche ihr dreistes »Kommst du mit, Süßer?«. Ein Prachtstück darstellerischer Formung war Anita Meys hochnäsige Hausbesitzerin, ein Exemplar vollendeter Frechheit (jener echten, von der echtes Theater lebt) Arno Aßmanns stellungsloser Flieger, eine sehr beachtliche psychologische Studie die schlurfende, glucksende Witwe Shin von Elisabeth Kuhlmann. Vergessen wir nicht Otto Rouvels gutherzigen Wasserträger, der nachts im Kanalrohr von den Göttern träumt und deren ersten Sprecher Heinrich Troxbömker. Von den vielen anderen Personen seien Fritz Saalfeld, Werner Siedhoff, Ellen Daub, Karl Luley und Anny Hannewald genannt.

Nicht alle Bilder der Szenenfolge, die Teo Otto mit Bambusstangen, auf- und niedergleitenden Panneaus (Nacht wurde es, wenn im Hintergrund ein schwarzer Vorhang herabrollte), wechselnden Requisiten und halbhohem Zwischenvorhang chinesisch ausstattete, hatten die gleiche Intensität; fast schien es, als besäße der zweite Teil, und hier vor allem die songgepeitschte Szene in der Tabakfabrik, eine noch fülligere Dichte. Paul Dessau hatte dazu eine Musik für Flöte, Klarinette, Trompete, Gitarre, Schlagzeug und Reißnagel-Klavier geschrieben, welche die Melancholie und Nostalgie des in der Welt verlorenen Menschen instrumentierte und sich nur einmal zu einem mitreißenden Rhythmus raffte.

Das ist der gute Mensch von Sezuan: Was war das doch für ein Gesicht; ein paar schwarze Löckchen in der Stirn, zwei dunkle Augen, verloren in dem weißgepuderten Antlitz, ein kirschroter Mund. Aller Liebreiz des Gutseins floß über dies Chinesinnenköpfchen, das Solveig Thomas trug. Gebrechlich-zierlich trippelte sie durch das Leben inniger Menschengüte, sprach an der Rampe in Freuden und Kümmernissen die Zuschauer an und verwandelte sich dann wieder in den schnarrenden Vetter, der das liebreich Vertane zurückgewinnen muß. Eine große darstellerische Erfüllung, ja ein Triumph, den ihr das applaudierende Haus (wer vermöchte in diesem illustren Parkett die bekannten und berühmten Namen zu zählen!) mit besonderer Wärme bezeugte. Kein Zweifel: Harry Buckwitz hat mit dieser noblen Inszenierung dem Frankfurter Theater einen eindeutigen Erfolg errungen.

Klaus Budzinski
Über die Wehrlosigkeit der Götter und Guten
Bert Brecht gibt der »Abendzeitung« ein Interview

(zur Münchner Aufführung 1955)

Halb ist er bereits Legende geworden. Oder hat ihm schon immer Legendäres angehaftet? Bert Brecht wirkt ein wenig wie nicht von dieser Welt, obschon gerade er ihr leidenschaftlicher Künder ist. Vielleicht liegt es an uns, wenn wir vor Dichtern, die Verbindliches zu sagen haben, verlegen werden.

Solcherart ist auch die Verlegenheit (gemischt mit Bewunderung), die über dem dunklen Parkett der Kammerspiele liegt. Bert Brecht ist mit seiner Frau Helene Weigel am Sonntag zu den letzten Proben seines Parabelstückes vom guten Menschen von Sezuan nach München gekommen, nachdem Helene Weigels »Berliner Ensemble« mit Brechts *Kaukasischem Kreidekreis* bei den Pariser Theaterfestwochen soeben Triumphe gefeiert hat. Jetzt sitzt der kleine, gedrungene Mann im hochgeknöpften Werkmannskittel neben Regisseur Schweikart am Regiepult und greift höflich, aber bestimmt und mit einem hochempfindlichen Gefühl für Szenenkompositionen und tonliche Nuancen in die Probe ein. Schweikart hatte ihn eingeladen zu kommen.

Ohne den berühmten Brechtschen »Verfremdungseffekt« zu Tode reiten zu wollen, sei hier daran erinnert, daß Brecht mit seinen Stücken ja das Publikum zur Aktion (»die Welt zu verändern«) bringen will, daß er deshalb die Schauspieler immer wieder aus ihren Rollen heraustreten und sie das Publikum direkt ansprechen läßt.

Der gute Mensch von Sezuan ist ein im China des 20. Jahrhunderts (allerdings vor Mao Tse-tungs Machtantritt) angesiedeltes Gleichnis von der von Brecht behaupteten Unmöglichkeit, unter den Verhältnissen des Ausbeutens und Ausgebeutetwerdens »gut« zu sein. Was er dabei unter »gut« versteht, läßt er seine Heldin Shen Te so ausdrücken:

»Keinen verderben zu lassen, auch nicht sich selber.
Jeden mit Glück zu erfüllen, auch sich, das
Ist gut.«

Die kleine Prostituierte Shen Te – der einzige Mensch, den drei auf die Erde herabgestiegene Götter in ganz Sezuan für gut erfunden haben – sieht sich durch eben diese Güte an den Rand des wirtschaftlichen Ruins gebracht. In dem kleinen Tabakladen, den sie sich von der göttlichen Belohnung gekauft hat, nisten sich die Armen ein und brauchen Shen Tes Vorräte auf, während die Besitzenden ihr den letzten Pfennig abpressen. Da greift sie zum rettenden Trick: sie verkleidet sich als ihr eigener, selbsterfundener Vetter Shui Ta. Hartherzig, egoistisch, aber immer im Einklang mit Gesetz und Ordnung, reißt der »Vetter« den verfahrenen Karren aus dem Dreck. Nur die Liebe zu einem üblen Burschen (auch er allerdings bekommt »die Verhältnisse« als mildernden Umstand zugebilligt) läßt Shen Tes Doppelspiel scheitern. Bar aller Waffen fleht sie die Götter um Hilfe an. Umsonst. Die Götter, weil sie sich »in das Wirtschaftliche nicht einmischen können«, empfehlen ihr, auf einer Wolke gen Himmel entschwindend, einfach gut zu sein, und alles werde gut.

Der große Dichter Brecht ist auch ein großer Regisseur. Dies wird besonders deutlich in seinen Anweisungen an die Schauspieler in der Szene um »Das Lied vom Rauch«. Im Tabakladen drängen sich die Armen familienweise. Drei stecken Opiumpfeifen an und beginnen ein Lied der Klage und Anklage. Brecht, einen Stumpen rauchend, schlägt in unverfälschtem Schwäbisch vor: »Greifen Sie gierig nach den Pfeifen, hastig – ein Laster kündigt sich an . . . Nun liegen Sie ganz schlaff da, ganz Genuß am Nichts. Herr Graf, singen Sie Ihre Strophe scharf, aber darum weder laut noch schnell. Sie müssen gegen den Text anspielen.«

In der Probenpause geht Bert Brecht zum Weißwurstessen. Das läßt er sich nicht nehmen, wenn er in München ist. Mit einiger Diplomatie gelingt es, den pressescheuen Mann zu ein paar Auskünften zu bewegen.

Den *Guten Menschen* an seiner eigenen Bühne in Ost-Berlin aufzuführen, dazu mangelt es Brecht, wie er sagt, an der passenden Besetzung. »Das Stück kommt aber im Oktober in Rostock heraus.« Das dürfte die Erstaufführung für die DDR sein. »Wenn ich die Besetzung zusammenbekomme«, fährt Brecht fort, »werde ich meinen ›Galilei‹ in der kommenden Spielzeit inszenieren. Ich hoffe, für die Titelrolle einen polnischen Schauspieler zu bekommen. Da sich aber Gäste mindestens ein halbes Jahr bei uns verpflichten müssen – wir sind ja ein Repertoire-Theater –, wird das nicht so leicht sein.« Ob *Der gute Mensch* außer in Zürich und in Frankfurt am Main irgendwo gespielt worden sei? »Ja, auf amerikanischen College-Bühnen.«

Zu der jüngsten Pressemeldung, wonach Brecht ein Drama über Albert Einstein zu schreiben beabsichtige, nimmt der Dichter nur vage Stellung. »Gewiß, ich habe Einstein immer bewundert und sammle auch Material über ihn und sein Schicksal. Aber wie ich das verarbeite und ob ein Drama daraus wird, das kann ich heute noch nicht sagen. Sie wissen ja, daß ich immer Material sammle, das dann längere Zeit liegen bleiben kann.«

Claus Hardt
Schweikart und der *Gute Mensch von Sezuan*

(zur Münchner Aufführung 1955)

Bert Brecht, der scharfzüngige Ankläger gegen die Gesellschaft ohne Moral, mußte sich – nach der Münchener Aufführung seiner dramatischen Fabel vom *Guten Menschen von Sezuan* in der Inszenierung Hans Schweikarts – seiner stärksten Waffen beraubt finden. Nur wenig war vom ätzenden Schneid, von der bissigen Unerbittlichkeit, von der tödlichen Unausweichlichkeit seiner Grundgleichung Wohlstand = Ausbeutung, über die Rampe gekommen. Man sah statt dessen eine bittersüße Parabel von Shen Te, der guten Prostituierten, frei nach Brecht.

Und doch hat der Autor Schweikart eingeladen, mit seiner Münchner Aufführung in Ostberlin zu gastieren, das ist mehr als eine verbindliche Höflichkeitsfloskel. Ich möchte die Einladung als die Anerkenntnis und die Danksagung Brechts an die Kammerspiel-Inszenierung deuten, der etwas sehr Beachtliches gelang: ohne grobe Vergewaltigungen seine Dichtung von ihrem Untergrund, der großen Auseinandersetzung mit dem kapitalistischen System, zu lösen. Und sie in der so brecht-feindlichen sanguinischen Atmosphäre des Deutschlands von 1955, wo die Steuer ein größeres Problem als der Hunger geworden ist, neu erblühen zu lassen.

Dieser einschneidenden Transplantation allerdings kommt gerade der *Gute Mensch von Sezuan* durch den Liebreiz seiner Titelrolle, durch seine klare, archaische Fabelkonstruktion und seine Ansiedlung in einem China, das uns entfernter und märchenhafter erscheinen muß als das Deutschland der *Mutter Courage,* entgegen. Man wird sie trotzdem nicht auf den ersten Anhieb akzeptieren. Die verspielte Resignation der drei Erleuchteten, die ihrem Suchauftrag nach den guten Menschen mit der Unlust überbeanspruchter Nachmittagsbriefträger erfüllen, trieb Schweikart nahe an eine Sketcheinlage heran. Der dümmlich-gute Brüggemann, der bigott-selbstgefällige Lühr und der mißtrauisch verknurrte Hans Magel – sie setzten Fragezeichen auch da, wo Brecht noch glaubt oder zumindest hinnimmt.

Damit hatte Schweikart einen zuerst verstimmenden Akkord milder Hoffnungslosigkeit angeschlagen. Der gute Mensch ist schon im ersten Akt verloren, und den Epilog, der jenen komödiantischen Götterrückzug kommentiert, läßt Siegfried Lowitz eher in einem ratlosen Achselzucken als in einem aufrüttelnden »Klassenvolk an's Gewehr« ausklingen.

Kompromißlose Betrachter werden mit Recht eine »Entbrechtung« nachweisen und beklagen. Mir scheint sie für Stück und Autor eine glückliche und keinesfalls ehrenrührige Anpassung an eine globale Zeitstimmung.

In einem Augenblick, wo der Kapitalismus längst zu klug geworden ist, um brutal zu sein, und wo der Sohn eines der hartnäckigsten Ausbeuter der Wirtschaftsgeschichte, Henry Ford II., der amerikanischen Industrie mit seinem Jahres-Garantie-Vertrag gerade ein Beispiel klugen Wirtschaftskompromisses geliefert hat, können wir die Brechtsche Geschichte von Sezuan nur noch als fernes Denkspiel und Gleichnis goutieren.

In diesen Rahmen paßt sogar der explosive Elefanten-Song und die grausam folgerichtige Wandlung des ausgebeuteten Fliegers zum Super-Ausbeuter, dem Arno Assmann, in dem härteren, schärferen Klima der Frankfurter Aufführung gestählt, altes ur-Brechtsches Kantenprofil gab. Alles ist ein hoffnungsloses, rührendes Aufbäumen vor Gewalten, die sich sogar Brechtens Feder versagen.

Auch ohne die totale gedankliche Bezwingung des Beschauers, die von der Schweikart-Inszenierung im Gegensatz zu anderen und auf jeden Fall zu früheren Abenden nicht ausgeht, erreichte der Münchner *Gute Mensch von Sezuan* Wirkungen, wie sie heute auf der Bühne selten erzeugt werden. Dieses mustergültig gegliederte Brecht-Stück erwies sich einmal mehr als ein Prüffeld, in dem sich nicht nur die Bühne, sondern auch das Parkett testen lassen muß.

Erni Wilhelmi war Shen Te. Sie traf den weichen, lyrischen Grundton der Inszenierung, mußte sich zur Schärfe des maskierten selbsterfundenen Vetters zwingen und schien gelegentlich mehr einem gotischen Marienbild als einer Brecht-Aufführung zu entstammen. Man wünscht sie sich sehr an die Kammerspiele zurück.

Bundesfilmpreisträgerin Therese Giehse hätte als Frau Sun gleich einen Bundestheaterpreis miterhalten sollen. Jeder Ton, jede Geste, die ganze herrlich knappe Figur war makellos.

Bertolt Brecht
Dramaturgische Bemerkungen

(zur Wuppertaler Aufführung 1955)

Für einige Zeit wird über das Poetische in den Stücken und das Artistische bei ihrer Aufführung zu reden sein, nachdem dies in der Vergangenheit nicht besonders dringend schien. Es schien nicht dringend, ja abseitsführend nicht etwa, weil das poetische Element genügend entwickelt und wahrgenommen gewesen wäre, sondern weil in seinem Namen mit der Wirklichkeit Schindluder getrieben wurde, glaubte man doch, dort Poesie zu finden, wo die Wirklichkeit zu kurz gekommen war. Die Lüge trat als Erfindung auf, die Ungenauigkeit als Großzügigkeit, die Unterwürfigkeit unter eine herrschende Form als Kennerin der Form usw. Es war notwendig, die Abbildungen der Wirklichkeit in der Kunst auf ihre Wirklichkeitstreue hin zu prüfen und die Absichten zu untersuchen, welche die Künstler mit der Wirklichkeit hatten. So kam es, daß wir von einer Wahrheit als unterschieden von Poesie zu sprechen hatten. Neuerdings untersuchen wir Kunstwerke oft überhaupt nicht mehr nach ihrer poetischen (künstlerischen) Seite hin und begnügen uns auch schon mit Werken, die keinerlei poetischen Reiz mehr haben. Werke und Aufführungen solcher Art mögen nun ihre Wirkungen haben, aber es können kaum tiefe sein, auch nicht in politischer Richtung. Es ist nämlich eine Eigentümlichkeit der theatralischen Mittel, daß sie Erkenntnisse und Impulse in Form von Genüssen vermitteln; die Tiefe der Erkenntnis und des Impulses entspricht der Tiefe des Genusses.

Um den Grundgestus eines Stückes auszufinden, muß man zunächst die Haltung des Stückschreibers zum Publikum untersuchen. Belehrt er? Treibt er an? Provoziert er? Warnt er? Will er objektiv sein? Subjektiv? Soll das Publikum zu einer guten oder schlechten Laune überredet werden oder soll es nur daran teilnehmen? Wendet er sich an die Instinkte, an den Verstand, an beides usw. usw.? – Dann hat man die Haltung einer Epoche [zu untersuchen,] der des Stückschreibers und derjenigen, in die das Stück verlegt ist. Tritt zum Beispiel der Stückschreiber repräsentativ auf? Tun es die Figuren des Stückes? Dann gibt es den Abstand zu den Vorgängen. Ist das Stück ein Zeitgemälde oder ein Interieur? Dann gibt es den Stücktypus. Handelt es sich um ein Gleichnis, das etwas beweisen soll? Um die Beschreibung von Vorgängen untergeordneter Art? – Dies sind Fragen, die gestellt werden müssen, aber es müssen noch mehr Fragen gestellt werden. Und es kommt darauf an, daß der Fragende keine Furcht vor einander widersprechenden Antworten hat, denn ein Stück wird lebendig durch seine Widersprüche. Zugleich aber muß er diese Widersprüche klarstellen und darf nicht etwa dumpf und vage verfahren, in dem bequemen Gefühl, die Rechnung gehe ja doch nicht auf.

Albert Füllinger
Problematisches Theater

(zur Wuppertaler Aufführung 1955)

Bert Brecht ist einer der bedeutendsten lebenden deutschen Bühnendichter. Wer wollte das bezweifeln! Und er ist auch ein ebenso bedeutender Dramatiker ... gewesen, in seinen früheren Stücken, die vom Ringen um den Aufbruch in eine neue Gesellschaftsordnung durchglüht sind. Aber Brecht ist auch ein rastlos suchender Mensch, und als solcher in einer stetigen geistigen Weiterentwicklung begriffen. Und so wurde aus dem Dramatiker der Epiker auf dem Theater, deutlicher gesagt, er strebt die Form eines »epischen Theaters« an. Es ist nicht die Frage, ob das richtig ist oder nicht, denn Brecht ist eine in sich ruhende, produktive künstlerische Persönlichkeit, sondern: Welche Erkenntnisse führten ihn diesen Weg?

Durch starke, lebendige Dramatik ist es durchaus möglich, einen Rauschzustand im Zuschauer zu erregen, ein Zustand, der seine Urteilsfähigkeit, seine Objektivität gegenüber dem behandelten Stoff zumindest herabsetzt. Es entsteht ein gewisser Grad von Wehrlosigkeit im Zuschauer, der ihn jeglicher Überrumpelung von seiten der Bühne, des Autors, des Regisseurs, des Einsatzes technischer Mittel preisgibt.

Solche Erkenntnis ist nicht sonderlich originell, gewinnt aber schnell an Bedeutung und wird schließlich zur »Sein-oder-Nichtsein«-Frage, wenn ein Künstler, so er vor sich selbst bestehen will, die Konsequenzen daraus zieht.

Bert Brecht zog diese Konsequenzen mit aller Sensibilität seines künstlerischen Gewissens. Er will nicht das Gebäude seiner Gedanken, seines Empfindens, seiner Leidenschaft, seines Wissens um die Dinge verwaschen, getrübt oder gar verzerrt vor die Zuschauer stellen lassen. Transparent bis auf den Grund soll es erscheinen.

Und so bedient er sich einer Form, die er »episches Theater« nennt, d. h., er läßt nur die Entwicklung der dramatischen Konflikte handlungsmäßig ablaufen, bricht dann ab und läßt den

Schauspieler oder eine Gruppe von Schauspielern die Folgen dieser Konfliktentwicklung erzählen. Der Zuschauer wird so nie irregeleitet, nie seiner eigenen (einer subjektiven) Erregung überlassen. Unablenkbar, mit einem Höchstmaß von Sicherheit wird er an des Dichters Stück herangeführt.

Diese Form des Theaters kann selbstverständlich nichts Endgültiges sein. Sie hat Nachteile, die gegen die Nachteile des dramatischen Theaters abzuwägen sinnlos wäre. Ein Nachteil von schwerwiegender Bedeutung ist das Fehlen einer echten Erschütterung im Zuschauer als Reflexion des Bühnengeschehens, der Erschütterung, die von den Dramen eines Lessing, Goethe, Schiller oder Kleist ausgeht. Bei Brecht werden das reale Geschehen und die aus ihm entstehenden Konflikte festgestellt, nicht erlebt. Das könnte letztlich zur Auflösung echten, blutvollen Theaters führen. Kann auch zur Gegnerschaft Brechts werden, niemals aber zu seiner Ablehnung, denn sein Motiv ist lauter und seine Künstlerschaft von hohem Rang.

Das Stück? Lassen wir Brecht selbst sprechen:

Der gute Mensch von Sezuan, im Exil entstanden und 1944 in Zürich aufgeführt, wurde erst nach 1945 in Deutschland bekannt. Das Stück ist ein sogenanntes »Parabelstück«, d. h., ihm liegt ein Gleichnis zugrunde, eine erdichtete Erzählung, die es sich zum Ziel setzt, eine Moral zu veranschaulichen.

Die Heldin dieses Stückes das rührende Mädchen Shen Te – sie ist es, die sich fragt: Wie soll ich gut sein, wo alles so teuer ist? Das Böse auf Erden hat sich so breitgemacht, daß die Götter auf Reisen gehen, um wenigstens einen Menschen zu finden, der ihre Schöpfung liebt und dankbar ist. Aber der Egoismus aller gegen alle macht selbst sie zu Bettlern auf diesem Globus. Nur die arme Shen Te nimmt sie auf und wird von ihnen mit einem Beutel Silbergeld belohnt, von dem sie sich einen Tabakladen kauft. Aber kaum hat sie den Laden eröffnet, sind schon die Schmarotzer, die Habsüchtigen da. Um sich zu retten – sie kennt die Gefahr ihrer Güte – tarnt sie sich als ihr Vetter Shui Ta, der hart und schlau ist, kaltblütig die Schmarotzer zu Paaren treibt und aus dem Tabakladen eine Fabrik entwickelt. Der gute Mensch hat es nicht leicht – das ist es also. Die Götter gehen davon und hinterlassen nur den Trost: Helft euch selbst! Diese Moral wird nicht allen gefallen. Das Theater jedoch stellt sie zur Diskussion wie jede andere Moral auch.

Die Aufführung in Wuppertal war mit viel Sinn für die Gegebenheiten der Brechtschen Dichtung und aller Behutsamkeit von Franz Reichert vorbereitet. Im Bühnenbild Hanna Jordans erlangte die von den Menschen selbst geschaffene Enge, Bedrängnis und Unklarheit unaufdringliche Atmosphäre.

Aus einer feinen und überzeugenden fraulichen Wärme heraus gestaltete Sigrid Marquardt das Mädchen Shen Te, leidend unter der Maske der Härte, zwingend im Ausbruch der Ratlosigkeit und des Schmerzes, das Wort – und das ist ihre Stärke – plastisch formend.

Horst Tapperts Wasserverkäufer Wang war wohl die überlegenste, geistig und körperlich beherrschteste Leistung. Herbert Fleischmanns stellungsloser Flieger litt etwas unter Farblosigkeit der Wortgestaltung, seine besten Szenen hatte er als skrupelloser Streber.

Die recht lange Reihe der Nebengestalten (die Götter, die achtköpfige Familie, die Nachbarn) waren bedachtsam besetzt.

Hans Hofman hatte mit der unoriginellen vulgär-modernen Musik Paul Dessaus seine liebe Not.

Trotz der Länge des Stückes (reine Spieldauer ca. 3½ Stunden) war der Beifall stark und ehrlich.

Herbert Ihering
Junge Regisseure inszenieren Brecht

(zur Berliner Aufführung 1957)

Herr Dr. Walther Pollatschek, ein Schriftsteller, für den Begriffe feststehen, aber nicht entwicklungsfähig sind, erinnerte in der »Aussprache« des SONNTAG tadelnd daran, daß ich das Wort »Inhaltismus« erfunden hätte. Ja, die Bezeichnung habe ich gebraucht, aber nicht erfunden, sondern gefolgert. Gefolgert vor Jahren aus der Erstarrung, in die der Realismus überhaupt und der sozialistische Realismus im besonderen zu geraten drohte. Als die dichterische Form in Spielereien sich aufzulösen schien, suchte man dem Formalismus durch die Betonung des Inhalts zu begegnen. Mit Recht. Mit Unrecht aber, als daraus dieselbe Einseitigkeit wurde wie aus der Betonung der Form, als man also dem Formalismus mit Inhaltismus zu begegnen begann. Nicht *gegen* den sozialistischen Realismus wurde der Begriff Inhaltismus angewandt, sondern *für* ihn, um ihn entwicklungsfähig, lebendig, schöpferisch zu erhalten. Das galt damals. Das gilt heute. Starre Doktrinäre würgen die Kunst. Mittelmäßigkeit und Dilettantismus sind nicht die Freunde, sondern die Feinde des sozialistischen Realismus. Sie zerstören auch den Inhalt, weil der Theaterbesucher ihn, wenn er stur serviert wird, nicht mehr glaubt. Das haben wir erfahren. Bedenklich, wenn wir es heute wieder vergessen würden.

Die Berliner Festtage haben uns zwei überzeugende Beispiele geliefert: *Der gute Mensch von Sezuan* im Berliner Ensemble am Schiffbauerdamm und *Die Gesichte der Simone Machard* im Theater der Freundschaft. Nach der Uraufführung in Frankfurt am Main schrieb ich am 24. März 1957 im SONNTAG: »Wenn Brechts nachgelassenes Schauspiel ›Die Gesichte der Simone Machard‹ früher bekannt gewesen wäre, ich glaube, die ganze Diskussion über Zeitstück und Realismus hätte eine andere Wendung genommen. Es ist von Brecht und Lion Feuchtwanger konzipiert und gedichtet unter dem unmittelbaren Eindruck des Hitlerüberfalls auf Frankreich, geschrieben in derselben Zeit, in der es spielt.

Also in jedem Sinne ein Zeitstück, genau und realistisch die Verbrüderung zwischen faschistischen Eroberern und französischen Geschäftemachern wiedergebend: reich und reich gesellt sich gern.«

Ein bitteres Stück, ein Zeitstück und eine große Dichtung. In einer kleinen französischen Stadt ist ein halbwüchsiges Mädchen auf einer Hotellerie angestellt. Simone Machard, Schwester eines im Felde befindlichen Soldaten. Der Patron, Henry Soupau, dessen Mutter und ein reicher Weingutsbesitzer Honoré Fétain sind nur auf Rettung ihres Besitzes bedacht. Die Weinfässer sollen verschoben, das Benzin gerettet werden. So verstopfen sie mit ihren Tanks und Wagen die Straßen. Die französischen Flüchtlingsströme kümmern sie nicht. Ihre eigenen Landsleute sind ihnen gleichgültig, wenn sie nur ihr Geld retten. Sie wollen mit den Hitleroffizieren fraternisieren. »Reich und reich gesellt sich gern.« In dieser korrupten Welt lebt die kleine Simone. Sie muß Wäsche und Pakete schleppen, aber zwischen Tüten und Ballen versteckt hat sie ein Buch, das sie heimlich, doch auch in Gegenwart der Arbeiter und Chauffeure liest: die Geschichte der Jungfrau von Orléans. In ihren Träumen sieht sie die Menschen ihrer Umgebung in der Maske der historischen Gestalten aus dem Befreiungskrieg Frankreichs gegen die Engländer. Den Maire der kleinen Stadt erblickt sie als König Karl VII., ihren Patron als Connetable, dessen Mutter als Königin Isabeau und sich selbst als Jeanne d'Arc. *Die Gesichte der Simone Machard* – ein Engel ermahnt sie, Frankreich zu retten. Sie, das Kind, weiß, daß in der Ziegelei ein großes Benzinlager versteckt ist und den Deutschen in die Hände fallen würde, wenn sie es entdeckten. Der Himmel rötet sich. Das Benzinlager brennt – Simone hat es angesteckt. Die Vernichtung militärischer Hilfsmittel ist mehr als eine gewonnene Schlacht. Das weiß die kindliche Jungfrau des Jahres 1940. Simone Machard wird gefaßt und in die Zuchtanstalt der Nonnen von Sankt Ursula gebracht. Als sie abgeführt wird, brennt wieder der Himmel. Sie kann es noch sehen. Die französischen Flüchtlinge haben von ihr gelernt. Ein Depot bricht in Flammen zusammen.

Das alles ist in Worten von wunderbarer Einfachheit und sprachlicher Bildkraft gedichtet. Das wußte das Theater der Freundschaft, und Lothar Bellag versuchte, das Werk auf dieser Linie zu inszenieren. Die Simone spielte ein Kind: Anne-Katrin

Haass, mit erstaunlicher Beherrschung des Textes, einfach, aber so nüchtern, daß man ihr die Gesichte kaum glaubte. Brechtisch wirkten die Angestellten und Chauffeure George, Maurice, Robert und Père Gustave in der Darstellung von Uwe-Jens Pape, Hatto Hirsch, Gerhard Rachold, Paul Streckfuß. Der Übergang von der Realität des zweiten Weltkrieges zu den Visionen der Jeanne d'Arc des fünfzehnten Jahrhunderts wirkte etwas gewaltsam. Dieser Übergang aber war auch in der ausgezeichneten Frankfurter Aufführung unter der Regie von Harry Buckwitz nicht immer gelungen. Ich wiederhole: Das Theater der Freundschaft ist – bei aller Problematik einzelner Aufführungen – in Bewegung. Ich sah eine reguläre Jugend-Vorstellung der *Simone Machard,* die bejubelt wurde.

Was in dieser Inszenierung widerspruchsvoll blieb, ist noch in einer anderen Brechtdarstellung zu beobachten. Das Berliner Ensemble brachte den *Guten Menschen von Sezuan.* Im Spielplan ist geblieben: *Mutter Courage, Der kaukasische Kreidekreis, Galileo Galilei, Furcht und Elend des Dritten Reichs.* Das Werk Brechts wirkt weiter. Und wie vom Schiffbauerdamm seine Werke nach ganz Deutschland ausstrahlten bis nach München, Frankfurt am Main, Stuttgart und Köln, so wirken sie von dort auch wieder zurück. Der Erfolg des *Guten Menschen* damals in Frankfurt am Main mit Solveig Thomas als Shen Te und Otto Rouvel als Wasserverkäufer, eine Aufführung, die Brecht selbst noch kannte, blieb nicht vereinzelt. Rostock gab den *Guten Menschen,* und auch diese Vorstellung betreute Brecht selbst noch mit. Käthe Reichel spielte, wie jetzt am Schiffbauerdamm, die Hauptrolle, hier wie dort unter der Regie von Benno Besson. Es ist eine Inszenierung im Werden. Gerade deshalb muß sie sorgfältig beobachtet und helfend kritisiert werden. Die Parabel vom guten Menschen im vorrevolutionären China, vom Menschen, der zu anderen und sich gleichzeitig nicht gut sein kann, und sich erst durchsetzt, wenn er die Maske der Bosheit und Rücksichtslosigkeit vornimmt, ist dichterisch hohen Ranges. Das Freudenmädchen Shen Te nimmt als einzige in Sezuan die Götter bei sich auf. Aber in den Tabakladen, den sie sich nun kaufen kann, setzen sich schwatzende Verwandte und klatschende Nachbarn. Shen Tes Existenz wäre vernichtet, wenn sie nicht als ihr eigener böser Vetter Shui Ta erschiene und aufräumte. Die Götter entschweben mit schönen Redensarten. Die Lehre aus dieser Situation soll der Zuschauer selbst ziehen.

Ein wirkliches Gleichnis, eine wirkliche Parabel. Als solche muß sie auch gespielt werden: in der Klarheit und Ruhe, mit der Brecht selbst seine Inszenierungen anlegte. Benno Besson aber, der doch lange bei Brecht gearbeitet hat, verschärfte, chargierte, überspitzte die Sprache, zerriß die Sätze und zerstörte mit der Poesie auch die Fabel. Es konnte keinen besseren Beweis für Brechts eigene Theorie vom epischen Theater geben als diese Aufführung, den Beweis des Gegensatzes. Dramatisch, bühnengerecht, mimisch ist Brechts Sprache, wenn sie episch gesprochen wird. Sobald sie aufgeregt in Effekte getrieben wird, hebt sich die Wirkung auf. Die begabte Käthe Reichel zum Beispiel neigt zu hysterischen Verzierungen der Rede. Sie muß zur Ruhe angehalten werden. Wenn sie wie diesmal fast neckisch daherkommt, Laune und Schlauheit markierend, dann ist das falsch. Erfreulich, daß Gerd Schäfer zum Berliner Ensemble zurückgekehrt ist. Für den Wasserverkäufer ist er aber noch zu jung. Gut Ekkehard Schall als Flieger, Anneliese Reppel als seine Mutter, Agnes Kraus als Witwe Shin. *Der gute Mensch von Sezuan* kann eine wesentliche Aufführung werden, wenn alle Schnörkel und Chargierungen entfernt sind, wenn Brechts Fabel in Brechts Sprache gespielt wird. –

Immer wieder wollen wir die herrliche Inszenierung des *Galileo Galilei* mit Ernst Busch bewundern. Es wäre gut, wenn Erich Engel auch andere Aufführungen des Berliner Ensembles beeinflussen könnte. Seine Erfahrung, seine frühere Zusammenarbeit mit Brecht vom *Dickicht* in München über die *Dreigroschenoper* bis zum *Galilei* ließe es wünschen. Im Interesse der Jugend, der Nachfolger und der Dauer des dichterischen Werkes. Die Verantwortung ist groß. Helfen wir alle Helene Weigel!

Arnolt Bronnen
Am Beginn unseres Weges...

(zur Berliner Aufführung 1957)

Gut, das ist zweierlei: gut sein wollen und gut handeln. Zum ersten wird der Mensch geboren; doch zum gut handeln kann er nur erzogen werden (oder sich erziehen) durch die Erkenntnis der gesellschaftlichen Notwendigkeit, diese Welt zum Guten zu verändern. Wenn »die Verhältnisse nicht so sind« *(Dreigroschenoper)*, darf der Mensch nicht nur gut sein wollen, er muß auch gut handeln.

Das ist die »goldene Legende« von Sezuan: Nach einem Götterbeschluß, der verkündet hatte, »die Welt kann so bleiben, wie sie ist, wenn genügend gute Menschen gefunden werden, die ein menschenwürdiges Dasein leben können«, kommen drei erleuchtete Götter in die halb europäisierte Hauptstadt der zur Zeit unseres Stückes noch unbefreiten chinesischen Provinz Sezuan, um Quartier zu nehmen. Ihre Quartiersuche und damit ihre Mission droht hier ebenso zu scheitern wie zuvor in anderen Städten, bis endlich die Prostituierte Shen Te die Götter aufnimmt. Diese geben ihr zum Dank Geld, mit welchem Shen Te einen Tabakladen aufmacht. – Doch die gute Shen Te wird sogleich ein Opfer des allgemeinen Elends in Sezuan. Die Ertrinkenden drohen den Retter mit sich in die Tiefe zu ziehen. Da verwandelt sich die gute Shen Te in ihren Vetter Shui Ta, der so handelt, wie es in einem System der Ausbeutung üblich ist. Er wirft die elenden Schmarotzer aus dem Tabakladen hinaus, macht Karriere, wird selber Unternehmer, Ausbeuter. – Shen Tes Doppelspiel scheitert an der Liebe. Sie verliebt sich in den Flieger Sun, der sie nicht nur schwängert, sondern sie auch kalt und skrupellos ausbeutet. Shui Ta indessen stellt den Sun in seine neue Tabakfabrik ein, wo er rasch avanciert. Der neue Sun, dem es gut geht, kann es sich leisten, sich für Shen Te und sein Kind zu interessieren. Da Shui Ta keine ausreichende Auskunft über Shen Te geben kann, hetzt Sun das Gericht auf den Fall. – Die drei Götter sind die drei Richter. Sie entdecken, daß der angeklagte böse Shui Ta derselbe ist wie die gute Shen Te. Shen Te verteidigt sich: »Euer einstiger Befehl, / Gut zu sein und doch zu leben / Zerriß mich wie ein Blitz in zwei Hälften ... Ach, eure Welt ist schwierig ... Für eure großen Pläne, ihr Götter / War ich armer Mensch zu klein.« – Worauf die Götter, mit ein paar Lobsprüchen für den guten Menschen von Sezuan, rasch, hilflos und hilfsunfähig in ihr Nichts entschwinden.

Die Götter haben versagt; hat auch der Dichter versagt? Mit jener ebenso grandiosen wie rührenden Ehrlichkeit, die so echt Brechtisch ist, gesteht uns der Dichter im Epilog: »Wir stehen selbst enttäuscht und sehn betroffen / Den Vorhang zu und alle Fragen offen.« Aber in Wirklichkeit ist der Zuschauer weder enttäuscht noch betroffen. Er hat gewußt, daß die Götter versagen würden, und er weiß, warum die Menschen hier versagten. Sein Wissen, durch das Stück vermehrt, aktiviert ihn: mitzuarbeiten an einer neuen Welt, in welcher der gute Mensch gut handeln muß, weil ihm nur solches Handeln Nutzen bringt. So steht Brechts Stück am Beginn unseres Wegs zum Sozialismus.

Brecht selber nennt sein meistgespieltes Stück eine Parabel, das ist ein der Fabel nahestehendes belehrendes Gleichnis. Aber es scheint mir ein echtes Volksstück zu sein, dessen Typen eher in Augsburg oder am Wedding daheim sind als in Sezuan. Und mit den Sprüchen der drei Götter von Sezuan hat Brecht, der sein Stück 1939 geschrieben hat, manche ganzseitigen Publikationen der Götter von Bonn vorausgeahnt.

Regisseur Benno Besson hat eine gekonnte und überzeugende Inszenierung des Stückes geschaffen. Er hat mit Recht seine Handlung in jenen Horizont gestellt, in dem das Proletariat der kapitalistischen Großstädte lebt: in einen Horizont der Phrasen und Vertröstungen, der Schlagworte und Balkenlettern. Diese Elenden in ihren Lumpen kennen keinen Himmel und keine Sonne. Eine graue, erst verschimmelte, dann vereiste Welt, die man erst auftauen müßte. Hie und da ahnt man die Farben, die Tänze, die Freuden unter dem Eis des Elends; das ist mit Einfallsreichtum und mit lyrischer Zartheit balladesk hineingesungen, wie ein verhinderter Caruso in Hinterhöfen singt: Zauber des Volksstücks. Manches ist weicher, lieblicher gestaltet, als es Brecht gestaltet hätte; und doch Brecht auf eine starke und gute Art.

Käthe Reichel: Man vergißt dieses Gesicht nicht. Die kräftigen

Züge eines Mädchens aus dem Volke, keine Kosmetik, nichts von pin-up-girl, kaum attraktiv; und doch, wie lebt dieses Gesicht, wie packt es, spricht es! Alles, was sie sagt, tut, fühlt, liegt klar und offen vor uns, nichts ist verschmiert, verlogen, weder unter- noch überspielt. Um so stärker die Wirkung, wenn ein so einfacher, gerader Mensch sich teilt, teilen muß, um leben zu können. Hinreißend, wie die Reichel das macht, wie sie aus ihrer Shen Te den Shui Ta macht, ganz ohne die Mätzchen der Doppelrolle, und doch mit einem drolligen Zug von Ironie, mit einer inneren Distanz, so daß man immer spürt, wie wenig die äußere Härte die innere Zartheit erreichen und ändern kann.

Von sauberer und fleißiger Arbeit zeugten auch die Leistungen der anderen Mitwirkenden. Ekkehard Schall als Flieger und später Werkleiter spielte mit besonderer Intensität und Prägnanz. Ein Sonderlob verdienen auch die drei Götter, Ernst-Otto Fuhrmann, Georg August Koch und Heinz Schubert. Paul Dessaus Musik, hart, dissonant, mit treibenden Tempi, stand wie die Peitsche eines Frohnvogts hinter den Verschnaufpausen des dramatischen Geschehens. Im tumultuösen Beifall des Publikums war Begeisterung, Bekenntnis und Glücksgefühl: Das Berliner Ensemble hält unbeirrbar seinen Weg und seinen Stil.

Eberhard Fechner
Strehler inszeniert. *Der gute Mensch von Sezuan* am Piccolo Teatro 1958

Der Probenprozeß

Monate vor dem ersten Probentag beginnen die Besprechungen mit dem Bühnenbildner und dem Komponisten. Schauspieler werden ausgesucht und engagiert. Bücher, die über die Zeit berichten, in der das Stück spielt und über die Umstände, unter denen der Autor es schrieb, werden studiert, die Übersetzung mit dem Original verglichen; ist sie ungenügend, wird das Stück noch einmal übersetzt. Die Bühnenbildentwürfe werden verbessert und abgeschlossen, so daß Strehler noch vor Probenbeginn bis auf wenige spätere Änderungen weiß, wie die Bühne aussehen wird. Die Arbeit der Werkstätten kann gleichzeitig mit den Proben beginnen.

Bis zu zehn Leseproben leiten die Arbeit auf der Bühne ein. Man probiert täglich von 13.00 bis 18.00 oder 19.00 Uhr. Die Abendvorstellungen fangen erst um 21.00 Uhr an und enden zwischen 24.00 und 1.00 Uhr, in Ausnahmefällen sogar erst gegen 2.00 Uhr nachts.

Nachdem der größte Teil des Stückes auf den Leseproben minutiös auf seinen sozialen, historischen und psychologischen Gehalt und seine gesellschaftskritische Tendenz hin untersucht worden ist, nachdem die Schauspieler eine klare Vorstellung von ihrer Rolle und vom Bezug ihrer Rolle zum ganzen Stück gewonnen und die Auffassung Strehlers von der Inszenierung des Stückes kennengelernt haben, beginnen die Aktionsproben. Wochenlang werden alle Auftritte, Abgänge, Bewegungen, Tätigkeiten, Reaktionen: kurz, alles, was im reinen Sinn des Wortes Handlung ist, ausprobiert. Dabei werden die Schauspieler immer wieder zu eigener Initiative aufgefordert. Sie lernen durch Improvisation, selbständig zu reagieren, es wird ihnen keineswegs von Anfang an jede Bewegung vorgeschrieben. Erst wenn sie selbst einen brauchbaren Ausdruck gefunden haben, wird dieser erweitert, differenziert, präzisiert. Und dann, wenn die Handlung in jedem Bühnenaugenblick sinnvoll erscheint, beginnen auch die Worte, der Text interessant zu werden. »Das geistige Leben entsteht erst aus der Schaffung des körperlichen Lebens.« (Stanislawskij)

Auf der nächsten Stufe der Probenarbeit werden aus der Verbindung körperlichen und geistigen Ausdrucks die einzelnen Charaktere entwickelt. Dann wird durch Übereinstimmung der einzelnen, frei entfalteten Charaktere das allgemeine Klima geformt, die den handelnden Personen gemeinsame Welt. Wenn sie realisiert ist, beginnt ihre Poetisierung durch rhythmische Komposition, die die realen Geschehnisse in symbolische Qualität steigert. Während der letzten Probenzeit werden alle funktionellen und ästhetischen Elemente der Inszenierung (Schauspieler, Bühnenbild, Beleuchtung und Musik) aufeinander abgestimmt, miteinander verschmolzen. Die gesamten akustischen, optischen und geistigen Mittel des Theaters werden benutzt, um eine »Folge vollendet komponierter Bilder, in der jede Einzelheit wichtig ist« (Bentley), zu schaffen. In der Praxis sind die einzelnen Entwicklungsstufen natürlich nicht klar gegeneinander abgegrenzt, sie überschneiden sich vielfach. Strehler geht häufig auf noch nicht bewältigte Probleme zurück.

Während sich das konventionelle Theater darum bemüht, das Geschehen auf dramatische Brennpunkte zu reduzieren und alles andere wegzuschneiden, baut Strehler Schicht um Schicht und erfüllt die Bühne mit reichem Leben. Wird in einem Stück gesungen, sind von Anfang an musikalische Proben angesetzt. Auch die Beleuchtungsproben beginnen frühzeitig. Während man in Deutschland meist einige wenige Stunden vor der ersten Hauptprobe als zureichend dafür erachtet, verwendet Strehler fast ein Viertel der gesamten Probenzeit darauf, der Szene das richtige Licht zu geben. Für ihn ist das Licht dramaturgisch ebenso bedeutend wie das Wort, das Bühnenbild, die Musik und die Kostüme, aber nicht als inszenatorischer Effekt, sondern zur Verdeutlichung des Gehaltes eines Stückes. Strehler ist bei seinen unermüdlichen Versuchen im Laufe der Jahre zu ganz neuen Erkenntnissen gekommen. Für ihn ist die Zeit der Scheinwerfer mit ihrem stets gleichbleibenden Gelb vorüber. Mit Hilfe neuartiger Lampen gelang es ihm, der Bühne sowohl ein nüchternes, kühles Licht zu geben, wie es Brecht für die Demonstration seiner Stücke fordert, als auch jeden anderen, von den Autoren geforderten Schauplatz realistisch auszuleuchten.

Der Bühnenbildner Luciano Damiani

Man kann nicht über die Arbeitsweise Strehlers sprechen, ohne näher auf seinen wichtigsten Mitarbeiter einzugehen: Luciano Damiani.

Damiani studierte während des Krieges in Bologna Architektur und besuchte daneben die technische Hochschule. Seine profunde Kenntnis der Baukunst und das exakte technische Wissen ist eine der Voraussetzungen für seine Überlegenheit gegenüber anderen Bühnenbildnern, deren Arbeit sich in der Herstellung von möglichst »malerischen« Szenen- und Kostümentwürfen erschöpft. Nach 1945 studierte er in Florenz Malerei und begann noch während des Studiums für das Universitätstheater seine ersten Bühnenbilder zu entwerfen. Von 1948 bis 1952 arbeitete er für verschiedene reisende Truppen und auch während der Jahre am Piccolo Teatro folgte er Verpflichtungen an die Scala und andere Theater. In Deutschland hat er bisher nur einmal gearbeitet: gemeinsam mit Strehler am Düsseldorfer Schauspielhaus bei der Inszenierung von Pirandellos *Riesen vom Berge*. Seit 1952 gibt es kaum eine Inszenierung Strehlers ohne die bildnerische Hilfe Damianis. Dreißig Aufführungen mit über 150 Szenenbildern haben sie gemeinsam erarbeitet. Die technisch nicht sehr gut ausgestattete Bühne des Piccolo Teatro, die man in Deutschland mit Recht als »Behelfsbühne« bezeichnen würde, war für sie der Anlaß, neue szenische Lösungen zu finden, die ihren dramaturgischen, ästhetischen und ideologischen Vorstellungen entsprachen. Damianis Anschauungen decken sich ganz mit denen Strehlers. Er formulierte sie bei einem Interview folgendermaßen: »Mich interessiert es, auf der Bühne einen Realismus zu schaffen, der sich auf die Auswahl naturgegebener Elemente gründet, dem aber, auf der Basis der Intuition, durch die Ordnung seiner kritischen, politischen, kompositorischen, farblichen und poetischen Bestandteile das Zufällige entzogen worden ist.« Dieser Realismus ist für Damiani stets an die historische Wirklichkeit gebunden und läßt nichts im Unklaren.

Strehlers und Damianis Beschäftigung mit einem Stück beginnt gewöhnlich einige Monate vor der ersten Probe. Oft ziehen sie sich wochenlang aus dem alltäglichen Theaterbetrieb zurück, um in einer Art von »Klausur« die Probleme des betreffenden Stückes zu klären. Damiani selbst hat die Arbeit an einem Bühnenbild in vier Phasen gegliedert:

Die erste beginnt mit einem minutiösen Studium des Textes, der Erforschung aller Unterlagen, die Zeit, Ort und Geist der Handlung betreffen. Das notwendige Material für die Entwürfe der Szenen wird vorbereitet, die Pläne und Querschnitte der Bühne und des Zuschauerraumes werden studiert. Dann folgt die Formulierung der ersten technischen, kritischen und ästhetischen Ideen.

Zweite Phase: Der Regisseur formuliert die Ideen seiner Inszenierung. Diskussion zu jedem Element der Szene. Skizzierung der Szenenentwürfe und Kostüme, ständig kontrolliert von einer möglichst objektiven Kritik. Auf diese Weise soll vermieden werden, daß die ästhetische Struktur einer Inszenierung während der Phase der Realisierung verfälscht wird.

In der dritten Phase beginnt die technische Ausarbeitung der einzelnen Entwürfe. Pläne und Querschnitte der Szene werden ausgestaltet, verschiedene Einzelteile im Maßstab 1 zu 1 gezeichnet. Die Kostüme werden an Hand der fotografierten Figuren der betreffenden Schauspieler studiert und entworfen, ebenso besondere Einzelheiten, wie Schuhe, Hüte, Frisuren und Masken. So wird alles getan, um die Arbeit derjenigen, die mit der Realisierung beauftragt sind, zu erleichtern. Je klarer und detaillierter diese Pläne ausgeführt werden, um so einheitlicher, leichter und fließender wird die Arbeit der Werkstätten sein.

Vierte und letzte Phase: Suche und Auswahl aller Materialien für Bühnenbild, Möbel, Requisiten und Kostüme. Überwachung der Stoffärbung, Beistand bei den verschiedenen Arbeitsgängen, Kostümproben (so viele wie möglich), Kontrolle und Verbesserung der ausgeführten Arbeiten, Montage der Szenen auf der Bühne, letzte Korrekturen der Farben und Formen bis zur Premiere.

Wesentliche Voraussetzung für das Gelingen einer Arbeit ist also für Damiani die persönliche Verantwortung des Bühnenbildners für die Realisierung auch des kleinsten Teiles, um dadurch der ursprünglichen Idee des Entwurfes so nahe wie möglich zu kommen. Strehler und er vergleichen während der Proben das auf der Bühne entstehende Bild mit dem präzis ausgeführten Entwurf, der vor ihnen auf dem Regietisch liegt, und geben sich erst zufrieden, wenn beide übereinstimmen.

In einer Zeit, in der sehr leichtfertig mit Superlativen umgegangen wird, ist es schwer, einen Terminus zu finden, der Damianis

Bedeutung und seinen Fähigkeiten gerecht wird. Ich wage die Behauptung, daß Strehler ohne die Mitarbeit Damianis seine revolutionären Ideen nicht in vollem Maße hätte verwirklichen können.

Man muß immer von vorn anfangen

Um zur praktischen Arbeit zurückzukehren: Zehn bis vierzehn Tage vor jeder Premiere schließt das Piccolo Teatro, die fertigen Bühnenbilder werden aufgebaut und in einem oft pausenlosen Endspurt arbeitet man bis zur ersten Aufführung. Es gibt Fälle, wo Strehler acht Tage lang ohne Unterbrechung, ohne Schlaf durchprobiert hat. Während eines Teiles des Tages oder der Nacht wird mit den Schauspielern gearbeitet, in der anderen Zeit an der Beleuchtung, den Dekorationen, der Musik. Die Intensität, der Einfallsreichtum und die unermüdliche Sorgfalt Strehlers, der sich nie mit bequemen Kompromissen zufrieden gibt, sind wesentliche Voraussetzungen für die Qualität seiner Arbeit. Das, was man als »Genie« und als unerklärlich isolieren möchte, erweist sich zumindest in seinem Fleiß als erreichbar.
[...]
Das Ergebnis der Arbeit, die Aufführung, zu beschreiben, halte ich für unmöglich. Vielleicht gelingt es, einzelne, im Gedächtnis haftende Momente zu fixieren, aber das Ganze: die unendliche Vielfalt des Lebens, die Poesie, mit der Strehler ein Stück »realisiert« und die ihre Wurzeln in dem Wissen von der Unzulänglichkeit des Menschen hat, die naive Phantasie, deren Träume immer real bleiben, die erzieherische Moral, die nicht mit dem Zeigefinger droht, sondern überzeugt, indem sie spielt, die Präzision, die diese geformte Welt in allen Teilen unter der Kontrolle behält, kurz, das Erlebnis der Aufführung bleibt dem Zuschauer allein vorbehalten.

Exkurs über Realismus

Bei vielen Gesprächen, die ich in Deutschland über das Piccolo Teatro hatte, mußte ich feststellen, daß ein entscheidender Begriff der Arbeit Strehlers vielfach mißverstanden wird: der Realismus.

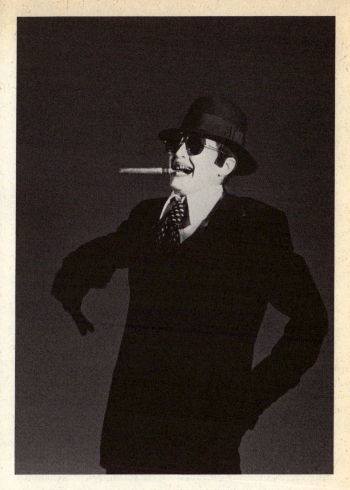

Piccolo Teatro Mailand 1981 Inszenierung Giorgio Strehler
Foto Luigi Ciminaghi

Um Inhalt und Umfang dieses Wortes zu erkennen, ist es notwendig, seine Bedeutung, die es üblicherweise hat und diejenige, die Strehler ihm gibt, gegenüberzustellen. In zeitgenössischen Kritiken wird das Wort Realismus oft negativ angewandt. Man will anscheinend damit ausdrücken, daß eine Aufführung langweilig oder in einem überlebten Stil (auch Stillosigkeit) verfertigt worden sei, man vermißt die geistige Distanz, den Formwillen, die Abstraktion, schließlich (um die Begriffsverwirrung vollständig zu machen) sagt man realistisch, wenn man naturalistisch meint, fotografische Nachahmung. Andere wiederum, die eine präzisere Vorstellung von diesem Wort haben, lehnen die Form des realistischen Theaters ab, da ihre Vertreter die allgemeinen, ewigen Werte und Ideale leugneten. Der Realismus ist ihnen auch wegen seines politischen Engagements suspekt.

Man sieht, so verschiedene, sich oft widersprechende Ansichten wie »überholt« und »politisch gefährlich« oder »naturalistisch« und »fehlende Ideale« bieten kaum eine Möglichkeit, diesen Begriff zu definieren. Um die Fragestellung zu vereinfachen, will ich versuchen, die Meinung einiger wichtiger Theaterleute, wie Brecht, Melchinger und Bentley, konzentriert wiederzugeben: Der Naturalismus – mit dem der Realismus häufig verwechselt wird – ist ihrer Meinung nach ebenso wie der Symbolismus eine idealistische, illusionistische Form des Theaters. Er strebt eine Illusion der Wirklichkeit an, um in Gestalt einer aggressiven Demonstration gegen die Lebenslüge und für eine bessere Welt zu kämpfen. Theater und Wirklichkeit sind für ihn Gegensätze, da die Bühne die Realität vortäuschen soll. Sein tragischer Kampf gegen eine verlogene Idealisierung und für die Wahrheit machen ihn selbst zu einem idealistischen Begriff. Der Symbolismus proklamiert demgegenüber eine Illusion der Phantasie. Abstrakte, angedeutete Formen realer Gegenstände, verbergende Vorhänge, das magische, geheimnisvolle Halbdunkel der Bühne, die Stilisierung menschlicher Ausdrucksformen sollen den Zuschauer in eine geträumte Welt versetzen, fern seiner eigenen, aber voller Ideale, tragischer Größe und abstrakter Werte. Sein Spiel mit dem Irrationalen, Metaphysischen gipfelt in der romantischen Idee vom Eigenleben des Theaters. Die äußere Form wird wichtiger als der innere Gehalt.

Der Begriff des »sozialistischen Realismus« hat zusätzliche Verwirrung gestiftet, da er dem Wort nach eine Abart des Realismus sein könnte. Seine moralischen Appelle, seine positiven ideologischen Lösungen dramatischer Konflikte, seine Vorstellung einer besseren, schöneren Welt, die es zu erobern gilt, weisen ihn aber nur als eine Spezialform des (idealistischen!) Naturalismus aus. Mit dem Realismus hat er ebensowenig zu tun, wie die beiden anderen idealistischen Ausdrucksformen.

Der Realismus kann einzelne Züge der genannten drei Formen enthalten, der Gegensatz zu ihnen liegt aber in dem Versuch, unter Ausschaltung subjektiver Identifizierung, Erschütterung und Begeisterung des Zuschauers die Welt objektiv darzustellen. Bühne und Zuschauerraum sind eine gemeinsame Welt. Man will dem Zuschauer nichts vortäuschen, ihn nicht in eine andere, unwirkliche Welt führen, sondern unter Beachtung aller historischen, dialektischen, psychologischen und spielerischen Elemente die wirkliche Welt so zeigen, wie sie typisch ist. Zentrum der Bühne ist der Schauspieler (der Mensch). Das Bühnenbild korrespondiert in jedem Detail und als Ganzes mit der Realität des Stückes, ist aber zugleich ästhetisch durchgeformt. Die Beleuchtung dient dazu, Licht auf die Wirklichkeit zu werfen, wörtlich und bildlich, die Musik soll Textkritik sein. Wertmesser bleibt die Realität, mit der man spielt, nicht abstrakte, »ewige« Ideale. Vor allem aber ist der Realismus in seinem »undramatischen« Willen zur Objektivität (im konventionellen Sinne) untragisch.

Der Realismus erkennt die relative Unzulänglichkeit der Welt und des Menschen an und zeigt uns ein möglichst objektives Bild dieses So-seins als Bei-Spiel. Ob diese gemeinsame Welt veränderbar sei und verändert werden sollte, überläßt er der Entscheidung des Zuschauers. Doch er zeigt »die Struktur der Gesellschaft (abgebildet auf der Bühne), als beeinflußbar durch die Gesellschaft (im Zuschauerraum)« (Brecht) und bleibt so verstanden auch heute noch – trotz aller modernistischen Experimente – die einzige revolutionäre Form gegenüber dem idealistischen Theater in allen seinen Erscheinungen.

Der Einfluß Brechts

Der Autor, der Strehlers Arbeit am meisten beeinflußte, der für die gesamte Entwicklung des Piccolo Teatro zum Symbol wurde, zum Lehrmeister und Vorbild des Kampfes um ein neues Theater, um ein neues Publikum, um eine neue Dramaturgie: Bertolt Brecht, hat nur die erste der fünf Inszenierungen seiner Stücke durch Strehler selbst erlebt. Nach dem Besuch der letzten Proben und der Premiere der *Dreigroschenoper* schrieb er dem jungen Regisseur 1956, daß es zweifellos die gelungenste Inszenierung seines Stückes gewesen sei und daß Strehler das Werk zum zweiten Male geschaffen hätte. Brechts Werke und seine Theorien, vor zehn Jahren in Italien noch so gut wie unbekannt, wurden dadurch, daß Strehler das italienische Publikum behutsam und pädagogisch intelligent mit ihnen konfrontierte, zum Prüfstein des gesamten theatralischen Prozesses in Italien.

Strehlers erste Auseinandersetzung mit den Problemen des epischen Theaters fand unter Ausschluß der Öffentlichkeit statt: Im Sommer 1955 führte er mit Schülern der Schauspielschule des Piccolo Teatro Brechts Lehrstück *Die Maßnahme* auf. Strehler, der zu dieser Zeit schon einige »Welterfolge« mit anderen Autoren aufzuweisen hatte, begann mit äußerster Vorsicht und systematischer Forschung diese auch für ihn neuartigen Fragen zu studieren. Die wenigen geladenen Zuschauer erlebten eine denkwürdige Inszenierung: Bei größter Einfachheit und Klarheit war sie voll dialektischen Reichtums, vielschichtig und bildhaft. Der Brechtsche V-Effekt war konsequent durchgeführt, ohne konstruiert oder aufgesetzt zu wirken, im Gegenteil, durch ihn erreichte Strehler eine neuartige Form von »Natürlichkeit«, von Realismus, der dem Zuschauer Raum für die kritische Betrachtung der handelnden Figuren ließ.

Schon dieser erste Kontakt Strehlers mit Brecht weist, wenn auch noch zögernd und nur in Umrissen sichtbar, alle Züge seiner späteren Arbeiten auf. Man hat seine Methode, Brecht zu spielen und den epischen Realismus auch für Stücke anderer Autoren anzuwenden, die »italienische Variante« des epischen Theaters genannt. Meiner Meinung nach wird diese Formulierung Strehlers Bemühungen nicht gerecht. Es scheint mir sein Verdienst zu sein, als erster und bis heute wahrscheinlich einziger außerhalb des »Berliner Ensembles«, die dialektische Widersprüchlichkeit eines dramatischen Geschehens auch bei anderen Autoren als Brecht theatralisch aufzudecken. Strehler wird, obwohl er alle wesentlichen Regeln des epischen Theaters exakt beachtet, nie doktrinär, er benutzt die Theorien Brechts als Alternative für seinen poetischen Realismus und in seinen schönsten, reifsten Aufführungen gelingt ihm eine Synthese beider Formen. Er begann als Schüler Brechts und entwickelt heute dessen Ideen weiter, »die Welt und das Theater als veränderbar beschreibend«.

Der gute Mensch von Sezuan

Durch Publikationen über den Autor und seine Theorien weckte man in den Zuschauern Interesse und Verständnis für die kompromißlose Realisierung dieses Stückes, das sonst durch seinen Parabelcharakter sehr leicht zu einem beziehungslosen Märchen menschlicher Hilfsbedürftigkeit und des privaten Mitleids degradiert wird. Strehler jedoch deckte die vom Autor beschriebenen gesellschaftlichen Unstimmigkeiten radikal auf und zeigte sie in ihrer ganzen widersprüchlichen Schärfe. Er nahm dem Werk aber auch nicht seine spröde Poesie, denn sie weicht die Anklage nicht auf, sondern vertieft sie.

Gegen einen Himmel aus Mörtel zeichnete sich scharf das Grau der elenden Bracken aus Bambus, Holz und Zement ab: Eine trostlose Welt, in der Shen Te ihre Abenteuer der Güte und deren böse Folgen bestehen mußte. Zwischen dem leeren Himmel und der feindlichen Erde liefen die Drähte der Telegrafenleitung: Symbole einer neuen Zeit, doch für die Menschen dieser Welt der Armut Fremdkörper, die sie nicht für sich zu nutzen wissen. Es gab wenige Bilder eines falschen, künstlichen Friedens, wie das des Gartens, in dem Shen Tes Liebe für Sun zu blühen beginnt, oder das im Hof des Lokales, wo das elende Hochzeitsfest stattfindet. Dann die Trostlosigkeit der Tabakfabrik von Shui Ta, in der die Armen ihre schwerbeladenen Karren schleppen im skandierenden Rhythmus der Trommelschläge Suns (ein Rhythmus, der schon die Sklaven der antiken Galeeren antrieb). Am Ende flüchteten die drei Götter auf einer rosafarbenen Wolke in ihre himmlische Heimat, untermalt von liturgischen Hymnen, während die hoffnungslosen und vergeblichen Hilferufe Shen Tes im leeren Himmel aus Zement verhallten.

Schwarz waren die Kostüme der Wohlhabenden, der Ausbeuter, auch das von Shui Ta, der durch eine enorme Polsterung und die starre, grinsende Maske wie ein Roboter wirkte. Die anderen trugen Grau in allen möglichen Schattierungen. Der einzige Farbkontrast: Die Götter extrem bunt am Beginn des Stückes mit alten, rituellen chinesischen Masken. Doch auch sie »vermenschlichten« sich im Laufe der Handlung mehr und mehr und zeigen so ihre immer größer werdende Ohnmacht während ihrer Reise auf der Erde.

Siegfried Melchinger
Die Stadt Sezuan 1958

Einst, es ist noch nicht so lange her, wurde die Szenerie fertig von Dekorationsfabriken, nach Maß geliefert. Das moderne Theater, in so vieler Hinsicht gegen die angeblich unentrinnbare Zeittendenz eingestellt, ist zum eigenen Werkstattbetrieb zurückgekehrt. Die zur Schablone drängende Illusionsmaschinerie ist im Prinzip aufgegeben. Zwar werden in unseren neuen westdeutschen Theaterpalästen gewaltige Bühnenhäuser mit den modernsten Apparaturen errichtet – aber wie selten wird von den Chancen der Technik Gebrauch gemacht, seit uns ihre Wunder nicht mehr verblüffen! Noch vor dreißig Jahren hätte sich das Piccolo Teatro in Mailand, das seinen Namen nicht zu Unrecht trägt, mit der Pflege des intimen Kammerspiels begnügen müssen. Nicht so sehr der nur relativ geringen Plätze wegen, als weil es hinter den Kulissen nicht über die damals für unentbehrlich gehaltene Apparatur des großen Stücks verfügt. Heute spielt es Stücke größten Formats mit einer Handwerkstatt und winziger Maschinerie.

So begegnen wir den ersten Spuren moderner Regie, wenn wir in der Mailänder City den großen Boulevard hinter uns gelassen haben und um die Ecke durch das Portal des grauen Palazzo Broletto in den Arkadenhof eingetreten sind, der zur Hälfte dem Piccolo Teatro gehört. Bühne und Parkett befinden sich im Keller. Das Parterre enthält die Galerie, die Verwaltung und die Werkstatt. Auf dem Hof hämmern die Zimmermänner, basteln die Techniker, pinseln die Maler. Aus leicht angesengten Brettern und ausgebleichten Stämmen wird eine Welt errichtet. In Sezuan gibt es Telegrafenstangen und eine Zementfabrik. Aus imitierten Zementplatten und grauem Rupfen wird das Gehäuse zusammengesetzt sein, das die Bühne bildet. Aber wo die Menschen hausen, hat das Industriezeitalter noch nicht begonnen. Sie haben sich die Häuschen selbst gezimmert und die kümmerlichen Möbel selbst geschreinert. Sie benützen Holzwägelchen aus eigener Fabrikation – ein halbes Dutzend davon steht auf dem Hof herum; ein paar Stellagen sind neu, aber die Kostüme werden meist Lumpen sein, denn in der Stadt Sezuan herrscht große Armut.

Die Welt, die hier entsteht, will nicht der Illusion eines realen, garantiert echten Sezuan gerecht werden. Sie setzt sich aus Elementen dieser Realität zusammen, den Telegrafenstangen und den Bretterhäuschen, aber sie setzt sich schon in der Werkstatt in Bühnenwelt um, in die Vision des Stückes, die der Regisseur dem Bühnenbildner übermittelt hat. Diese hat in Strehlers Studio die ersten Konturen erhalten. An dem langen Schreibtisch, unter der Totenmaske Brechts, die an der Wand hängt, hatte er mit dem jungen Luciano Damiani über den unzähligen Skizzen gebrütet, die nun in einem Regal zu Bergen gehäuft sind. Diese Welt entsteht nicht in einem Schöpfungstag. Das Bild, das der Imagination vorschwebt, muß gedeutet und verdeutlicht werden. Ehedem hieß es, eine Straße in Sezuan müsse der wirklichen Straße einer chinesischen Stadt so ähnlich wie möglich sehen, jedoch zugleich auch den Auftritten und Bewegungen auf der Bühne den entsprechenden Rahmen geben. Heute, bei Strehler jedenfalls, wird zwar der Rahmen sorgsam bedacht, aber das Bild fügt sich zu einer neuen, zu einer schon gedeuteten Wirklichkeit zusammen, es hat den Stil des Stückes wiederzugeben und sich zum Sinn-Bild zu erheben.

Der amerikanische Kritiker Brooks Atkinson hat einmal auf die Verwandtschaft des Brechtschen Theaterstils mit dem der mittelalterlichen »Morality«, des Legenden- und Mysterienspiels, hingewiesen. Diese Verwandtschaft ist im *Guten Menschen von Sezuan* eklatant. So wird auch die Bühnenwelt von Sezuan eine Legendenwelt sein müssen. Märchenhaftes muß ins Bild kommen, ohne daß darüber die Wirklichkeit der Armut vergessen werden dürfte. Gibt es nicht auch im Märchen die Armen? Poesie braucht die Wahrheit nicht zu verzuckern. Sie wirft einen Schein über sie, der sie dem allzu Alltäglichen entrückt. Darin erscheint sie schön, ohne darum im geringsten der Lüge zu verfallen.

So schufen Strehler und Damiani ihr Sezuan. Graue, von Hand gezimmerte Hütten mit weißen Laken als Dächern darüber, in Zement eingehüllt, aber durch das überall wiederkehrende Weiß gleichsam zu einem Akkord harmonisiert: wie schön klingt dieses Grau und Weiß zusammen! In einer Szene ist neben der Hütte Wäsche an Leinen aufgespannt; das hat schon Brecht so gesehen, aber daß diese Wäsche schneeweiß ist, in der Farbe des Akkords – das ist Mailänder Vision.

Es sind hie und da auch Farben im Bild, chinesisch zarte – wir kommen noch darauf. Aber zuvor muß erst ein Wort über das

Licht gesagt werden. Es wird viel zu wenig bedacht, daß mit der Einführung des elektrischen Lichts ein neues Zeitalter der Bühne begonnen hat. Dieses fällt nicht zufällig mit dem Ende des Illusionismus zusammen. Erst seit es Scheinwerfer gibt, gibt es die plastische Szene. Erst seit es die plastische Szene gibt, ist das ererbte, konventionelle Arrangement der Gänge und Gruppierungen, das auf den Bedingungen der Kulissenbühne beruhte, unbrauchbar geworden. Zur gleichen Zeit verschwanden die Dekorationsfabriken. Mit dem neuen Zeitalter betrat als neuer Herr der Szene der Regisseur die Bühne. Das ist etwas mehr als ein halbes Jahrhundert her. Seither hat die Regie Triumphe gefeiert und sich in Exzessen ausgetobt.

Man sprach von Reinhardt als dem großen Zauberer. Er hatte begonnen, berühmte Maler zu Hilfe zu rufen, um die Decors so malerisch wie möglich zu gestalten. Diese erste Phase ist vorbei. Es hat sich nicht nur gezeigt, daß die großen Maler ihre in der Skizze meisterhaften Entwürfe nicht in die materiell-gegenständliche Bühnenwelt zu übersetzen vermochten, es hat sich auch gezeigt, daß das Malerische als solches nur *eine* Stilmöglichkeit unter vielen anderen ist. Nach Reinhardt begann man die Szene mit Treppen und Würfeln, später mit Drähten, Gestängen und anderen Elementen der technischen Welt anzuräumen. Auch das ist vorbei. Was blieb übrig?

Die tabula rasa. Die nackten Bretter. Das indifferente Gehäuse darüber und das Parkett davor. Das bedeutet, daß bei jedem Stück prämissenlos von vorn angefangen werden muß. Wir haben die Bretter – was stellen wir darauf, wie stellen wir's darauf, wie lassen wir's erscheinen: im Licht? Embleme genügen, sie sind wie Chiffren. In einem Zeitalter, das der Auspowerung der Phantasie beschuldigt wird, triumphiert auf der neuen Szene die Provokation der Phantasie wie seit Shakespeares Zeiten nicht mehr (damals war der *Sommernachtstraum* bei Tag unter offenem Himmel gespielt worden, und Fackeln hatten die Nacht bedeutet). Und doch ist das nur scheinbar eine Rückkehr zur Primitivität. Denn ohne das elektrische Licht wäre sie nicht möglich geworden. Im Schein der Bogenlampen ist der Schein der Welt, die Welt des Scheins neu entdeckt worden. Und der Regisseur spielt Klavier auf dem Schaltbrett.

Stunden um Stunden verbringt Strehler mit dem Ausleuchten der Szene. Der Chef der »Elektriker« sitzt neben ihm am Mikrofon und überträgt die Kommandos auf die Brücke. Im Zuschauerraum, unterm Plafond und wo noch überall hängen Scheinwerfer wie Trauben. Sie blitzen auf und aus. Manche modernen Regisseure probieren so lange, bis sie das Richtige finden. Strehler hat das Richtige im Kopf und probiert so lange, bis es gefunden ist. Das sind Geduld- und Nervenproben. Sie müssen fortgesetzt werden, wenn die Schauspieler die Bühne betreten. In dieser Phase wird die Probe so oft unterbrochen wie nie. Das Regiebuch der Beleuchter nimmt die Stichworte auf, die zu unhörbaren Kommandos während der Vorstellung werden. Ein einziges Wegbleiben eines Scheinwerfers kann eine Szene »schmeißen«, wie es in unserer Bühnensprache heißt.

Kehren wir nach Sezuan zurück. Legendenspiel! Da darf es Tag und Nacht werden, wie der Zauber es befiehlt. Einmal, als die Götter auf der Bühne sind, läßt Strehler die Scheinwerfer plötzlich abstellen und ein Geräusch dazu lautwerden, als hätte einer eine Lampe ausgeknipst. Ja, die Götter und das Märchen. Wir sind unmerklich in die Deutung des Brechtschen Stückes hineingeraten. In den Aufführungen des *Guten Menschen von Sezuan*, die ich bisher gesehen hatte, waren diese drei Götter Schießbudenfiguren der Ironie. Manche Textstellen verleiteten dazu (»In das Wirtschaftliche können wir uns nicht mischen«). Bei Strehler schienen sie einem Raimundschen Zaubermärchen zu entstammen. Ihre anthropomorphen Züge waren rührend. Einer, der dritte (individualisiert, wie es Brecht wollte), schlich sich von den anderen weg, um zu bemerken, daß es ihm doch lieber wäre, wenn keine Spinnen im Nachtquartier wären (die anderen hatten erhaben gesagt, das mache ihnen nichts aus), und Strehler dichtete das weiter, indem er den Schrein, in dem die Götter aus der Versenkung heraufgefahren worden waren, schon wieder hatte abfahren lassen, während der dritte herausgeschlichen war: aufgeregt mußte dieser zurückstürzen und an den herabfahrenden Schrein klopfen, hallo, nehmt mich doch mit . . ., worauf der Schrein noch einmal nach oben fuhr und den Nachzügler aufnahm.

Überhaupt die Apparatur! Handbetrieb alles. Selbstgebastelt. Die alte gute Zaubermaschinerie. Und ohne einen Schimmer von bengalischer Magie! Aber mit wieviel Phantasie! Gleich am Anfang, als der Wasserverkäufer den erdenwandelnden Göttern ein Nachtlager sucht und aus jeder Tür hinausgeworfen wird, läßt Strehler dem verzweifelt Herumrennenden schließlich die Häuser davonfahren, um ihn auf das einzige zu lenken, das in Frage kommt, das mit der Laterne versehene der armen Shen-Te. Und dann fährt dieses Haus nach vorn; auf des Wasserverkäufers Rufen sehen wir ein Licht nach oben steigen; eine Petroleumlampe erscheint im kleinen Fenster, dessen Vorhang zurückweht, und ihr folgt der Kopf des Mädchens. Die Idee mit der Lampe wurde auf der Probe erfunden. Man hatte Shen-Te zuerst eine Taschenlampe in die Hand gedrückt, aber Strehler rief: »Poesia, Poesia!« Die Petroleumlampe ist schon poetisch geworden. Wer wollte sagen, daß in solcher Poesie eine Lüge steckt?

Leise im Chorus singend, fahren die Götter auf einem schmalen, von Hand unsichtbar gezogenen, sehr niederen Bühnenwagen herein: er ist mit Rasen und Blumen belegt, ein Stück Paradies in der grauen Stadt. Wir sprachen von Farben: ein andermal fahren die Götter in dem schon erwähnten Schrein aus der Versenkung herauf: diesen schmücken viermal drei Kerzen, und hier, in ihrem Devotional, tragen die Himmlischen Gewänder von funkelnder Pracht und Masken mit Bärten wie Gestalten der Peking-Oper. Wieder ein andermal hocken sie müde von den Erfahrungen des Erdenwandelns auf ihren Koffern, eine skulpturartige Gruppe des Bild gewordenen Sinns. Und zum Schluß klatschten die Zuschauer spontan, als die drei von einem aus dem Schnürboden niederfahrenden Wolkenwagen abgeholt wurden und, vorsichtig die Stangen schließend, zur Himmelfahrt einstiegen, wieder ihren leisen Chorus anstimmten und bei vollem Bühnenlicht entschwebten.

Das waren die Götter. Wie waren die Menschen? Hier beginnt das zentrale Kapitel der modernen Regie. Und das Zentrum des Geheimnisses. Keiner der Darsteller sieht sich selbst. Er mag seine Empfindungen kontrollieren (und das ist der älteste Verfremdungseffekt), er mag, während er sich produziert, sich selber sehen – aber immer sieht der Regisseur mehr von ihm. Er weiß, ob er »drin« ist, ob er die Situation »hat«, in der er sich zeigen soll. »Einen Moment Konzentration«, sagt Strehler und schaltet zwei Minuten Stille ein, weil es das erstemal nicht geglückt ist. Wenn es auch das zweitemal nicht glückt, springt er auf, und dann ereignen sich jene Produktionen des Genies, von denen keiner etwas ahnt, wenn er, später in der Vorstellung, die Resultate der Arbeit betrachtet. Strehler geht selten auf die Bühne, um den Schauspielern direkt vorzuspielen. Vermutlich fürchtet er, sie könnten ihn kopieren. Er geht im Parkett auf und ab und spielt sich auf unbegreiflich faszinierende Weise in die Szene hinein. Dann ist er Greis und Mädchen, Prahler und Friseur, Gott und Shen-Te, Mutter und Empörer. Er spricht nicht nur den Text Brechts, er bohrt sich in eine Suada von Worten hinein, in denen überdeutlich wird, was gemeint ist; er spricht zu imaginären Partnern im Parkett; er hat die Augen halb geschlossen und greift nach nicht vorhandenen Requisiten. Er sprengt plötzlich die Szene und stürzt sich in die Interpretation, er sprudelt hervor, warum dies alles genau so wiedergegeben werden muß; immer wieder dröhnt das Wort »importanza« zur Bühne hinauf, und zuweilen folgt das Wort »fantasia«. Eine der Darstellerinnen, die in der Premiere heftig beklatscht wurde, war für den Teilnehmer an den Proben am meisten dadurch ausgezeichnet, daß sie nichts vergessen hatte, was Strehler ihr vorgespielt hatte. Aber darin liegt ja das zentrale Geheimnis: daß die Vision in den anderen Körper übergeht und diesen verwandelt.

Das Kapitel Regie ist noch lange nicht zu Ende. Nun müßte gezeigt werden, wie Strehler es anfaßt, daß in einer Szene die ganze menschliche Situation ausgekostet wird, die Verzweiflung oder der Haß, die Sehnsucht oder das Glück des Augenblicks, und wie dann immer gleichzeitig die Idee des Stücks darübergehalten wird, wie dadurch »Stil« entsteht, und wie dieser Stil am ehesten vergleichbar ist mit Musik. Was ein Andante als Satz-Vorschrift in einer Mozart-Sonate bedeutet, das schwebt Strehler als Szenenvorschrift vor. Wenn er zu einem der Darsteller sagt: Nimm den Ton ein wenig höher, so heißt das, daß nun die Melodie aus den Worten aufsteigen muß, und es ist unbeschreiblich, wie in diesem Verfahren die Songs aus dem Text heraus geboren werden: in einem bestimmten Moment – und an keinem anderen wäre es ebenso möglich – wird eine Reaktion erreicht, die den Schauspieler ebenso wie den Zuschauer aufschreckt; hier reißt plötzlich der Vordergrund auf, und das Hintergründige wird sichtbar; wie aus einem Film, der angehalten worden ist, tritt der Darsteller heraus, meist ist es Shen-Te, die dann an der Rampe steht, und es sind unsere Worte, die sie spricht, unsere ungesprochenen Empfindungen:

> Wenn in einer Stadt ein Unrecht geschieht,
> Muß ein Aufruhr sein,
> Und wo kein Aufruhr ist,

Da ist es besser, daß die Stadt untergeht
Durch ein Feuer, bevor es Nacht wird!

Nach Brechts Theorie (die er selbst, wie seine späten Schriften zeigen, unablässig revidiert hat) müßte in diesen Momenten der Schauspieler neben die Rolle treten. Bei Strehler tritt er, sich steigernd, über sie. Er erspart ihm nichts an Einfühlung, ja, er verlangt die Essenz der Gefühle von ihm. Es ist das, was ich »konzentrisches Theater« nenne, Wahrheit und Form zugleich.

So werden die Personen aufeinander zugeführt und in Gruppen postiert, die zugleich die Wahrheit des Ausdrucks und die schöne Form von Bildern aufweisen. Die Hochzeitsgäste am langen Tisch zum Beispiel, trostlos hockend, weil der eine wichtige Gast nicht kommt – ihr Aufhorchen, wenn sich draußen Schritte melden, die sich nähern und vorübergehen, ihr Zurücksacken in die Apathie. Oft hört man die Neuankommenden schon von weither in die Szene hereinstapfen, ehe sie erscheinen, oft scheinen sie eben lautlos um die Ecke zu biegen, so wie Shen-Te nach der Liebesnacht, den Reis-Eimer mit den Armen schlenkernd und den Blick in den siebenten Himmel gerichtet.

Zum Schluß ist noch eines zu sagen: Der hier geschilderte Regie-Stil kann nur als Beispiel gelten, als ein Beispiel, das auf Brecht bezogen ist. Andere Stücke inszeniert der moderne Regisseur anders. Er bekennt sich zur Idee des Musée imaginaire, ohne die wir auf der Bühne keine Klassiker spielen könnten. Es gibt den Stil des Sophokles und des Calderón, den Stil Shakespeares und den der Commedia dell'arte, den Stil Ibsens und den Pirandellos, den Stil Tschechows und den Brechts. Diesen allen hat Giorgio Strehler in hundert Inszenierungen den imaginären Tribut gezollt. Anders als die Regie-Tyrannen von vorgestern, welche die Stücke mißbrauchten, um sich selbst in Szene zu setzen, huldigt er dem Stil der Dichter, deren Stücke er inszeniert. Mit einer Einschränkung: daß er nämlich jeweils das Zentrum dieses Stils sucht, um es in die Vision des Theaters zu übersetzen, seines Theaters, des Piccolo Teatro, in welchem mehr als irgendwo anders die tabula rasa der Szene am Anfang steht und mit der nachschöpferischen Inspiration des Regisseurs in eine Welt verwandelt werden muß. In die Welt der Bühne, um derentwillen nach Hofmannsthal der große Dramatiker (und der größte, Shakespeare, zumal) seinen Text »inkomplett« aufzeichnet: denn auch dem Szeniker ist Freiheit überlassen, die Freiheit eines Genies, wie es Strehler besitzt.

Herbert Ihering
Eine dichterische Parabel am Kreuzpunkt des epischen Theaters

(zur Berliner Aufführung 1967)

Boleslav Barlogs Schloßparktheater gibt jetzt auch Brechts Parabelstück *Der gute Mensch von Sezuan*. Ich glaube, ich habe diese Dichtung von Brecht am häufigsten in verschiedenen Städten gesehen: in Frankfurt am Main, Hannover, in Rostock und in Brechts Ensemble am Berliner Schiffbauerdamm. Damals ging die Wirkung zuerst nicht von Berlin aus, sondern von Frankfurt am Main, wo Harry Buckwitz das Werk in den Bühnenbildern Teo Ottos inszeniert hatte. Ich will nicht Solveig Thomas in der Doppelrolle der Shen Te und des Shui Ta vergessen, nicht Otto Rouvel als Wasserverkäufer Wang, nicht Elisabeth Kuhlmann als Witwe Shin. Ich denke auch an die Inszenierung Kurt Ehrhardts in Hannover mit Rolf Boysen als dem stellungslosen Flieger Yuang Sun. Brecht selbst kannte noch die Aufführung in Frankfurt und hatte an der Rostocker Inszenierung Benno Bessons mitgearbeitet.

Die Doppelrolle der Shen Te und des Shui Ta spielte in Rostock und später im Berliner Ensemble Käthe Reichel, beide Male unter der Regie von Benno Besson, der hier in seinen Anfängen stand, bevor er die Meisterschaft seiner Inszenierungen am Deutschen Theater erreicht hatte.

Ich mußte diese anderen Aufführungen des *Guten Menschen von Sezuan* erwähnen, weil gerade diese dichterische Parabel am Kreuzpunkt des epischen Theaters steht und deshalb vielen Versuchen Raum läßt. Am Schloßparktheater führte Hans Schweikart Regie, der schon in München bei Brecht gelernt hatte. Er wußte, daß die Parabel vom guten Menschen im vorrevolutionären China, der anderen und sich gegenüber zugleich nicht gut sein kann, von hohem dichterischen Rang ist. Shen Te kann sich erst durchsetzen, wenn sie eine Maske vornimmt, die Maske der Bosheit und Rücksichtslosigkeit, die Maske des Herrn Shui Ta. Das Freudenmädchen Shen Te nimmt als einzige in Sezuan die Götter bei sich auf. Verwandte und klatschende Nachbarn übervölkern den Tabakladen, den sie jetzt kaufen kann. Ihre Existenz wäre vernichtet, wenn sie nun nicht als ihr eigener böser Vetter Shui Ta erschiene und aufräumte. Die Götter entschweben mit schönen Redensarten. Den Schluß aus dieser Situation soll der Zuschauer selbst ziehen.

Ein wirkliches Gleichnis, eine wirkliche Parabel. Hans Schweikart, der auch an der Münchener Aufführung mitgearbeitet hatte, verstand sie. Er inszenierte dichterisch. Er ließ episches Theater ohne theoretische Klausulierungen spielen. Es gab einfaches Theater ohne Zurücknahme und ohne Betonung. Hans Schweikart gehört zu den Regisseuren, die schon früh Brechts Stücke kannten und akustisch und mimisch spürten, wie sie gespielt werden müßten. Daraus aber entwickelte er keine Theorie, sondern praktische Leistung. Es ist eine Freude für das Schloßparktheater, Hans Schweikart wieder nach Berlin geholt zu haben. Er ließ Luitgard Im einfach und zurückhaltend die Hauptrolle spielen. Einige kleine Variationen wären allerdings möglich gewesen. Ich erwähne gern die anderen Rollen, auch den Wasserverkäufer Klaus Herms, vergesse dabei allerdings nicht Otto Rouvel und Joachim Teege. Ich brauche nicht den Flieger Jürgen Thormanns, nicht die drei Götter Friedrich Bauschultes, Klaus Miedels, Kurt Buechelers zu vergessen, nicht Gudrun Genest als die Mutter des Fliegers, vor allem nicht Charlotte Joeres als Witwe Shin, nicht Elsa Wagner als Frau des Teppichhändlers (Robert Müller) zu übersehen. Es war eine beispielhafte Schauspielerregie, die die Figuren künstlerisch richtig in die Bühnenbilder H. W. Lenneweits eingebaut hatte. Eins allerdings fehlte noch: die letzte dramaturgische Konzentration. Striche und vor allem szenische Zusammenfassungen würden den Erfolg noch stärken.

Ernst Schumacher
Die Wahrheit über ungute Verhältnisse

(zur Aufführung Berlin/DDR 1970)

Ein Ereignis bemerkenswerter Art: Eine Brecht-Inszenierung außerhalb des Berliner Ensembles, in der Volksbühne Berlin! Aber, wenn auch nicht geplant, in einem inneren Zusammenhang mit der letzten Inszenierung des BE, mit Büchners *Woyzeck*. Sichtbar wird die Traditionslinie des kämpferischen Humanismus in Deutschland, deutlich werden die Schwierigkeiten beim *Schreiben der Wahrheit über ungute Verhältnisse*. Begreiflich wird einer neuen Generation, daß auch sie gefordert bleibt, dem realen Humanismus allerorts zum vollen Sieg zu verhelfen. Woyzeck, »der gute Mensch«, wird, wenn er handelt, zum Untäter an seinesgleichen. 100 Jahre später wandelt Brecht im *Guten Menschen von Sezuan* die Problematik ab: Shen Te kann zu anderen und zu sich nur gut sein, wenn sie gleichzeitig böse ist. Woyzeck gibt gegenüber seinem Hauptmann zu, daß er keine Moral und keine Tugend habe – er gehört zu den Armen. Er sieht sich *für ewig* aus dem *Reich der Freiheit* ausgeschlossen, von dem sein Doktor so hochsinnig spricht. Brecht verschärft die Bestimmung. Er weist parabolisch nach: Auch wer reich ist, kann weder moralisch noch tugendhaft sein. Die Götter machen Shen Te ein Geschenk, das ihr ermöglicht, sich freizukaufen von der käuflichen Liebe. Sie geben damit nicht nur ihr, sondern auch sich selber *Kredit:* zumindest der, der die *goldene Pforte* durchschritten hat, soll nicht nur *Mensch*, sondern auch *menschlich* sein können. Die Gesellschaftsordnung kann bleiben wie sie ist, wenn es nur einem gelingt, darin gut zu sein.

Aber selbst diese *Vor-Gabe* reicht zu dem Nachweis nicht aus. Wenn Shen Te dem *Trieb des Herzens* folgt, schlagen die Folgen auf sie zurück. Hilft sie ihren Verwandten, so bringt sie sich um Hab und Gut. Die Selbsterhaltung schließt also Nächstenliebe aus; aber sie schließt nicht einmal Selbstliebe ein. Denn wenn Shen Te ihrem Geliebten helfen will, wieder zu fliegen, muß sie selbst wieder auf den Strich gehen. Soll ihr zu erwartender Sohn nicht vor die Hunde gehen, muß sie anderen an die Gurgel greifen. Glückhaben fällt in Glück und Haben unerbittlich auseinander. Es genügt keineswegs, sich *nach Bedarf* in einen Wolf zu verwandeln, nein, nötig ist die ständige *Wolfs-Natur*. Woyzeck sticht die »Zickwölfin« tot. Shen Te muß in sich die reißende Wölfin nähren, um Mutter sein zu können. Den Göttern bleibt angesichts dieser Wirklichkeit nichts übrig, als sich in das Nichts zu verflüchtigen: ihre Moral erweist sich als *nichtsnutzig*. Auch wenn die Folgerung nicht unmittelbar ausgesprochen wird, ist es klar: eine Welt, in der nicht einer, weder zu den anderen noch zu sich selber, gut sein kann, ist wert, daß sie *zugrunde* gehe. Menschlichkeit ist erst dort möglich, wo dieses *geordnete Chaos* beseitigt [ist]. Wissen also, wie es *auf der Welt* zugeht, wissen, *wo die Welt hingeht* – wahrhaftig, die Brechtsche Parabel ist durchaus aktuell.

Benno Besson hat das Stück jetzt zum drittenmal inszeniert. Das erstemal setzte er die Parabel im Volkstheater Rostock, im letzten Lebensjahr Brechts, in Szene, das zweitemal im Oktober 1957 im Berliner Ensemble, beide Male mit Käthe Reichel in der Hauptrolle. Beim dritten Male bot er die »goldene Legende«, die *Sage* vom Es-war-einmal, als durchaus *aktuale Aussage*. Die Lösung: Er machte entschieden Theater. Ausgehend davon, daß das Sezuan Brechts kein bestimmter Ort ist, sondern für alle Orte steht, an denen Ausbeutung herrscht, verzichtete er nicht nur auf jegliche Chinoiserie, sondern ließ sich durch Achim Freyer einen Bühnenrahmen schaffen, der diese *elende Welt* mit dem *Abglanz des Wohlstandes* und der *Schein-Heiligkeit der Wohlanständigkeit* überziehen läßt. Mit Hilfe von Plastefolien an Seiten und Decke der Bühne schuf Freyer gleichsam eine Kunststoffwelt und vertrieb damit jede Form des Exotismus. Auf die Bühne stellte Freyer ein dreifach gestuftes Treppengerüst, das die »loca«, die Spielstände mit Vorhängen der mittelalterlichen Passionsbühne, ins Vertikale hob. Zur Aktualisierung setzte Freyer pop-artistische Mittel ein. Wang, der Wasserverkäufer, der die Götter an Shen Te vermittelt und an ihre Moral zu glauben bereit ist, haust nicht in einem Kanalloch, sondern in einem Schrottauto. Träumt er von den Göttern, wird die Bühne in magisches Licht getaucht.

Noch wichtiger aber, um den verallgemeinernden Charakter der Parabel anschaulich zu machen, ist die durchgängige Verwendung von Masken. Shen Te, ihre Verwandten, die einfachen Leute, tragen durchsichtige bewegungsfähige Gesichtsmasken, die Mund und Nase freilassen. Die Masken sind mit Perücken verbunden. Wenn Shen Te, von Wang um die Beherbergung der Götter angegangen, zum ersten Male sichtbar wird, taucht nur ihr Kopf aus der Versenkung auf. Ihre Maske zeigt ein weißes, übernächtigtes Aussehen, die roten Haare fallen struppig herab. Auch nachher bleibt ihr Gesicht bäuerisch, derb, frei von jeder Glätte. Wenn sie den bösen Vetter Shui Ta spielt, wirkt ihre Maske durch eine dunkle Brille noch kalkiger. Die gröbste, zerschlissenste Maske erhält Wang.

Zur Charakterisierung der Vertreter der Mittelklasse und der Götter treiben Regisseur und Bühnenbildner die Verfremdung wesentlich weiter. Der Barbier, die Hausbesitzerin, der Polizist, die Götter erhalten starre Kopfmasken, ihre Kostüme, ihre Glieder sind popanzmäßig ausgestopft. Der erste Gott ist überdimensional dick, der dritte außergewöhnlich groß. Auf den glänzenden rosigen Gesichtern liegt ein gleichbleibender Unheiligenschein – joviale Dunkelmänner, die nach und nach abgebaut werden; zu Gericht sitzen sie bereits mit durchlöcherten Schädeln. (Wie sie dergestalt unerkannt unter den Menschen wandeln können sollen, ist damit freilich verunklart.)

Diese *Vermummung* und *Verpuppung* erweist sich als ungemein theatergemäß, macht nicht nur die soziale Gebundenheit der Figuren augenfällig, sondern ermöglicht den Schauspielern, ihre künstlerische Originalität zu bezeigen. Da sich die Schauspieler nicht auf ihr gewöhnliches Image verlassen können, müssen sie nach ausweisenden Gesten zur Figur und entsprechenden Sprechweisen suchen. Die Wirkung ist frappierend. Das Individuelle wird keineswegs zerstört, sondern kommt erst richtig zur Geltung. Gleichzeitig ist das Zufällige in einer größeren Verbindlichkeit aufgehoben. Besson verstand es, die Schauspieler vielfältige Mittel zur Charakterisierung entwickeln zu lassen. Shen Te, in einem blauweiß quergestreiften Kleid steckend, auf dem Kopf eine blaue Baskenmütze, ist von frischer Natürlichkeit, Naivität, Unmittelbarkeit (auch wenn dabei manchmal etwas laut); Zärtlichkeit gegenüber dem Geliebten und ihrem erwarteten Sohn bringt sie ohne Übertreibung (freilich auch nicht sehr innig). Man merkt, diese junge Frau hätte das Zeug zu etwas anderem: statt *Engel der Vorstädte* wäre sie besser eine resolute Stadtverordnete.

Als Shui Ta ist sie von schroffer Unverbindlichkeit, stelzt und spreizt sich und zeigt dabei, daß sie an Händen und Füßen durch *goldene Fesseln* gebunden ist, die sie anderen als *eiserne Fesseln* weiterreicht. Aber sie zeigt auch Dialektik. Je mehr sie Erfolg hat als Ausbeuterin, um so mehr ist sie geschafft, je mehr sie sich stark macht, um so offener tritt ihre Schwachheit hervor. Es ist große Verzweiflung, als sie sich den Göttern verraten hat, daß sie, um Shen Te sein zu können, Shui Ta spielen mußte, und die Götter sie verraten, indem sie sich davonmachen. Nicht eine Kreatur, nein, *ein Mensch* ruft hier um Hilfe. Auffälliger noch als bei Frau Karusseit schlägt die Verfremdung bei anderen Schauspielern zu Gestalt. Rolf Ludwig ist durch die Maske, die ihm ein etwas ruppiges, verbiestertes Aussehen gibt, nicht nur angehalten, sondern gehalten, den stellungslosen Flieger Yang Sun, in den sich Shen Te verliebt, streng, diszipliniert, hochnäsig, weil unglücklich, gleichsam von *eisernem Egoismus*, zu geben. Das »Lied vom Sankt Nimmerleinstag«, dem Tag, an dem die Welt von *unten nach oben gekehrt* sein wird, ist wohl selten so verzweifelt und gleichzeitig herausfordernd vorgetragen worden, wie durch Ludwig. Der Falke, der nicht fliegen darf, hat wohl kaum eine stärkere gestische Gestaltung gefunden, als in dieser Inszenierung. Die Darstellung der Figur verliert etwas an Eindringlichkeit, wenn er sich zum cleveren Manager des Shui Ta emporgeschuftet hat; bis auf die kurze gemeinsame Erinnerung an den Regen und den ersten Abend ihrer Liebe gibt Ludwig hier die gleichsam verschüttete Figur des früheren Sun ziemlich preis. Trotzdem ist seine Leistung insgesamt von tragender Wirkung.

Sehr schwer macht es Besson dem Darsteller des Barbiers Hans Teuscher. Die an sich schon bös übertreibende Maske des geschniegelten Barbiers muß von Teuscher nochmals der Lächerlichkeit preisgegeben werden, indem er lispelt und in hohen Tönen *Süßholz raspelt*. Das wirkt in den ersten Momenten überaus lustig, bedarf aber dann in der ständigen Variation der Verfeinerung bis in die Nuance. Teuscher macht es möglich, indem er vor allem die Körpersprache zielbewußt einsetzt, so, wenn er auf einem Beinchen wippend, über seine Wohlanständigkeit räsoniert. Auch Marianne Wünscher kommt als Hausbesitzerin die Verpuppung in *ungeheueres Fleisch* sehr zu pass. Schon durch die Körperfülle ist sie immer »Da«. Demgegenüber fand Thomas Weisgerber als Polizist in der Premiere zu der bis zur Groteske vorangetriebenen Aufmachung (ein übergroßes sanguinisches Biedermannsgesicht mit martialischem Schnurrbart, Fleischerpratzen statt Händen) eine durchaus angemessene große Gestik, noch nicht aber einen entsprechenden Sprachstil.

Auch den Darstellern der Götter Carl-Hermann Risse, Winfried Wagner und Werner Senftleben kam die Verpuppung sehr zugute. Ihre schönen Reden erwiesen sich als angemessen *hohlköpfig* oder als hohle Bauchrednerei. Zu Entdeckungen führte die Spielweise, auch bei allen anderen Schauspielern, da sie ihre Ausdrucksmittel ganz neu organisieren mußten. Am auffälligsten und amüsantesten geschah das für mich bei Gisela Morgen als resolute Mutter Yang, die sich als wilde, sich um keinen Preis die Anpassung versagende Kleinbürgerin gibt, und bei Susanne Düllmann als Witwe Shin, die das äußere Aussehen einer Elster, mit dem bösen Ton der Ratschkattl und dem spitzen Ton der Besserwisserin zu verbinden wußte; auch Steffi Spira als Teppichhändlerin und Elfriede Florin als Frau, gewannen gerade dadurch, daß sie sich dieser gestischen Spielweise einfügten, an Profil. *Altgardisten der Volksbühne* wie Albert Garbe als Mann und Peter Marx als Tischler wirkten auf einmal ganz neu. Im Prinzip gilt das für alle anderen Darsteller, die hier nicht mehr erwähnt werden können. Es sei hier lediglich noch hervorgehoben, daß Willi Narloch als Wasserverkäufer im Umgang mit den Göttern überzeugender wirkte als im Umgang mit Menschen. Es gab ungemein sinnenfällige und sinngemäße Bilder. Als Höhepunkte betrachte ich, wenn Sun dem Barbier vormacht, was sexuelle Hörigkeit einer Frau ist; wenn Shui Ta, Sun, der Friseur und die Hausbesitzerin, obwohl ihre Interessen über Kreuz liegen, scheinbar idyllisch an Monsterzigarren schmauchen, schließlich, wenn sich die Götter aus dieser schwierigen Welt absetzen und körperlos als bloße Schemen wie daoistische Geister nach oben entschweben. Kein einziges Bild ist nach einem Bild-Vorbild gemacht. Am stärksten springt ins Auge das »Tabakfabrik«-Bild: die Arbeitenden sind überhaupt nicht zu sehen, wohl aber ihr Antreiber. »Das Lied vom achten Elefanten« wird von den Darstellern sozusagen mit vorgehaltener Hand nebenbei gesungen, indem einige der Sklaven ihre Köpfe durch den Vorhang stecken, während Sun selbst die letzte Strophe auf große Weise übernimmt. Bemerkenswert ist auch, daß Besson den demonstrativen Vortrag der Songs, Lieder und Makamen einschränkte. Die Musik von Paul Dessau wurde von Henry

Krtschill inszenierungsgemäß dargeboten. Diese Aufführung, fast 13 Jahre nach der Erstaufführung im BE, machte deutlich, wie Brecht frisch und originell gesehen werden kann. Sie erneuerte den Wunsch, Brecht im Theater Berlins überhaupt wiederzuentdecken. Sie macht auf bezwingende Weise anschaulich, daß das Theater eine durchaus zeitgemäße, Phantasie benötigende und Phantasie hervorbringende Form der Kunst ist, die durch nichts ersetzt werden kann.

Manfred Wekwerth
Der gute Mensch 1976

1. Selbstinterview zur Züricher Aufführung

Warum heute ein Stück über Götter?

Ist es ein Stück über Götter? Fragen der Religion interessierten Brecht auffallend wenig. In seinen Keuner-Geschichten läßt er Herrn K. auf die Frage, ob es einen Gott gäbe, antworten: Wenn Sie die Frage stellen, brauchen Sie anscheinend einen. Er zitierte auch gern Feuerbach: Der Mensch schuf Gott nach seinem Ebenbild. Dennoch beantwortete er 1926 eine Zeitungsumfrage nach dem am meisten beeindruckenden Buch: Sie werden lachen, die Bibel. Er sprach auch oft von der materialistischen Weisheit zum Beispiel des Buches Hiob. Kühnheit des Realismus und der Widersprüche in den biblischen Geschichten beeindruckten ihn so, daß er kein Stück schrieb, in dem nicht mindestens ein Bibelzitat vorkommt. Denken Sie an *Puntila,* der auf dem Aquavit wandelt und sich auf jenen beruft, der über das Wasser ging. Selbst in der *Heiligen Johanna der Schlachthöfe* war es weniger der Glaube an die Religion, der Brecht interessierte. So wirkt der Stoßtrupp der Heilsarmee geradezu irdisch gegenüber den Maklern der Börse und ihren kultischen Handbewegungen. Ihnen billigt Brecht einen echten Glauben ans Unergründliche zu: an Hausse und Baisse.

Der *Gute Mensch von Sezuan* ist ein Stück mit Göttern, nicht über Götter, wie Rabelais' *Gargantua* kein Roman über Riesen ist, sondern über Menschen.

Gut. Aber das Personenverzeichnis nennt drei Götter. Wenn sie nicht die Frage nach dem Christentum, dem Islam, dem Buddhismus usw. stellen, welche Fragen stellen sie dann? Ziemlich alltägliche. Solche, vor denen auch heute Leute stehen, die die Wahrheit auf kulturvolle Weise nicht zu sagen wünschen. Nehmen Sie die altbekannte Tatsache der Wirtschaftskrise. Es ist Ökonomen und Politikern so ziemlich klar, daß es sich um die schwerste Krise handelt, die es je gegeben hat.

Wenn man nun aber dieser altbekannten Tatsache einen neuen Namen gibt – sagen wir »Talsohle« –, so ändert das in Wirklichkeit nichts, aber die Wirkung ist enorm: Wer in einer Talsohle ist, hat den Tiefpunkt schon erreicht und kann eigentlich nur wieder aufsteigen. Außerdem weist der Zusatz »Sohle« darauf hin, daß unaufhörlich gegangen wird.

Solche Kunst, Glaubhaftes zu sagen, ohne sich der Wahrheit allzusehr zu nähern, aber auch, ohne sich von der Wahrheit völlig zu entfernen, nannte Brecht die »Kunst der Tuis«. Tuis sind Leute, die ihren Intellekt an Obere vermieten, damit die Oberen obenbleiben und die Unteren dies möglichst wünschen, vor allem, wenn es eigentlich ihren Interessen widerspricht. Der »Tuismus« hat Brecht schon seit den zwanziger Jahren beschäftigt. In einem frühen Roman taucht der Name »Tui« zuerst auf (er setzt sich übrigens aus Tellekt-Uell-In zusammen). In seinem letzten Stück *Turandot oder der Kongreß der Weißwäscher* erhalten die Tuis noch einmal vom Kaiser von China eine große Aufgabe: Sie sollen öffentlich erklären, warum die Baumwolle, die das Volk dringend braucht, völlig vom Markt verschwunden ist. Die Wahrheit ist einfach: Der Kaiser von China selbst ist der größte Baumwollproduzent und hält als solcher die Baumwolle vom Markt zurück, damit die Preise in die Höhe gehen. Die Tuis müssen nun dem beunruhigten Volk das Verschwinden der Baumwolle glaubhaft machen, ohne die Wahrheit zu sagen, aber auch ohne sie völlig zu verschweigen. Hier ist die Kunst des Weg-Formulierens, des Weg-Definierens, des Ins-Abseits-Argumentierens, des Nicht-zur-Kenntnis-Nehmens, des Appellierens, des Opfer-Verlangens, des Tugend-Forderns, kurz: des schönen Scheins nötig, jene Kunst, mit der man den Kopfstand der Verhältnisse (von Marx sehr schön »camera obscura« genannt) zum allgemeinen Normalverhalten erklärt und jeden der Unvernunft und Unmoral bezichtigt, der auf Füßen geht.

Also sind die Götter eigentlich Tuis?

Nein, es sind Götter, wie Sie schon daran ersehen, daß sie am Ende in den Himmel fahren, der allerdings ein Theaterhimmel ist. Mit Tuis ging Brecht sehr ungnädig um, er machte sie für vieles verantwortlich, zum Beispiel für die »Kultivierung« der Nazibarbarei. Mit den Göttern von Sezuan geht er versöhnlicher um, obwohl sie ebenso Unrecht haben wie die Tuis.

Sie wollen also Realismus, selbst für Götter? Wie macht man das? Kennen Sie welche?

Schon. Allerdings weniger als Sendboten des Himmels und mehr als Verfechter des »falschen Bewußtseins« auf Erden (von dem sie sagen, daß es das einzig richtige ist).

Verliert man nicht den ästhetischen Reiz? Der *Gute Mensch von Sezuan* ist schließlich eine Parabel.

Ist eine Parabel unkonkret? Oder ist das Konkrete nur anders montiert? Ich habe eigentlich nie verstanden, wieso man gerade dieses Stück von Brecht, das von der Konkretheit und Genauigkeit des Verhaltens kleiner Leute in kleinsten Verhältnissen lebt, aufbauscht als sei es *Faust II* (womit ich nicht sagen will, daß man *Faust II* aufbauschen soll). Ich hatte oft den Eindruck, man leite die ästhetischen Mittel nicht von den Menschen im Stück ab, sondern von den Göttern. Sogar das Bühnenbild hatte die Aura des Unergründlichen. Masken, die von vornherein Asoziale typisieren, und Haltungen, die unwiderruflich deformieren, schienen die Menschen unentrinnbar dem Schicksal auszuliefern. Natürlich war das nicht ohne Wirkung, aber ist es eine richtige Wirkung? Brecht wollte zeigen, daß die armen Leute nicht hauptsächlich schlecht, sondern hauptsächlich arm sind, kurz: änderbar.

Theorien. Gibt das etwas für die Inszenierung?

Ich hoffe. Und ich hoffe, nicht nur etwas, was noch nie einer vorher gemacht hat (das reicht ja heute für Regisseure oft schon aus). Ich gebe zu, »reale« Götter sah ich vor kurzem in einer finnischen Inszenierung des *Guten Menschen von Sezuan*, die der begabte Regisseur Ralf Lombaka gemacht hat. Seine Götter erschienen nicht in Träumen, sondern in Wirklichkeit, um sich an der Wirklichkeit um so mehr zu stoßen. Ich versuche, noch einen Schritt weiterzugehen: Wer die Wirklichkeit leugnet, muß sie sehr gut kennen. Wir versuchen, die Götter in jeder Weise zu realen Zuschauern der Wirklichkeit (und der Bühne) zu machen, auch in der Haltung von Beobachtern, die zwar alles sehen, sich aber aus dem Geschehen (auch der Bühne) möglichst heraushalten.

Es sind in jedem Sinne Zuschauer, die dennoch nicht vermeiden können, daß sich ihre Gebote hart an der Wirklichkeit stoßen. Das verlangt allerdings, diese Wirklichkeit nicht nebulös, sondern möglichst real zu zeigen: in ihrer konkreten Widersprüchlichkeit. Nicht die Götter bestimmen, wie die Welt (auch die Bühnenwelt) auszusehen hat, sondern sie werden mit der Realität konfrontiert. Also kein Märchenspiel, in dem das Auftreten von Göttern geradezu erwartet wird, sondern eine Welt, Menschen und eine Bühne, in der das Erscheinen von Göttern eigentlich absurd erscheinen sollte. Von hier könnte das Stück viele Komödienzüge bekommen, die Brecht – nach meiner Meinung – beabsichtigte. Auch bei noch so genauem Hinsehen kann ich nicht entdecken, wo in diesem Stück das larmoyante Klagelied über den Mangel an Güte in dieser Welt gesungen wird. Die Heiterkeit der Fragestellung: Was würde geschehen, wenn heute plötzlich Götter auf dem Markt erschienen? bestimmt die wirkliche Freundlichkeit des Stücks. Sie läßt uns die Welt neu sehen und heiter wie nachdenklich nach ihrer Änderbarkeit fragen.

Dennoch: Es wird Armut gezeigt. Was ist komisch an der Armut?

Daß sie eigentlich unnatürlich ist. Daß es eigentlich normal sein sollte, zu anderen freundlich zu sein und dafür die Mittel zu haben. Daß es eigentlich keiner besonderen Tugenden, Opfer, Anstrengungen bedürfen sollte, um das Einfachste der Welt zu machen: Zu sich und anderen Menschen menschlich zu sein. Die Verhältnisse aber machen aus dem Normalen das Anormale, aus dem Naheliegenden das Abwegige, aus dem Vernünftigen das Verrückte: So reden denn auch die Bekannten der Shen Te auf sie ein, endlich zur Besinnung zu kommen und ihre Verrücktheiten zu unterlassen und sich dem »normalen« Gang der Geschäfte zu unterwerfen. Und sie tun das im Brustton tiefster Überzeugung und Moral: Ist das nicht komisch? (Ohne daß es aufhört, ernst, ja für manche sehr ernst zu sein.)

Wenn man in einer solchen Welt, wo der einzelne seiner Jahre Zahl damit herumbringt, den »Platz an der Sonne« zu erkämpfen, den ein anderer längst besetzt hat, Sprüche empfiehlt wie »Liebe deinen Nächsten wie dich selbst«, so ist das nicht nur riskant, sondern auch komisch. Was sollen zum Beispiel zwei Bewerber um ein und denselben Arbeitsplatz mit dem – an sich schönen – Vorsatz: »Der brave Mann denkt an sich selbst zuletzt?« Und für einen Arbeitslosen dürfte es nicht unkomisch sein, wenn man ihm rät: »Seid fleißig und mehret euch«. Aber auch der Makler, der im Schweiße seines Angesichts an der Börse versucht, dem anderen den kleinen Vorteil abzuringen, soll er an das Gebot denken: »Du sollst nicht begehren deines Nächsten Hab und Gut«? Und doch denkt er daran, zum Beispiel zu Haus, nach getaner Arbeit. Oder wenn er seine Kinder erzieht. Oder wenn er eine Trauerrede hält. Oder im Theater. Hier möchte er wirklich sehen, was er in Wirklichkeit strikt vermeidet: daß Unvereinbares sich vereint. Dafür

Schauspielhaus Zürich 1976   Inszenierung Manfred Wekwerth
Foto Leonard Zubler

gibt es auch eine Faustregel: »Gib Gott, was Gottes ist, und gib dem Kaiser, was des Kaisers ist.«

Also ein Doppelleben? Also ist die Erfindung Brechts, einen Menschen in Shen Te und Shui Ta zu spalten, gar nicht an den Haaren herbeigezogen? Also ist es gar nicht so sicher, daß das Stück – wie viele Theaterleute behaupten – konstruiert und insofern antiquiert ist?

Ich habe nichts gegen Konstruktionen auf dem Theater, wenn sie unterhaltsam sind und zu Entdeckungen führen, die sonst durch Gewohnheiten entzogen werden. Dieses »Doppelleben«, wie Sie es nennen (man könnte auch Entfremdung von sich selbst sagen), wird nach meiner Meinung deshalb so wenig bemerkt, weil es so häufig vorkommt. Ja, es ist der Versuch einer bestimmten Realität, sich selbst an den Haaren aus dem Wasser zu ziehen. Ist das antiquiert?

Also unkritische Bejahung von Brecht?

Das geht eigentlich nicht. Bejahung von Brecht heißt Bejahung der kritischen Haltung, die Brecht besonders auch gegen sich selbst einnahm. Ich glaube, ohne das ist Brecht überhaupt nicht zu verstehen.

Und wo wäre nun Ihre brechtische Kritik an Brecht?

Jedes Inszenieren eines Stückes ist – nach Brechts Methode – ein Kritisieren des Stückes. Brecht sprach sogar davon, ein Stück inszenierend »in die Krise zu bringen«.

Tatsächlich lädt das Stück, unkritisch betrachtet, zu einigen Irrtümern ein. Brecht selbst hat das Stück nie inszeniert, und insofern war es für ihn noch nicht beendet. Einer dieser möglichen Irrtümer ist schon das Motto, das dem Stück vorangestellt ist: »Die Maske des Bösen«. Es ist dies ein Gedicht über eine alte japanische Maske. Die tiefen Zornesfalten betrachtend, stellt Brecht fast mitleidig fest: Wie anstrengend ist es doch, böse zu sein.

Unkritisch übertrugen nun viele Regisseure dieses metaphorisch gemeinte Gedicht auf die Spielweise des Stücks: Shui Ta wurde – in der Maske voll Zornesfalten und Anstrengung – zur Inkarnation des Bösen, Shen Te – weltfremd und zerbrechlich – zur Inkarnation des Guten. Die Moral des Stückes wurde plausibel: Werdet wie Shen Te, meidet es, Shui Ta zu sein. (Womit man glücklicherweise bei Forderungen der Götter angekommen war.)

Weder kann Shen Te nur gut, noch Shui Ta nur schlecht sein: Weil es so etwas einfach nicht gibt. Das Stück wendet sich ja gerade gegen eine solche idealistische Einteilung und macht eine ganz andere: Shen Tes Güte ist die Kehrseite von Shui Tas Härte und umgekehrt. Man kann nicht das eine ohne das andere haben, jedenfalls solange die soziale Lebensweise beide Seiten jeden Tag neu produziert wie zwei Seiten einer Münze. Wenn ich das Stück richtig verstehe, schlägt es ja gerade vor, diese illusorische Einteilung in Gut und Böse, die ja auch die Götter vornehmen, zu ersetzen durch die viel realere: in Besitzende und Nichtbesitzende. Und es kann durchaus für einen Besitzenden gut sein, was für die Nichtbesitzenden gar nicht gut ist und umgekehrt.

So heißt der *Gute Mensch von Sezuan* gar nicht Shen Te?

»Der« gute Mensch ist eine Erfindung der Götter. Die Götter übersehen großzügig, daß ja Shen Te und Shui Ta ein und dieselbe Person sind (Regisseure sollten dies nicht so großzügig übersehen). Shen Te verwendet die Erfahrungen der Gosse, um sich der Gosse zu erwehren. Ihre völlige Besitzlosigkeit lehrte sie, die Besitzenden mit ihren eigenen Waffen zu schlagen. Ohne ihre schmerzliche Kenntnis der Unterdrückung könnte sie nicht jemanden spielen, der andere schmerzlich unterdrückt. Es ist Shen Te, die im Schweiße ihres Angesichts Shui Ta hervorbringt.

Also ist es anstrengend, gut zu sein?

Mindestens ist das für die Spielweise ein besserer Ausgangspunkt als das Gedicht von der Maske des Bösen.

Shen Te ist also kein guter Mensch?

Brecht sagt in seinen Notizen: Bevor Shen Te ein guter Mensch ist, ist sie ein Mensch (und ich glaube, gerade deswegen mochte er sie von allen seinen Bühnenfiguren so sehr). Sie will nichts Besonderes: Sie will sein, wie sie ist. Aber ihre Umwelt macht schon das zu einem »Verbrechen«. Sie ist nicht gut, weil sie zerbrechlich ist oder weltfremd, sondern weil sie es schön findet, freundlich zu sein. Gerade weil sie mit beiden Füßen auf der Erde steht, mag sie es, zu dieser Erde gut zu sein. Nicht weil sie lebensfremd ist, hilft sie anderen, sondern, weil sie das Leben mag: Es macht ihr einfach Spaß. Sie muß sich nicht selbst vergessen, wenn sie Obdach gewährt, sie denkt auch an sich, da sie es gern tut. Sie leistet sich etwas Normales, was allerdings in einer Welt als Luxus erscheint, die selbst nicht normal ist. Und dieser Luxus wird nur dem gewährt, der ihn bezahlen kann. Es sind die ureigensten Bedürfnisse der Shen Te (und wie schön, da menschlich sind diese Bedürfnisse!), die nach dem Shui Ta verlangen.

Shen Te ist nicht »der« gute Mensch von Sezuan, sie ist ein Mensch in Zeiten, wo Menschliches als unvernünftig gilt. Sollten wir sie verdammen, wenn sie sich, um ein wenig menschlich zu bleiben, der Unvernunft anpaßt? Wird sie wirklich durch Anpassung zum Verbrecher, wie einige Regisseure meinen? Oder ist es nicht einfach zu viel verlangt, daß jemand, um menschlich zu sein, unmenschlich kämpfen muß? Wie viele müßte man sonst verdammen, die eigentlich Verdammte sind.

Und Shui Ta? Ist er nicht böse?

Vom Standpunkt des Systems, das ihn hervorbringt, ist er – gemessen am »Leichtsinn« der Shen Te – nicht böse, sondern vernünftig (allerdings sei es uns gestattet, diese Art Vernunft zu bezweifeln). Da sich Shui Ta immer in Übereinstimmung mit Gesetz und Ordnung befindet, muß er keineswegs so angestrengt sein wie die Maske des Bösen. Er kann sich – übereinstimmend mit den Verhältnissen – Gelassenheit leisten: Wie naheliegend ist es, wie Shui Ta zu sein! Es ist eigentlich ein Normalverhalten, da es so viele einnehmen. Und wenn die hartnäckige, obdachlose Familie den Laden nicht verlassen will, wenn auch keine Anstrengung mehr hilft, hilft die Polizei, die man höflich, elegant, gelassen und gesetzlich hereinbittet. Brecht sprach davon, daß Shui Ta der eigentliche Moralist des Stückes sei, der die Moral seiner Welt am besten kennt und befolgt. Und man sollte ihn auch so spielen, daß er in seinem System das einzig Richtige tut, solange jedenfalls, wie man das System für das einzig richtige hält.

Brecht verlegte die Vorgänge in ein legendäres China. Er erhoffte sich eine Verfremdung: In ein fremdes Milieu verlagert, sollte der Zuschauer die alltäglichen Vorgänge als unalltägliche neu entdecken. Ursprünglich spielte das Stück im Berlin der zwanziger Jahre. Wo spielt es bei Ihnen?

Mir scheint das »fremde Milieu« – das London der *Dreigroschenoper*, das Indien des *Mann ist Mann* und das China des *Guten Menschen* – heute schon wieder so bekannt zu sein, daß jene von Brecht erhoffte Überraschung nicht eintritt, da es Mode geworden ist. Als der Brecht-Vorhang, jene leicht flatternde Gardine, im Berliner Ensemble damals bei jedem Stück verwendet wurde, schaffte ihn Brecht für eine Weile ab. Er war das geworden, was er zerstören sollte: Gewohnheit.

Also spielen Sie hier und heute?

Nein. Jedes Bühnengeschehen braucht eine eigene Welt. Auch unsere Sezuan-Welt ist keine vorhandene, sondern eine erfundene: eine Großstadt in neuerer Zeit. Wenn es auch diese Stadt nicht gibt, so gibt es sicher viele solcher Städte.

Und Sie finden Ihre Konzeption richtiger als andere?

Ich finde sie eine mögliche und vielleicht möglichst richtige, wenn sie dem Publikum mit all den Gedanken, Überlegungen, Hoffnungen, Wünschen, Ahnungen ein Vergnügen bereitet, das eben nicht nur richtig, sondern vielleicht auch unterhaltend ist.

2. Aus Notaten und Aufzeichnungen

Böse als System. Anstrengend, es *nicht* zu sein. Shui Ta kann sich auf Moral berufen, die ihm Ruhe, Überlegenheit, Charme und Recht gibt.

Reis umsonst auszuteilen ist nicht falsch, sondern vor allem unmoralisch. Verdirbt die Ware Arbeitskraft.

Lob des Shui Ta als einzig vernünftige Erscheinung.

Wie es für Schmidt (wenn man ihn nicht als System in Frage stellt) eben vernünftig ist, Wirtschaft zu retten, also den Kapitalismus mit 100 Jahren Erfahrung der Arbeiterbewegung in Ordnung zu bringen (da die Gegenfrage abgeriegelt ist).

Shen Te ist nicht gut, sondern unmoralisch. Nicht, weil sie ihren Leib verkauft, sondern weil sie etwas verschenkt.

Brecht: Shui Ta   gut aussehend
                    Moralist

17. 8. 1975
Shen Te
Anstrengung gut zu sein
- Ansprachen an das Publikum: Muß sich selbst überzeugen
- weißes Hurenkostüm
- Shen Te versucht krampfhaft die Wahrheit zu sagen, welche die Götter nicht suchen
- wenn Shen Te den Morgen lobt – häßliches Licht, Opiumsüchtige, Überbleibsel der Nacht

Shui Ta
In Übereinstimmung mit Ordnung
- schnell, ohne zu überlegen
- streng moralisch
- angezogen wie Parlamentarier heute (leger – streng)
- weißes Hemd, dunkler Anzug
- Gesten mit ganzem Körper: Bereitschaft zu handeln. Er ist immer auf der Hut, da er den Hut kennt
- denkt mit ganzem Körper

Sezuan Notat
Szene 4
Shen Te entdeckt mit Entsetzen, daß sich die Hungrigen nicht mehr gegen Unrecht wehren und Wang sich sogar selbst verstümmelt, um zu einer kleinen Summe Geldes als Schmerzensgeld zu kommen. Sie verweist sie im Tone des Shui Ta. Ihr wird ange-

sichts der hoffnungslosen Verkommenheit der Unteren übel.

Frau Yang trifft sie in ihrer Verzweiflung an und berichtet von der Chance, daß Yang Sun wieder fliegen kann. Shen Te entdeckt an sich, daß sie bereit ist, dafür auch Verbrecherisches zu tun und erschrickt.

Sie bittet Frau Yang, Sun am nächsten Tag in den Laden zu schicken, damit er das Geld (das geborgte Geld und Opium) bekommt.

Notat
Gutsein und Bösesein
Zumeist sieht man in den Programmheften zum *Guten Menschen von Sezuan* ein Bild von der Maske des Bösen mit den entsprechenden Versen von Brecht: wie anstrengend es ist, böse zu sein. Das ist denn auch die Konzeption für die Spielweise des Shui Ta, aber auch – als Kontrast dazu – der Shen Te: der eine böse – die andere gut.

Die Begriffe von ›gut und böse‹, die dieser Auffassung zugrunde liegen, sind aber selbst Produkte dessen, was man zu kritisieren wünscht: es sind bürgerliche (idealistische) Begriffe. Von unserem Standpunkt (dem materialistisch-historischen) ist weder Shen Te nur gut, noch Shui Ta nur schlecht. Auch Sätze wie ›Shen Te kann nur gut sein, weil Shui Ta schlecht ist‹ oder ›Shen Te paßt sich dem Kapitalismus an und wird zur Verbrecherin‹ gehen von dem aus, was sie kritisieren wollen.

Nicht Shui Ta (der ja Shen Te *ist*) ist schlecht, sondern das System, das beide produziert: Shen Te und Shui Ta. Nur befindet sich der eine (Shui Ta) in Übereinstimmung mit dem System, während Shen Te (als Besitzlose) außerhalb steht. Die Kritik, die Brecht mit diesem Stück übt, ist eine immanente: das heißt, die Wertung vom marxistischen Standpunkt aus wird nicht hineingetragen, sondern durch Ausbreitung der system-immanenten Widersprüche beim Zuschauer provoziert. Die fehlende Antwort am Ende *ist* die Antwort nach dem Ausweg: in diesem System ist er nicht!

Die immanente Kritik an dem kapitalistischen System aber kann erhöht werden, wenn man auch die Maßstäbe benutzt, nach dem dieses kopfstehende System sich selbst beurteilt, um den Kopfstand zum Normalverhalten umzumünzen. (Hier liegen auch die Komödien-Züge.)

So gesehen muß Shui Ta als ein Ideal-Mensch gelobt werden, der sich in Übereinstimmung mit den Werten des Systems befindet: er ist (wie Brecht forderte) der eigentliche Moralist.

Geld zu vermehren ist ein – im Kapitalismus – zutiefst moralisches Verhalten, das sogar die Achtung der Öffentlichkeit einbringt (das gibt Arbeitsplätze!). Die Übereinstimmung des Shui Ta (der ja als Einheit mit Shen Te zu sehen ist, da ohne die Erfahrung der Ausgebeuteten der Ausbeuter Shui Ta nicht denkbar wäre – siehe Jegor Bulytschow, der ehemalige Kahnschlepper) gibt diesem Ruhe, Größe, Schärfe, Überlegenheit, Charme und Recht. Es ist *gut,* Geld zu bewahren und zu vermehren. Hingegen ist das Verschenken oder Verschleudern von Geld oder Reis nicht nur falsch, sondern *unmoralisch,* da es die Werte verdirbt, darunter den nötigsten: die Ware Arbeitskraft. Denn es fördert nicht die freudige Bereitschaft, sich ausbeuten zu lassen. Auch alle Ratschläge an Shen Te, nicht zu gut zu sein, kommen im Brustton der Vernunft. Die Kritik erhöht sich am System, wenn sie sich nicht ausschließlich gegen Shui Ta richtet. Im Gegenteil: ihm gilt (vom Standpunkt bürgerlicher Moral) das höchste Lob als eine Erscheinung reiner *Vernunft.* Durch diese Steigerung des Lobes wird die Kritik, so hoffe ich, gesteigert: sie trifft nicht nur eine Figur, sondern diese Art von Vernunft. Stellt man das System allerdings nicht mehr in Frage, ist dies die einzig vernünftige Haltung. Oder man stellt diese Vernunft, das System als Ganzes in Frage: Nicht ›gut‹ oder ›böse‹ ist die Alternative, sondern: für oder gegen das System.

Shen Te hingegen ist dann nicht gut, sondern unmoralisch. Nicht, weil sie ihren Leib verkauft (dies gehört als Schatten zum Licht), sondern weil sie etwas verschenkt (und dies auch noch als Gutsein gewertet wissen will). Dies kann ihr nicht gestattet werden, weder vom Bürgertum noch von uns.

Nicht ›Bösesein‹ ist anstrengend, sondern solches ›Gutsein‹. Nicht Shui Ta braucht die versteinerte Maske: er kann sich ein Gesicht leisten, das wie ein Mensch aussieht, da er Geld hat. Wenn jemand eine Maske braucht, so die Prostituierte Shen Te. Denn sie muß in ihrem Elend jenes beständige keep-smiling produzieren, das die Freier anlockt und Produktionsmittel ist.

Insofern wäre es falsch, ihr Vernünftigwerden (Anpassung an das System) als Verbrechen anstatt als Konsequenz zu zeigen. Auf dem Markte des Kapitalismus (wenn eben kein anderer Platz in Sicht ist) kommt hier jemand zur Vernunft, und wir können diese

Vernunft am besten denunzieren, wenn wir sie loben. Die Welt des Schlusses, in der ein Mensch seine Spaltung merkt (aber bereits Mittel hat, sie zu vertuschen) ist eine *heile* Welt, im Gegensatz zur Welt des Anfangs, wo eine Prostituierte sich auf Kosten anderer unerlaubt ›Güte‹ leisten will, die das Gegenteil vom Normalverhalten unter diesen Umständen sein soll.

Zu überlegen wäre, ob nicht Shen Te eine ›Maske‹ hat, die sie abnimmt, wenn sie Shui Ta wird (etwa die Lockenperücke der Nutten und die starre Schminke des keep-smiling).

Auf alle Fälle sollte sie gezeigt werden mit jener Anstrengung, die nötig ist, wenn man etwas Unerlaubtes tut: gut sein.

29. 10. 75

3. Die Götter

Sie kommen überraschend aus der realen Welt: sie sitzen im Zuschauerraum, wo sie Wang nicht erwartet. Er hatte sich vor einem Gewitter verneigt, als hinter ihm die Stimme des ersten Gottes im Parkett zu hören ist: »werden wir erwartet«.

Dann wenden sie sich in die Stadt Zürich, um andere gute Menschen zu suchen, Sezuan und Shen Te den Rücken kehrend. Zu den Zwischenspielen kommen sie immer wieder von draußen (jedesmal woandersher): sie kommen sichtlich herunter bei der Suche nach den guten Menschen. Aber ihr Herunterkommen wird konkret (nicht romantisch) gezeigt:

Sie beginnen wie Züricher Abendbürger: der eine ein Professor an der Universität für Moral, der andere ein Diplomat, der andere ein graubündener Bundesrat.

Das nächste Mal kommen sie als Kellner (Italiener), haben nur kurze Zeit, da hinten ›Taxi‹ gerufen wird. Sie sind irritiert von der realen wirklichen Welt.

Das nächste Mal sind sie zu Kellnern heruntergekommen (der erste bei Baur au lac, der andere bei Mövenpick, der andere im vorderen Sternen-Kiosk). Nur mit Mühe kann der dritte dazu gebracht werden, in die Welt zurückzugehen.

Dann kommen sie als Müllkutscher und bringen Müllsäcke. Sie flüchten schon und ruhen sich auf dem Müll aus. Sie haben die Welt satt (Ausbruch).

Das letzte Mal kommen sie als Vagabunden (Arbeitslose), die die

Polizei jagt. Sie kriechen aus dem Müll hervor, wo sie sich versteckt hatten.

Im Gericht werden sie vorgefahren. Die Richterkostüme sind Hüllen, durch die sie Arme und Kopf stecken. Auf ein Zeichen des ersten Gottes ändert sich diese Welt. Die Richterkostüme platzen, der Richtertisch fällt wie bei einem heiligen Strip-tease. Hinter dem Richtertisch war ein Altar, aus dem sich nun bei unheimlichem Licht die Götter in breiten Kostümen erheben und immer mehr wachsen. Sie werden größer und größer, die Ideologie bekommt die ihrer Falschheit angemessene Größe: sie imponiert.

Auch die übrige Welt wandelt sich für Augenblicke in eine, wie sie Götter und Moral wünschen und brauchen: ein Märchen mit Feuer und Schwert. Aus der Fassade sollten Flammen schlagen (Seide), auch der Altar sollte dampfen und brennen (Seide und Wind): hier steigen Phönixe aus der Asche. Das Ende: die Köpfe in den Wolken (unsichtbar also im Schnürboden), der Rest noch auf der Erde: die Kostüme enden in Wolken, diffus, herrlich. Ein Füllhorn öffnet sich im Zuschauerraum: Postkarten (buntgedruckt) zeigen die mild lächelnde Shen Te mit dem Textaufdruck: der GUTE Mensch von Sezuan, wie zum Erinnern. Dazu das verjazzte Terzett. Nach dem Postkartenregen: Neonlicht. Shen Te allein auf der Bühne. Eben noch warf der Himmel zu ihrer Unterstützung das Shui-Ta-Kostüm wieder herab (die Götter hatten es vorbeugend zunächst mitgenommen), da steht sie allein und ihre Peiniger stürzen sich jubelnd auf sie, sie fast verdeckend. Auch auf der Bühne erscheint auf der Projektionsfläche die bunte Postkarte des GUTEN Menschen. Verlegenheit bei den Schauspielern. Streit. Einige gehen empört. Die Darstellerin der Shen Te entschuldigt sich bei dem Publikum, nachdem man zornig das Bild mit der bunten Postkarte nach oben verwiesen hat.

Technisch sollte das Gericht so eingerichtet sein, daß die Götter bereits auf einer Art Schaukel sitzen, verdeckt von den großen Kostümen. Sie müßten unmerklich an Züge eingeklinkt werden und tatsächlich (durch Licht unterstützt) schweben. Sie sollten auch Heiligenscheine bekommen. Das Ganze müßte *gegen* das übrige Stück eine phantastische (und gekonnte) Theaterwelt setzen.

Götter – 6 Möglichkeiten
1 Abendanzüge   Intellektueller

                    Diplomat
                    Bundesrat
    ihnen wird Mantel gereicht
2   im Auto Touristen (Großbürger – nicht ironisch)
    Hemdsärmel, ziehen Reisekleidung an. Eine Kamera, Wanderkarte, Koffer, Ledertasche
3   Abgerissene Touristen (Kleinbürger)
    Rucksack aufgeschnitten,
    Kameratasche leer,
    völlig verregnet. Eine Regenpelle, eine Plane, ein Regenhut. Knüppel
4   Hippies
    Nur noch alte Hosen und Hemd. Jeans. Eine abgewetzte Fellweste, Hosen zerfranst. Barfuß. Einer mit Löffel und Eßnapf. Eine zerfetzte Umhängetasche. Bärte. Ein Stirnband. Kommen langsam. Lethargisch. Hasch.
5   Sträflinge. Einer kriecht aus Müll. Die anderen verbergen Zustand.
    Polizeipfiffe. Flüchten.
6   Als Richter hinter Schablonen

Götter – Notierung
Moralische Wertungen entfernen (sie sind schlecht)
–

Verwechslungs*komödie* mit merkwürdigem Ausgang
–

Milieuschilderungen entfernen. Schreiner
–

Götter = Kulturfunktion
Man müßte Kindern, um sie für Konkurrenz des »freien Marktes« zu ertüchtigen, sagen: Ihr sollt euch hassen, du sollst begehren deines nächsten Gut. Da das »kulturell« unstatthaft ist, mischt man sich in »Wirtschaft« (Realität) nicht ein und baut eine »Kultur« ohne sie. Sie verträgt dann eben auch keine Zusammenstöße mit Realität.

4. Aus einem Brief an den Bühnenbildner Hans-Ulrich Schmückle

... Das Modell unseres Bühnenbildes – wie ich es mir habe bei uns machen lassen aus dem ersten – bewährt sich bei der Arbeit. Es gibt aber ein paar Dinge, die ich vorschlage noch einmal zu bedenken. Vielleicht ungeordnet der Reihe nach:
– mein Vorschlag mit dem durchgehenden Müllsockel ist nicht so gut, wie ich anfangs glaubte. Er drängt sich auf, wenn er den ganzen Abend zu sehen ist. Er wird vordergründig und symbolisch. Außerdem ist er bunt. Es sollte aber nur eine Farbe im Bühnenbild sein: das Rot der Fassade. Darum mein Änderungsvorschlag: auf der rechten Seite vorn nur ein Autowrack hinzubauen, allerdings ein ziemlich vollständiges. (Eventuell sollten wir der Schwere wegen einige Teile kaschieren). Wenn ein Wrack zu dürftig ist, vielleicht noch ein paar andere Wrackteile. Auf der linken Seite würde ich unseren alten Plan verwirklichen: einen Haufen von Musikboxen, Lautsprechern, alten Elektrogitarren hinzubauen, der immer bei Musik aufleuchtet, auch von innen. Die Mitte sollte eine klare Rampe sein, ohne Zierat. Hell. Eventuell Betonfarbe, jedenfalls so wie der Bühnenboden. (Für diesen Änderungsvorschlag lege ich Dir eine Schmierskizze bei, verzeih den Dilettantismus!)
– der Himmel: das Blau wird sicher auf die Dauer zu dekorativ. Überhaupt sollten wir bei diesem, sehr vom Gedanken kommenden Bühnenbild auf jede illustrative Zutat verzichten. (Der Gedanke: die Stadt im Hintergrund, die den Himmel verdeckt und die ab und zu Bewohner ausspuckt. Der Vordergrund: Endmoräne der Stadt und Kampfplatz der Niedersten.)

Deshalb bitte ich Dich, noch einmal zu überlegen, ob wir den Himmel nicht weiß lassen, oder grau schraffieren; oder ob wir ein schwarz-weiß Wolkenfoto hinhängen. Jedenfalls sollte es bedrohlich und nicht idyllisch aussehen. Der Dali-Himmel wirkt leider idyllisch, was uns nicht wundern sollte.
– die Fassade: immer noch schön im Einfall: das Häßliche der Stadt (die Natur verstellende Fensterhöhlen von großer Eintönigkeit) ist hier ästhetisch dargestellt. Das Schöne der Fassade und Farbe machen das Häßliche merkbarer. Aber im Gegensatz zum Bild sollten wir auf dem Theater ein wenig realer werden. Das Rot darf nicht Lack sein, oder malerisch (da kommt uns sonst China

zur Hintertür wieder herein). Es sollte ein häßliches Mennigrot sein, mit hineingemalten Schatten. Auch dreckige Stellen sollten zu finden sein und durch Grau gebrochene Bereiche. Die Fassade sollte – ohne Mauerwerk zu werden – real sein.
– der Wagen: wir sollten konsequenter sein und auf alle Wände im Tabakladen verzichten. Wie auf einem Tablett stellen wir unsere Geschichte aus, lediglich ein paar nötige Requisiten zitierend. Keine Fenster oder Türen, ich werde schon beim Arrangieren damit fertig. Im Hinterkopf des Publikums sollte der Boxring sein oder der Seziertisch (Skizze).
– der Boden: sollten wir nicht schraffieren, etwa mit dünnen grafischen Linien, wie sie Ben Shawn hat? Perspektivisch? Auf betonfarbenem Boden? Oder sollte es Betonfarbe sein mit Öldreck und anderem Schmutz? Das Portal sollte dann die gleiche Farbe und Behandlung haben!
– für die Ladenstraße (mit Friseur und Teppichhändler) habe ich einen Vorschlag, der sicher nicht geht (Skizze).
– und überhaupt, lieber Schmückle, wie könnten wir noch mehr vereinfachen, auf die Grundformen Stadt-Himmel-Vorstadt kommen?
– geht eigentlich der Lichtvorhang auf Autowrack und Musikhalde?
– im Realismus der Kostüme sollten wir gegen die Ästhetik des Bühnenbildes gehen: sie müssen die Realität hineinbringen und die Klassenunterschiede ...

Hartmut Wickert
Eher Ansichten als Einsichten

(zur Hamburger Aufführung 1977)

Leseproben unter dem Motto: »Denken was ist und was geschieht kann besser sein als es sehen.« Vierzehn Tage Lesen: Darstellung der Szenen durch den Regisseur. Und große Worte darüber, wie das Kommende kommen wird. Im Stile des: »Theater ist ...« Strehler ist gegen das »Konzept« für die Regiearbeit, für das gemeinsame Entdecken des Textes. Daß Theater ein kollektives Produkt ist, braucht nicht gesagt zu werden, daß es kollektives Produzieren im Sinne größtmöglicher Chancengleichheit ist, müßte sich erst noch zeigen. Theorie einer Arbeit, die nach allen Seiten hin offen sein will: Das Finden und Verwerfen von Möglichkeiten, immer wieder neu anfangen und abbrechen und wieder anfangen. Strehlers Worte: »... gemeinsam versuchen zu verstehen, was wir wollen.« Die Probe des Textes beim Spiel auf der Bühne.

Das Stück, der Text. Strehler entwickelt seine Gedanken über das Stück in einem »analytisch-gestischen« Diskurs: Stellung des Stückes im Kontext des Werks von Brecht, Dramaturgie des Stücks, Form und Gehalt. *Sezuan*, ein Fragment, enthält konträre Form-, bzw. Stilelemente, Ergebnis der historischen Situation des Autors beim Schreiben des Stücks: Der Verlust des Publikums im Exil, »reife« Kenntnis des Marxismus und deren Verarbeitung in der Lehrstücktheorie, die Versuche der Verbindung von marxistischer Theorie und epischem Theater ohne die Mittel, das Funktionieren dieser Versuche auszuprobieren. Als ein solcher Versuch ist *Sezuan* zu begreifen. Politische Parabel. Marxistische Analyse der Gesellschaft als Märchen. Das Spielen des Stückes wird somit zur Gratwanderung. Strehler: Es gelte, ein Stück zu inszenieren, das *Baal* und die *Maßnahme* zugleich sei. Das Prinzip der Leseproben: Die Fabel genau erzählen, die Stilelemente beim Namen nennen, intellektuelles Verstehen. Skizzen und Schemata für die Szenen entwerfen: Vortrag und Vorspielen des Regisseurs. Der Regisseur ist in dieser Phase der Arbeit der einzige Schauspieler, der eine lange große Schaunummer abzieht, der zeigt, was er kann und was der Text sein kann, wenn er körperlicher Ausdruck wird.

Psychogramme/Soziogramme der Figuren. Zuerst die Fragen: Wo kommen sie her, wenn sie auf der Bühne erscheinen? Welche Einflüsse haben zu ihrem So-Sein beigetragen? Darstellungsaufgabe: Das Spielen der ganzen Figur, Versuch, Verhaltensweisen auch als aus überindividuellen Quellen gespeist verständlich zu machen. Der »Hinkende« z. B., der von seinem ersten Schritt auf der Bühne an eine ungeheure Aggressivität gegen alle und alles zeigt, schreit damit das an ihm begangene Unrecht (Krieg, Arbeitsunfall...) heraus in die Welt. Sein Gestus ist verbitterte Rache/Haß, aus der Erfahrung sozialen und physischen Depraviertseins.

Shen Te ist für Strehler nicht der »Gute Mensch« als solcher. Sie ist schon vor ihrer Verwandlung in Shui Ta schlecht. Als Hure verwendet sie ihren Körper als Produktionsmittel und erreicht damit die höchste Form der weiblichen Schlechtigkeit. Um noch schlechter, d. h. reicher, vermögender zu sein, ist die Verwandlung in den Mann/Kapitalist Shui Ta nötig. Das Thema: Dr. Jekyll und Mr. Hyde als soziales Märchen. Das ist die große Aufgabe an die Darstellungsweise: Das Hin und Her zwischen realistischer und grotesker, surrealistischer Spielweise: Die Künstlichkeit des Shui Ta als Schlüssel zu den Grundproblemen der kapitalistischen Gesellschaft (Mann-Frau, Reichtum-Armut, Gewalt-Soziale Stellung, Güte-Bosheit). Der »Ui« in Shui Ta. In den Leseproben geht es um die innere Struktur und den Umriß des Stücks, bzw. der Inszenierung. Die Analyse wird vorgeführt vom Regisseur: Lesen, Spielen, denkend Spielen, den sozialen Ort der Figuren erkennen. Genaue und präzise Lektüre, die Art dieser Lektüre, dem Satz von Brecht geschuldet, der vom Argumentierenden verlangt, auf der Bühne zu zeigen, was er meint. Strehler folgt diesem Verdikt, in der Sprache der Schauspieler mit den Schauspielern zu sprechen. Sein Sprechen/Zeigen ist freilich ein Monolog.

Die Bühne eine Welt in der Welt. Das bißchen Abfall, der Dreck: Metaphern einer verkommenen unmenschlichen Welt. Die Proben in der Atmosphäre der dargestellten Situation: Licht, Dekoration, Kostüme von Anfang an als Helfer beim Finden der »Figuren«, der Beziehungen der Figuren. Nach der intellektuellen/visuellen Analyse die Psychologie: Vermittlung des Gefühls

Deutsches Schauspielhaus Hamburg 1977
Inszenierung Giorgio Strehler

für die Umgebung, die Welt, in der die Schauspieler für die Dauer der Proben leben werden. Die Kostüme erleichtern das »Einleben«, die Haltungen. Die Entwürfe im Anfang, die Proben als Verbesserung der Entwürfe. Betonung der Bedeutung der ersten Haltung/Bewegung, die der Schauspieler spontan intuitiv durch die Umgebung unterstützt findet. Die Arbeit mit dem Schauspieler ist Studium, Begründung, Wiederholung, Aufbau der einmal gefundenen Haltung. Der beste Schauspieler ist der gefühlvolle: Der Verstand des Schauspielers ist seine Sensibilität.

Die ersten Tage auf der Bühne der Übergang, das Äußern der Eindrücke von den Leseproben. Improvisationen, ohne daß jeder

Andrea Jonasson als Shui Ta (links) und Shen Te
Fotos Pickshaus (links), Peitsch

Schritt vorgeschrieben wäre. Das Große und Ganze ist als Rahmen gegeben, das Finden der alles entscheidenden »Kleinigkeiten«, der Raum des Spielens, ist Aufgabe der Proben auf der Bühne. Strehler ist mehr auf ihr als vor ihr: Völliges Miterleben des dargestellten Vorgangs, Mitdenken und Begründen des Geschehens, Mit-Kritik und Bestärkung des Gefundenen, die Schauspieler nie zum Fluß kommen lassend. Alles muß offenbleiben, ohne Ende. Dem »Sich-Nicht-Sehen-Können« der Schauspieler stellt sich Strehler mit seinem Nachmachen entgegen: Die Spiegelfunktion des Regisseurs. Keine Festlegungen, der Kampf gegen die Versteinerung in Haltungen, immer offenhalten, es besser zu machen.

Die Wiederholungen sind für den Regisseur Mittel, um beim Sehen neue Einfälle zu bekommen. Wenn die »Inspiration« ausbleibt, wird weitergegangen, ein besserer Tag erwartet. Das Suchen nach Gesten in der Wertschätzung des Kleinen als Bedeutungsträger. Das Detail als Spiegel der Welt der Figuren.

Der Dialog über das Detail als Dialektik auf dem Theater. Z. B. der Anfang der ersten Szene: Shen Te hat sich vom Geld der Götter einen kleinen Tabakladen gekauft, sie versucht, Maurerarbeiten auf recht unfachmännische Art zu verrichten. Der Regisseur spricht mit der Shen Te. – »Aber das ist ja ganz falsch, was du da machst, so mauert man doch nicht!« – »Doch, ich habe den Arbeitern zugesehen.« – »Wann willst du den Arbeitern zugesehen haben. Du hast doch tagsüber immer geschlafen, nachdem du in der Nacht gearbeitet hast.« – »Ach, ich arbeite so, weil ich so glücklich bin.« – »Das akzeptiere ich, das ist eine Rechtfertigung des falschen Arbeitens, bei dem du soviel Mörtel verspritzt.« Shen Te nimmt den Laden in Besitz durch den symbolischen Akt des Mauerns: Arbeit als Inbesitznahme.

Die soziale Welt der Figuren baut sich auf in ihren Haltungen und Bewegungen: Aggressivität als Äußerung der ewig Geschlagenen, um ihre Existenz Kämpfenden. Die Veränderung eines Menschen durch die Veränderung seiner sozialen Stellung (Sun). Die Möglichkeiten eines Mannes (Shui Ta) und einer Frau (Shen Te), sich »hochzuarbeiten«. Das sind Möglichkeiten, die Gesetze darzustellen, die diese Welt beherrschen. Strehler setzt das auf der Bühne um: die Poesie der 3. Szene, die Verliebtheit Suns, sein kindliches Träumen vom Fliegen und sein Auftreten im schwarzen Anzug in kerzengerade-korrekter Haltung, ganz Geschäftsmann, die Szene mit Shen Te vergessend im Gedanken ans Geschäft in der 9. Szene. Stimme, Haltung, Maske des Shui Ta: monströs, hart unmenschlich. Die von Shen Te im langen Hemd: zärtlich menschlich, weich, aber Programm für den existentiellen Untergang. Die Konzentration auf die Geschichte der Shen Te. Ständige Abendproben für die Choreografie des Monsters Shui Ta. Der Entwurf eines emotionalen Bildes vom Kapitalisten. Die sinnliche Inkarnation des Bösen.

Strehlers Inszenierung strebt an die Aufforderung zur Kontemplation, das Erzeugen einer Suggestionskraft, die den Zuschauer mitreißt. Unermüdliche Arbeit an einer geschlossenen stringenten

Rhythmik der Szenen. Die Rolle der Musik, des Lichts: Suggestion, Magie, Bezauberung. Bezauberung durch »Poesie«.

Strehler versteht sich wohl selbst als Poet, der den poetischen Text zum poetischen Bild auf der Bühne verarbeitet. Die Quelle der »poetischen Schöpfung« ist Arbeit. Die Arbeit an der Herstellung von kohärenten Bewegungsabläufen auf der Bühne. Die Notwendigkeit des Ineinandergehens aller inanspruchgenommener Elemente. Das Taktschlagen auf einer Trommel bestimmt auf den Proben die Sprech- und Spielrhythmik der Schauspieler. Brechts Intentionen, die auf die Unterbrechung des Kontinuums des Sehens gingen, werden integriert in den mitreißenden Ablauf: Verfremdungen als »Ästhetik des Anderen«, immer im Rahmen des »Einen«. Der Untergang der verfremdeten und verfremdenden Geste im Fluten des schönen Lichts.

Diese Art des Herstellens einer gespielten Welt, die das Mechanische, Technische, dessen sie bedarf, in die Leichtigkeit des Ablaufs eingehen lassen muß, erfordert ein großes Ausmaß an technischer Präzision. Das Scheitern an einem nicht willfährigen Apparat ist damit programmiert. Die letzten vier Wochen vor der Premiere: ein anhaltender Kampf des Regisseurs um Verständnis für sein Theater. Die technischen Eingriffe müssen mit zarter Hand ausgeführt werden: Die Vorhänge fallen wie das Fallbeil der Guillotine, auch noch wenige Tage, bevor alles zu spät ist. Strehler benötigt wirkliches Eingehen auf seine Vorstellungen vom gesamten Kreis seiner Mitarbeiter. Das fehlt hier immer wieder.

Aber auch abgesehen davon, wenn davon abzusehen ist: Die Kontinuität der Arbeit produziert Enttäuschung. Die großen vielverheißenden Worte aus der ersten Probenphase sind verhallt.

Was bleibt? Auch andere Eindrücke: Die Vernachlässigung der Schauspieler. Das Theater Brechts als Theater Strehlers: die poetische Ansicht einer elenden Welt. Das Streben nach Geschlossenheit, wo eigentlich das Disharmonische als Disharmonisches, Unabgeschlossenes zu zeigen wäre. Unternehmungen, um beklatscht zu werden. Und es tritt das ein, was Heiner Müller die Verurteilung des Textes zum Tod durch Beifall nennt. Die Poetisierung, in der die Geschichte der Shen Te erzählt wird, die stimmungsvollen Farben des Lichts, der Dekoration, der Kostüme, die »Ästhetik des Schmutzes«, der den Bühnenboden bedeckt, sind eher Ansichten als Einsichten.

Paul Kruntorad
Der gute alte Mensch in Mailand (1981)

1955 führte Giorgio Strehler den ersten Brecht am Mailänder Piccolo Teatro auf, die *Dreigroschenoper*. Brecht schrieb ihm damals, kurz vor seinem Tod: »Lieber Strehler, ich wollte ich könnte Ihnen in Europa alle meine Stücke überlassen, eines nach dem anderen. Danke.« Strehler zeigt den gerahmten Brief bei einem Gespräch nach der Premiere von Mozarts *Le nozze di Figaro* vor, dem Ergebnis einer besonders intensiven und, wie die italienische Presse feststellte, auch besonders geglückten Zusammenarbeit mit dem Dirigenten Riccardo Muti. In Versailles, wo Strehler die Oper als Auftakt der Liebermann-Intendanz inszenierte, kam George Solti zur letzten Probe. Die mittlerweile legendäre *Figaro*-Inszenierung wurde dieses Frühjahr nun für die Mailänder Scala abgeändert, präzisiert. Figaro ist, am Vorabend der Französischen Revolution, noch Diener mit äußerlich servilen Haltungen und zuinnerst doch schon ein sich seiner Rechte bewußter Bürger. Und der Graf nicht bloß Schwerenöter, sondern ein gefährlicher, herrischer Aristokrat, der seinen Verzicht auf das ius primae noctis bei Suzanne als vorschnell bereut. Bevor er in der letzten Szene zu seiner »Perdono«-Arie ansetzt, die Gräfin um Verzeihung bittet, legt Muti eine kleine, aber bedeutungsschwere Pause ein – die Handlung stockt und die Musik hält inne, der lange Vorgang der Wandlung einer feudalen zu einer bürgerlichen Gesellschaft wird gerafft, der Graf macht sich, fast widerwillig, seine eigene doppelte Moral bewußt, zögert, entschließt sich dann zur Geste der Demut. In dieser Pause gipfelt eine Dramaturgie, die Mozarts Musik mit dem vorausweisenden Denken Diderots koppelt.

In der Liste der Inszenierungen am Piccolo Teatro seit 1947 spiegelt sich nicht nur Strehlers gewaltiger Arbeitseinsatz (zeitweise bis zu acht Premieren im Jahr), sondern auch die ständige Wiederbeschäftigung mit denselben Autoren und Stücken. *Der gute Mensch von Sezuan* stand im Piccolo Teatro bereits 1957 auf dem Programm, damals wie 20 Jahre später in Hamburg mit Luciano Damiani als Bühnenbildner. Für die Co-Produktion des Piccolo Teatro mit dem Teatro Emilia Romagna entwarf Paolo

Bregni das Bühnenbild, Luisa Spinatelli die Kostüme. Premiere war in Modena, dann stand Andrea Jonasson als Shen Te (ihr italienisches Debut) vierzehn Tage lang im Teatro lirico auf der Bühne, es folgen einige Gastspiele in den größeren Städten der Emilia Romagna wie Ravenna und im Herbst nimmt man die Erfolgsvorstellung für ein halbes Jahr en suite wieder im Teatro lirico auf, das mit seinem großen Fassungsraum an einem Schönwettersonntag in der Nachmittagsvorstellung bis zum letzten Platz besetzt war.

Brecht auf italienisch: Strehler stellt sich die Frage, wie funktioniert Verfremdung und wie setzt man dagegen auch auf Einfühlung, ohne dem Zuschauer die Entscheidungsfreiheit zu nehmen? Er findet die Antwort in einer eklektischen Theaterästhetik, die dem neapolitanischen Volksstück, dem von ihm selbst entwickelten Goldoni-Stil und dem Kanon seiner Shakespeare-Inszenierungen entstammt. Nacherzählt wird ein Märchen mit umgekehrten Vorzeichen, eine junge Frau wird durch ein Geldgeschenk der Götter erlöst von einer Existenz, in der sie ihren Körper prostituieren mußte, und stellt fest, daß sie in dem neuen Leben ihren Charakter zu prostituieren gezwungen wird von der Habgier und dem Egoismus ihrer Mitmenschen. Aber die Schlechtigkeit der Menschen wird als Zwang ihres eigenen Existenzkampfes ausgewiesen, am Ende wissen auch die Götter keine Lösung für das Dilemma. Was Wunder, daß Shen Te, sich nahe der Schizophrenie das Kostüm des Shui-Ta vom Leibe reißend, um Hilfe schreit? »Aiuto«, Hilfe! ruft Andrea Jonasson ins Publikum, während die drei Götter, bereits recht ramponiert, wieder hinauf entschweben, in einem Auftritt, der die deus-ex-machina-Dramaturgie parodiert.

Wie hat sich wohl Brecht den Ort seiner Parabel vorgestellt? fragt Strehler im Gespräch und antwortet: als zementstaubigen Industrievorort, in dem Elendsquartiere sich mit Fabrikanlagen den Platz streitig machen. Er selbst sieht eher die ausgefransten Ränder einer italienischen Großstadt, in denen die Bauten an noch ungepflasterten, kotigen Straßen allmählich in Hüttensiedlungen übergehen. Auf einer Drehbühne, deren Verlangsamung oder Beschleunigung dem Schauspieler deutliche Anstrengung in den gegen die Drehrichtung geführten Gängen abverlangt, steht die windschiefe Bude des Tabakladens mit einem Wellblechdach, Bretter sind ausgelegt, wer sich nicht an diese Trockenpfade hält, stapft im Schlamm herum, in spritzendem Wasser. Überhaupt werden Wasser, Schlamm, in den man hineintritt oder Kleiderfetzen hineinwirft, zu Metaphern der Nacherzählung: Wasser als Lebensquell und Wasser im Übergang zu Schlamm, als Symbol der geschändeten Reinheit. – Als Vetter Shui-Ta es geschafft hat, eine Tabakfabrik aufzuziehen, steht, von Stacheldraht umzäunt, eine Bauhütte mit dem Lohnbüro auf der Drehscheibe, Wahrzeichen der zur Lagerhaltung von Menschen verkommenen Gesellschaft.

Über vier Stunden lang, bei einer Pause gelingt Strehler eine komplexe Arbeit von einem hohen ästhetischen Eigenwert, die trotzdem nicht hermetisch ist, sondern durchlässig für Brechts absichtsvolle Widersprüche. Strehler stützt sich in der Führung der Schauspieler auf deren Fähigkeit, Emotionen nachzuzeichnen, ohne den Umweg über verfremdende Quid-pro-quo-Signale. Andrea Jonasson läßt auch in der Shui-Ta Maske, im schwarzen Zweireiher, Hut, dunkle Brille, über das Gebiß eine Silberfolie geschoben, die Anstrengung erkennen, in der Haut des tüchtigen, skrupellosen Vetters die Gier und Gemeinheit rundherum zu übertrumpfen. Ihr Gang als Shui-Ta ist nicht resolut, sondern markiert verzweifelte Entschlossenheit, durch weit ausholende Schritte und schlenkernde Arme zu beeindrucken. Shui-Ta ist ein halber Roboter, dessen Verstellung niemand aufdeckt, weil jedem die Zeichen von Härte und Gefühllosigkeit geläufiger sind als die der Nachgiebigkeit, jener Nachgiebigkeit, mit der Shen-Te auf die Einnahme aus einem Kundendienst verzichtet, um die drei Götter für eine Nacht unterzubringen.

Die emotionelle dichte Vehemenz der einzelnen Aktionen wird zugleich gebrochen durch einen Beleuchtungseffekt, der das Schattenrißhafte der Bewegungen betont und die Mimik dämpft. Es herrscht jenes weiße, gefilterte Licht, das ein Merkmal vieler Strehler-Damiani-Inszenierungen ist, doch die Goldoni-Heiterkeit, die das Stimmungskonotat dieses Lichts ist, wird aufgehoben durch einen wandernden orangefarbenen Lichtkegel, eine düstere Sonne, die Leben nicht segnet, sondern bedroht. Wie schon in seiner letzten Version von Bertolazzis *El Nost Milan* ist man auch hier wiederum fasziniert von Strehlers Fähigkeit, den Eindruck zu erwecken, als sei das konkrete Bühnengeschehen nur der Ausschnitt aus einem viel größeren, umfassenderen Geschehen (im räumlichen wie im metaphorischen Sinn). Man kann verstehen, wenn sich im einzelnen Widerspruch meldet gegenüber einer gewissen Verselbständigung der Theatereffekte (anstelle puristischer Textdeutung), aber Konsequenz und Zusammenhang der Strehlerschen Theaterarbeit, wie sie sich in den letzten Mailänder Inszenierungen von Shakespeares *Sturm* bis zum *Guten Menschen* zeigt, bleibt zu bewundern.

Piccolo Teatro Mailand 1981   Inszenierung Giorgio Strehler
Foto Luigi Ciminaghi

Analysen

Peter Christian Giese
Der gute Mensch von Sezuan. Aspekte einer Brechtschen Komödie

Gerade deshalb, weil sie weiter »gut« sein will, muß sie »böse« werden: Shen Te und Shui Ta, äußerste Differenz zugleich und Identität, ist das denn nicht die Dialektik des Tragischen? Und wird in Shen Tes Anklage und Klagerede an die Götter (»Zu viel Not, zu viel Verzweiflung!«) denn etwa nicht das Bewußtsein einer tragischen Persönlichkeitsspaltung formuliert: »Euer einstiger Befehl/Gut zu sein und doch zu leben/Zerriß mich wie ein Blitz in zwei Hälften« (wa 4, 1603)? Kurzum, ist das Stück, an dessen Ende der von den Göttern verlassene Mensch »verzweifelt die Arme nach ihnen ausbreitet« und als letztes Wort »Hilfe!« ruft (wa 4, 1606), vielleicht eben doch jene Tragödie, als die es verschiedentlich interpretiert worden ist?[1]

Die Fragen sind als rhetorische gemeint, als Vorbereitung einer Gegenargumentation. Doch andererseits ist *Der gute Mensch von Sezuan* natürlich keineswegs in jenem engen Wortsinne komisch, demzufolge darunter ein nur auf befreites Lachen angelegtes heiteres Spiel zu verstehen wäre, und auch der im einzelnen durchaus überzeugende Hinweis auf die Übernahme von Personen und Situationen aus der Tradition der Typenkomödie[2] dürfte wohl kaum für den Beweis ausreichen, daß dieses Parabelstück als Komödie zu verstehen sei. Im Gegenteil: Insofern der Begriff Komödie mit dem des guten bzw. glücklichen Endes identifiziert zu werden pflegt, scheint der ein »bitteres Ende« eingestehende Epilog (»Wir stehen selbst enttäuscht und sehn betroffen/Den Vorhang zu und alle Fragen offen«) geradezu eine Absage an Komödie, da der gute Schluß eben nicht erreicht, sondern lediglich beschworen wird: »Es muß ein guter da sein, muß, muß, muß!« (wa 4, 1607)

Und dennoch ist es gerade dieser Epilog-Schluß, der hier wie in anderen mit (Prolog und) Epilog versehenen Stücken Brechts den Komödiencharakter des Spiels deutlich markiert. Hier ist eine andere Perspektive und eine andere Zeitebene: das Spiel ist vorbei, in dem die Götter (»Wir sind nur Betrachtende«, wa 4, 1565) nicht helfen konnten, wohl aber sollen die Zuschauer, die das Spiel betrachtet haben, jetzt in Wirklichkeit eine andere Welt mitschaffen, in der »dem guten Menschen man zu einem guten Ende helfen kann«. Das heißt: *innerhalb* der im Spiel dargestellten Sezuan-Welt ist das gute Ende nicht möglich, doch die Komödie stilisiert diese Welt zu etwas geschichtlich Überholtem, zu einer schlechten Vergangenheit, die möglicherweise in die Gegenwart noch hineinreicht, aber überwindbar ist, und der Komödienanspruch ist, den »Abschied« von ihr zu erleichtern.

Solch Komödienanspruch weist zurück weniger auf eine gattungstypische Tradition als auf einen bestimmten geschichtsphilosophisch-politischen Ansatz, und der für Brecht wichtige Ansatzpunkt ist in den Sätzen von Marx gegeben, wo dieser über das schlechte Alte spricht, das komisch zu verstehen als Aufgabe denen zufällt, die von jener Vergangenheit sich befreien:

Die Geschichte ist gründlich und macht viele Phasen durch, wenn sie eine alte Gestalt zu Grabe trägt. Die letzte Phase einer weltgeschichtlichen Gestalt ist ihre *Komödie*. Die Götter Griechenlands, die schon einmal tragisch verwundet waren im gefesselten Prometheus des Äschylus, mußten noch einmal komisch sterben in den Gesprächen Lucians. Warum dieser Gang der Geschichte? Damit die Menschheit *heiter* von ihrer Vergangenheit scheide.[3]

Die Bedeutung dieser Sätze für die Brechtsche Komödie ist nicht hoch genug einzuschätzen, und das gilt nicht nur für den *Puntila*, in dessen Zusammenhang sie von Brecht und seinen Mitarbeitern als programmatisches Zitat gerückt wurden.[4] Nun soll nicht behauptet werden, daß Marx eine besonders tiefe und der Kritik enthobene Einsicht in das »Wesen« der Komödie gelungen wäre, und auch auf das im Grunde schwierige Problem der Anwendbarkeit dieser Sätze auf konkrete literarische Werke kann an dieser Stelle nicht eingegangen werden[5], doch steht außer Frage, daß diese Sätze Marxens einen Maßstab setzen für das Verständnis der Brechtschen Komödie.

Eine Bemerkung muß noch dem Begriff »Heiterkeit« gewidmet werden. Marx versuchte im sog. »Gang der Geschichte«, im Wechsel von Tragödie zu Komödie einen latenten Sinn aufzudecken: dies geschehe, »damit die Menschheit heiter von ihrer Vergangenheit scheide.« Das sollte nicht so verstanden werden, als sei »Heiterkeit« das absolute Ziel, das sich einstellt, wenn sozusagen alles überstanden ist. Bei Marx heißt es wörtlich: »Diese *heitere* Bestimmung vindizieren wir den politischen Mächten Deutschlands.« Also Heiterkeit im und durch den Prozeß der Überwindung der Vergangenheit, fortwährender politischer Kampf für eine bessere *Zukunft*. Denn die Heiterkeit ist nach vorn gerichtet und ist kein Selbstzweck, sie soll Impulse verleihen und keinen Schlußpunkt setzen, als wäre alles Häßliche, Bedrohliche, Schlechte der Geschichte dann ein für allemal sistiert. Das bedeutet, auf die Komödie als literarische Form bezogen: sie registriert nicht nur direkt oder indirekt den politischen Kampf, sondern sie begleitet und fördert ihn mit den ihr eigenen Mitteln. Auch wenn der *politische* Kampf gegen einen gesellschaftlichen Anachronismus gewonnen ist, geht der *ideologische* Kampf weiter, und in ihm hat die Komödie ihren Platz. Die geschichtliche Dialektik von Vergangenheit und Zukunft findet in *Kritik* und *Utopie* der Komödie ihre Entsprechung. Brechts *Arturo Ui* z. B. ist schon *vor* der Zerschlagung des Faschismus »möglich« gewesen und hatte nach 1945 eine wichtigere Funktion als die, »Heiterkeit« im Sinne des »Wir sind noch einmal davongekommen« zu erwecken.

Wie also wäre das Marxsche Diktum zur Komödie auf Brecht anwendbar? Nicht jedenfalls so, daß Komödie die Vergangenheit, von der heiter zu scheiden sei, als Kollision mit anschließender happy-ending-Lösung fertig und abgeschlossen zur Rezeption stellt. Brechts Komödien sind weniger Historien als »historisierende« Stücke, und das ist mehr als terminologische Nuance. Daraus erhellt auch der scheinbare Widerspruch, daß Brecht – nicht müde werdend, die Veränderbarkeit aller Verhältnisse zu betonen – in der Spielhandlung seiner Stücke wenig an Veränderung und neuen Gegenspielern zeigt. Denn zum Partner macht er sich das Publikum, dem er das Vergangene, und sei es auch noch nicht so lange zurück, in Geschehnissen seiner komischen Erstarrung vorführt, bei denen stets aufs neue zur distanzierenden Betrachtung aufgerufen wird, damit man mit dem eigenen »Urteil dazwischenkommen« könne (wa 16, 694). Zur »Heiterkeit«, d. h. zur durchschauenden sozialen Erkenntnis, befreien sollen sich die Zuschauer, nicht aber ist nötig, daß die im Stück dargestellten Personen diesen Prozeß schon vollziehen, wie etwa Hegel das an Aristophanes' Komödien so schätzte.

Der Grundgedanke des Brechtschen Komödienspiels ist zu zeigen: so war es, so ist es zum großen Teil auch noch. Seht, wie komisch, weil veränderbar, das ist. Deshalb gehören, wie Brecht mit sperriger Formulierung sagt, »alle beseitigbaren gesellschaftlichen Unvollkommenheiten [...] nicht in die Tragödie« – mit ihren unausweichlich sich reproduzierenden, scheinbar absoluten Kollisionen zwischen Individuum und Gesellschaft – »sondern in die Komödie«.[6] Brecht sagt auch, welche »Haltung« des Zuschauers er dabei voraussetzt oder benötigt: jene »völlig freie, kritische, auf rein irdische Lösungen von Schwierigkeiten bedachte Haltung«, die »keine Basis für eine Katharsis« bietet. (wa 15, 241)

Komödie bei Brecht wäre bestimmbar als eine Kombination satirisch-kritischer und utopisch-antizipierender Bestandteile, die auf einer bestimmten Perspektive, dem überlegenen »Blick zurück«, beruht:

Geehrtes Publikum, der Kampf ist hart
Doch lichtet sich bereits die Gegenwart.
Nur ist nicht überm Berg, wer noch nicht lacht
Drum haben wir ein komisches Spiel gemacht. (wa 4, 1612)

Mit diesen Worten des *Puntila*-Prologs wird ein »Spiel« eröffnet, das »komisch« nicht so sehr im Sinne der im einzelnen lachenerregenden Episoden ist, als vielmehr schon in der parteilichen Darstellung des Unzeitgemäßen, Überholten einer bestimmten Wirtschafts- und Gesellschaftsordnung (der Gutsbesitzer als »ein gewisses vorzeitliches Tier«) seinen Komödiencharakter hervorkehrt. Das happy ending am Schluß ist *kein* Kriterium für Komödie, wohl aber die Perspektive, die auf das gute Ende in der Wirklichkeit zielt. Matti trennt sich von Puntila, das ist so sieghaft oder beglückend nicht. »Und das war nun der Komödie Schluß:/Wir hoffen, ihr saht ihn nicht ohne Verdruß« (wa 6, 2394) – so beginnt der *Hofmeister*-Epilog, »Verehrtes Publikum, jetzt kein Verdruß:/Wir wissen wohl, das ist kein rechter Schluß« (wa 4, 1607) der zum *Guten Menschen von Sezuan,* aber die letzten gesprochenen Worte sind eben nicht »das letzte Wort«.

Und das Komische bei Brecht ist nicht identisch mit dem Darstellungsmittel Komik, das sich auf beliebige Gegenstände heftet, sondern es wird durch seinen gesellschaftlichen Inhalt konstituiert. Brecht spricht im Gegensatz zum »Ewig-Komischen« vom »Gesellschaftlich-Komischen«.[7] Er meint damit in erster Linie die objektiv vorhandene Komik (geschichtliche Überholtheit, falsche

Lebendigkeit) der bürgerlichen Gesellschaft, wie sie aus sozialistischer Perspektive sichtbar wird. Das »Gesellschaftlich-Komische« wäre demnach bestimmbar als eine besondere Form des historischen Widerspruchs zwischen alter und neuer Gesellschaft, der vom Standpunkt der letzteren aus bewertet wird. Dieser Widerspruch ist also realiter für den Sozialisten Brecht stets vorgegeben, nur ist er wegen seines Vorhandenseins nicht auch schon *als* komischer wahrgenommen und muß deshalb akzentuiert, hervorgekehrt werden. Und da gibt es bei Brecht nun bestimmte exempelhafte Motive und Situationen, die in seinen Stücken immer wieder auftauchen. Drei von ihnen, die für das Verständnis des *Guten Menschen von Sezuan* Bedeutung haben (die Situation Hochzeitsfeier, das Prostitutionsmotiv, die Doppelrolle) seien hier näher betrachtet.

Die Hochzeitsszene des *Guten Menschen von Sezuan* hat folgendes Grundarrangement:

Nebenzimmer eines billigen Restaurants in der Vorstadt. Ein Kellner schenkt der Hochzeitsgesellschaft Wein ein. Bei Shen Te stehen der Großvater, die Schwägerin, die Nichte, die Shin und der Arbeitslose. In der Ecke steht allein ein Bonze. Vorn spricht Sun mit seiner Mutter, Frau Yang. Er trägt einen Smoking. (wa 4, 1554)

Getrennt und je für sich stehen die Personen, die die Feier zu *einer* Gruppe verbinden soll, dazwischen, als zusätzlicher Fremdkörper, der Kellner – nur daran interessiert, genügend Wein verkaufen zu können – und der Bonze, ein stummer Teilnehmer, angeheuert, die Zeremonie vorzunehmen. Wo die Liebenden sich am nächsten gekommen sind, wo sie dies auch offiziell, »vor aller Welt« kundtun wollen, da nun zeigen sie sich am weitesten voneinander entfernt. Wurde die Komik der bürgerlichen »Liebesheirat« in Brechts anderen Hochzeitsszenen meist im Verlauf der Feier sichtbar gemacht, so gruppieren sich hier die Personen zu einem statischen Bild, das in Bewegung kommen will, dies aber nicht kann. Alle Personen warten auf Shui Ta, den Vetter, dessen Geld die Basis schaffen soll, auf der für Sun die Ehe mit Shen Te erst sinnvoll wird. Am Schluß der Szene, die Gäste sind schon aufgebrochen, warten immer noch Shen Te, Sun, seine Mutter: »Die drei sitzen, und zwei von ihnen schauen nach der Tür.« (wa 4, 1563) Nicht nur Shen Te, auch der Zuschauer weiß, daß nicht kommen *kann*, wer hier erwartet wird. Dadurch kann der Zuschauer seine ganze Aufmerksamkeit auf den einzelnen Gestus der Personen konzentrieren, und er kann die komische Diskrepanz zwischen deren gespieltem Verhalten und ihren eigentlichen Absichten voll genießen.

Der gute Mensch von Sezuan ist die Prostituierte Shen Te. Von den Göttern für ihre Güte belohnt, kann sie den Beruf aufgeben und ein Geschäft aufmachen. Doch kommt ihre Güte sie dann derart teuer zu stehen, daß sie sich in den bösen Vetter Shui Ta verwandeln muß. Prostitution ist schlecht, Liebesheirat ist gut – soweit das offizielle Credo, wie es leichthin verkündet wird, so vom Polizisten im Gespräch mit Shui Ta, der indessen, auf Shen Tes wirtschaftliche Schwierigkeiten hingewiesen, nichts dabei findet, den Vorschlag zu machen, dann eben »ein wenig Geld« zu heiraten (wa 4, 1519 f.). Vorgeschlagen wird also jene Konvenienzehe, in der nach den Worten Friedrich Engels' die Frau »sich von der gewöhnlichen Kurtisane nur dadurch unterscheidet, daß sie ihren Leib nicht als Lohnarbeiterin zur Stückarbeit vermietet, sondern ihn ein für allemal in die Sklaverei verkauft«.[8] Solche Ehe schlägt Shen Te aus.

Derart ist nun die komische Dialektik, die in der Hochzeitsszene konzentriert ist: die als Shui Ta ihre Angehörigen hat vertreiben müssen, ruft sie als Shen Te zurück, denn für die Hochzeit wird Familienhintergrund gebraucht. (Die Verwandten bleiben aber nur, solange sie Hoffnung auf ein Festmahl haben.) Die einstige Prostituierte Shen Te hat die vorteilhafte Prostitution einer Ehe mit dem reichen Barbier Shu Fu ausgeschlagen, um nun zu erleben, daß der Mann, den sie liebt, sie nur als Ware betrachtet. Die nur mehr Shen Te sein will, interessiert Sun nur indirekt, insofern ihr Vetter Shui Ta dreihundert Silberdollar besorgen kann. Ohne Shui Ta keine Hochzeit mit Shen Te: die ganz Liebende sein will, erfährt, wie sie gerade dadurch für den Geliebten »unkomplett« geworden ist. Die ungespaltene Identität hatte wiederfinden wollen, ist gezwungen, mit den anderen auf ihr Alter ego zu warten. Warum dieses nicht erscheinen kann, darf sie indessen nicht verraten. Sie muß sich den Anschein geben, zur Hochzeit noch bereit zu sein, als sie deren Unmöglichkeit schon weiß.

Scheinbar sitzt hier nur eine unglückliche Frau, die nicht geheiratet wird. Doch, wie gesagt, es handelt sich um *komische* Dialektik, denn: die Hochzeit, wäre sie zustande gekommen, hätte Shen Te in seelisches *und* wirtschaftliches Unglück gestürzt, Sun wäre dann allein nach Peking gereist, und sie wäre auf einen Schlag ihre Liebe und ihren Laden los. Die auf Liebe und nicht auf geschäftlichen Vorteil bauen wollte, ist daran gescheitert. Doch gerade dadurch hat der, der auf seinen Vorteil nur und nicht auf Liebe sah, seinen Coup nicht landen können. Suns scheinbare Überlegenheit wandelt sich in Malaise, während Shen Tes Malaise sie zur Erkenntnis führt (und den Zuschauer führen soll), daß in dieser Gesellschaft die Spaltung der Person nicht durch bloße Willenskraft revidiert werden kann.

In keiner anderen seiner Hochzeitsszenen hat Brecht das für ihn objektiv Komische der bürgerlichen Ehe (das Individuum vermeint, in einer Art Freiraum innerhalb der unmenschlichen Gesellschaft eine menschliche Privatrolle spielen zu können), derart klar herausgearbeitet wie in dieser Szene des *Guten Menschen von Sezuan*, wo es zu einer Hochzeit schließlich gar nicht kommt. Keine andere seiner Hochzeitsszenen fügt sich auch derart in die Komödienstruktur des ganzen Stückes ein. Hier ist das Ereignis Hochzeit nicht *das* Exempel, das die gesellschaftlichen Verhältnisse im Verhalten der Personen vermittelt, sondern nur *ein* Punkt der Parabel, welche die Entfremdung des Menschen in kapitalistischer Gesellschaft zum Thema hat.

Es ist wahrscheinlich falsch zu glauben, daß bürgerliche Ehe und Familie für Brecht etwas *besonders* Komisches an sich hätten. Nur schien ihm die Familie der repräsentative Ort, an dem das Komische der bürgerlichen Gesellschaft sichtbar gemacht werden konnte. Das Motiv der Feier bot eine hervorragend günstige Ausgangskonstellation, die leicht überschaubar ist; und das Motiv der Hochzeit, dessen Idealität schon eh auf schwankenden Füßen steht, ist vortrefflich geeignet, mit der gesellschaftlichen Realität konfrontiert zu werden. Stets sind es die voraussehbaren, die typischen Konflikte, die hier auftauchen, und Brecht hilft nur in vergröbernder Weise nach, kehrt die unedlen materiellen Aspekte überdeutlich hervor.

Ein anderes Modell, in dem sich für Brecht das »Gesellschaftlich-Komische« verdichtet, ist die Prostitution. Sie ist Gegensatz zur bürgerlich-monogamen Ehe, ist dialektisch auf diese bezogen. Beide sind nach einem Wort von Friedrich Engels »Pole desselben Gesellschaftszustandes«[9], und dieser Gesellschaftszustand hat seine Signatur in dem Phänomen »Entfremdung«.

Wenn hier der Begriff »Entfremdung« verwendet wird, so kann

das nur in äußerst skizzenhafter Weise geschehen – und mit all der Zurückhaltung, zu der der mittlerweile inflatorische Gebrauch des Begriffs zwingt. Weder kann »Entfremdung« hier in ihrer Entstehung (Funktion des Arbeiters im Produktionsprozeß) noch in ihren verschiedenen Ausprägungen verfolgt werden.

Es soll lediglich angedeutet werden, wie die »Selbstentfremdung« des Menschen die Bedeutung des sog. primitiven Materialismus bei Brecht erhellt und inwieweit von hier aus gerade der komische Aspekt der Geschlechterbeziehungen verdeutlicht werden kann. In diesen Zusammenhang sei die folgende Stelle aus Marxens *Ökonomisch-philosophischen Manuskripten* gerückt:

Es kömmt daher zu dem Resultat, daß der Mensch (der Arbeiter) nur mehr in seinen tierischen Funktionen, Essen, Trinken und Zeugen, höchstens noch Wohnung, Schmuck etc., sich als freitätig fühlt und in seinen menschlichen Funktionen nur mehr als Tier. Das Tierische wird das Menschliche und das Menschliche das Tierische. Essen, Trinken und Zeugen etc. sind zwar auch echt menschliche Funktionen. In der Abstraktion aber, die sie von dem übrigen Umkreis menschlicher Tätigkeit trennt und zu letzten und alleinigen Endzwecken macht, sind sie tierisch.[10]

Das Leben in einer Gesellschaft, die ihren Mitgliedern keine Selbstverwirklichung in produktiver Aneignung und Veränderung ihrer Umwelt gestattet, zwingt dazu, menschliches Glück einzig in der Befriedigung der physischen Bedürfnisse zu suchen. Da Arbeit und Genuß völlig auseinanderfallen, vermeint der einzelne, sein Selbst in der Sphäre der Konsumtion wiederfinden zu können, die ihm unabhängig vom Produktionsprozeß zu sein scheint. Nun prägt aber seine Rolle im Produktionsprozeß auch seine Bedürfnisse und deren Befriedigung. Insbesondere das Verhältnis von Mann und Frau nimmt Warencharakter an[11], und zwar, wie Brecht meint, unabhängig davon, ob Mann und Frau sich in der familiären Privatszene als Ehepartner oder auf dem Markt der Prostitution als Handelspartner begegnen.

Die Situation Familienfeier bei Brecht baute, wie gezeigt, auf dem Vorgang des Essens und Trinkens beim »Festmahl« auf, und das Geschlechtliche wurde in Zoten und Anspielungen präsent. Diejenigen, denen in der Gesellschaft ständig Triebverzicht auferlegt wird, hoffen auf die »Lustprämie« (W. Reich), die ihnen in der Ehe zugestanden wird. Diese Prämie können sie aber insofern nicht einstreichen, als die gesellschaftlich produzierte Entfremdung auch die Geschlechterbeziehung ereilt. Die endlich »Glück« rezipieren wollen, werden sich gegenseitig zur Ware, und die verliert nach mehrmaligem Gebrauch an Ansehen und Wert.

In dem Maße, wie die Produktionsbedingungen und Verkehrsformen der kapitalistischen Gesellschaft jeden zwingen, sich zu verkaufen, um persönliches »Glück« als Lohn zu erlangen, ist die Prostituierte das vollkommene Symbol dieser Gesellschaft. Die inhaltliche Qualität dieses Symbols aber hat sich gewandelt: Walter Benjamin hatte bei Baudelaire, dem »Lyriker im Zeitalter des Hochkapitalismus«, entziffert, wie in dessen Gedichten die Frau als Massenartikel zum bestimmenden Motiv wurde, wie er von der »Hure, die Verkäuferin und Ware in einem ist«, sich faszinieren ließ. Baudelaire notierte eine im 19. Jahrhundert neue Erfahrung: die Hure ist nicht bloß mehr Ware, sondern erscheint »im prägnanten Sinne als Massenartikel. Durch die artifizielle Verkleidung des individuellen Ausdrucks zugunsten eines professionellen, wie er als Werk der Schminke zustande kommt, wird das angedeutet«.[12]

Bei Brecht ist die Prostituierte nicht mehr das Faszinosum, das sie für Baudelaire war, wie das Benjamin so überzeugend skizzierte. Ihr fehlt bei Brecht der haut goût des Verruchten, und sie paßt auch nicht in das in bürgerlicher Literatur so häufige Cliché des gefallenen Mädchens, das im Grunde hochanständig sei und lediglich durch eine Verkettung unglücklicher Umstände vom Pfade der Tugend habe abweichen können. Bei Brecht ist sie einzig Repräsentantin des Warencharakters, der die menschlichen Beziehungen in der kapitalistischen Gesellschaft beherrscht: da ist keine »Abweichung«, nicht mehr die von Baudelaire hellsichtig registrierte bloße Tendenz der gesellschaftlichen Entwicklung – bei Brecht ist die Prostituierte in der Weise symbolisch, in der sie zum »Normalfall« geworden ist.

Die Prostituierte bietet ihre Liebesfertigkeit wie der Arbeiter seine Arbeitskraft; nur insoweit zählen sie auf dem Markt, nur dafür werden sie entlohnt. Genau besehen, »verkaufen« sich weder die Prostituierte noch der Arbeiter. Beide werden vielmehr gemietet, d. h. ein Teil von ihnen, der nutzbar ist, wird gemietet, und es liegt nicht in ihrer Macht, den Preis alleine festzusetzen – der wird vom Markt nach Angebot und Nachfrage reguliert. Und die zur Vermietung angebotene Ware verliert ständig an Wert. Das stellt Brecht dar, indem er die Prostitution demonstrativ als etwas ganz und gar Normales behandelt. Und gerade auf der »Normalität« der Prostitution beruht deren komischer Charakter: die Hure erscheint weder als lasziv-dämonisches Wesen noch als leidendes Mädchen, das bessere Tage gesehen hat, sie ist weder Lulu noch Gretchen. Sie erscheint auf dem Markt – wie Nanna in den *Rundköpfen und Spitzköpfen* – als Ware unter Waren:

[...] eine goldene Bäckerbrezel, ein silberner Zylinderhut, eine schwarze Zigarre, ein goldenes Barbierbecken, ein roter Kinderstiefel, ein roter Handschuh – diese Embleme des Kleinhandels wurden heruntergelassen, wenn Nanna zu ihrem Auftrittslied darunter trat. (wa 17, 1093)

Die Prostituierte erscheint also weder als besondere noch überhaupt als ungewöhnliche Ware, sie ist nur eine unter anderen, es handelt sich um Kleingewerbe. Um in kapitalistischer Gesellschaft leben zu können, muß man sich in irgendeiner Weise anbieten und verkaufen – man kann dies zwar akzeptieren, nur wird dabei, wie es in Nannas Lied heißt, »das Gefühl erstaunlich kühl« (wa 3, 932). Nicht nur die Arbeitskraft, auch die Liebesfähigkeit wird, indem sie verdinglicht, rasch abgenutzt. Mit dem erzielten Lohn, z. B. mit der nach außen dokumentierten bürgerlichen Ehrbarkeit, kann dann keine eigentliche Befriedigung mehr verbunden sein bzw. diese kommt nur mehr als Parodie ihrer selbst zustande. Ein sinnfällig komisches Beispiel dafür ist der Auftritt der zur Obristin gewordenen ehemaligen Lagerhure Yvette in der achten Szene der *Mutter Courage* (wa 4, 1416 ff.)

Die Prostituierte ist, um es zu wiederholen, für Brecht nicht als exotischer Sonderfall interessant, sondern nur als Verkörperung des entfremdeten Menschen in der Klassengesellschaft.[13] Da diese Entfremdung nicht naturgegeben ist, *kann* sie von dem, der vom Standpunkt eines qualitativ anderen Gesellschaftssystems aus Rückschau hält (auch wenn dieses noch nicht erreicht ist, und wenn überdies Entfremdung auch in der sozialistischen Gesellschaft nicht so ohne weiteres verschwinden wird), als komisch dargestellt werden. Allerdings sind hierfür die Darstellungs*möglichkeiten* nicht so leicht wie bei dem Beispiel Familienfeier gegeben. Das Komische scheint nur auf, etwa indem der Prostituierten ein Gestus verliehen wird, in dem ganz normales Geschäftsgebaren sich ausdrückt.

Entfremdung als objektiv Komisches tritt entweder einzeln hervor oder aber wird für das ganze Stück thematisch. Das ist der Fall beim *Guten Menschen von Sezuan*, das ursprünglich den Titel *Die Ware Liebe* tragen sollte.¹⁴ Der Gleichklang mit dem Begriff »die wahre Liebe« ist natürlich nicht zufällig, soll doch gerade demonstriert werden, wie der Mensch – als Ware wie als Verkäufer dieser Ware – zu »wahrer« Menschlichkeit nicht finden kann. Gleiches gilt für das Ballett *Die sieben Todsünden der Kleinbürger*: Anna I ist die Handelsagentin und Anna II die zu handelnde Ware. Selbstlose Liebe, hier als fünfte der »Todsünden« dargestellt, muß in der kapitalistischen Gesellschaft unbedingt vermeiden, wer auf sein Fortkommen bedacht ist.

Das Resultat ist eine Persönlichkeitsspaltung: das Ich teilt sich in Ego und Alter Ego auf, Anna I und Anna II, Shen Te und Shui Ta. Die Spaltung der Person bzw. ihrer Interessen ist ein Exempel, auf das Brecht immer wieder zurückkommt und das schon in der *Dreigroschenoper* begegnete:

Der Polizeipräsident Brown ist eine sehr moderne Erscheinung. Er birgt in sich zwei Persönlichkeiten: als Privatmann ist er ganz anders als als Beamter. Und dies ist nicht ein Zwiespalt, trotz dem er lebt, sondern einer, durch den er lebt. Und mit ihm lebt die ganze Gesellschaft durch diesen seinen Zwiespalt. (wa 17, 996)

Das Motiv von den zwei Seelen in einer Brust, von der Persönlichkeitsspaltung in private und öffentliche Rolle, ist in dem Maße, wie es von Brecht zum »Gesellschaftlich-Komischen« gemacht wird, zugleich clichéhaft und banal. Gerade dies ist aber auch beabsichtigt! Man vergleiche dazu die literarischen Gestaltungen um die erste Hälfte des 19. Jahrhunderts, wo die unreflektierte Erkenntnis von den zwei verschiedenen »Ichs« zu etwas Schauerlichem und Bedrohlichem stilisiert wird, etwa in der sog. Schauerromantik bzw. in den gothic novels, bei E. T. A. Hoffmann, in *Dr. Jekyll und Mr. Hyde* usw. Das Entfremdungsmotiv im beginnenden Hochkapitalismus wird kaum je auf eine reale Grundlage zurückgeführt, sondern die Autoren kleiden es in eine sowohl kriminalistische wie gespenstische Fabel, in der überirdische Mächte die tatsächliche Bedrohung, der die Menschen sich ausgesetzt fühlen, symbolisieren müssen. Nichts davon mehr natürlich bei Brecht. Wie immer man überhaupt zu der oft abstrakten und clichéhaften Entfremdungskonzeption stehen mag – eben dies, daß sie bei Brecht nicht dazu dient, die angebliche condition humaine zu bejammern bzw., wie es so schön heißt, sie »schonungslos« darzustellen, bestimmt die graduelle Differenz des Motivs bei Brecht gegenüber der bürgerlichen Kulturkritik. Statt gebannt auf die sog. Identitätsproblematik zu starren, ist sie für Brecht lediglich *ein* komisch-repräsentatives Motiv für die Überholtheit der bürgerlich-kapitalistischen Gesellschaft.

Das läßt sich am leichtesten an der *Doppelrolle* in vielen seiner Stücke belegen, zumal wenn man sie mit ihrer traditionellen Erscheinungsform in der Literatur vergleicht.

Die Komödienliteratur bietet viele Beispiele von Doppelrollen, wo dann jeweils die Diskrepanz zwischen Sein und Schein, zwischen Wesen und Erscheinung einer Person komisch demonstriert wird. Erinnert sei nur an den Pantalone der Commedia dell'arte, den Miles gloriosus bzw. seinen Nachfahren, den Capitano, das Bauer-als-Edelmann-Motiv usw. Oft gewinnt die Doppelrolle verstärkte Publikumswirksamkeit aus dem optischen Eindruck, der durch die Verkleidung der Figur entsteht, so daß der Zuschauer in das Spiel eingeweiht ist, mehr weiß als die Mitspieler. Eine besonders häufige Variante ist die sog. Hosenrolle, wie sie z. B. in der spanischen Komödie, bei Shakespeare, Marivaux und in vielen Opern sich findet: das Mädchen verkleidet sich als Mann, um dem Geliebten unerkannt sich nähern zu können und seine Gefühle für sie zu erforschen. Dabei kommt es zu den typischen Verwicklungen, das verkleidete Mädchen gerät in Situationen, wo sie sich ausziehen müßte, dies natürlich nicht tun kann, wo sie trinken, rauchen, derbe Witze (z. T. über sich selbst) hören und erzählen muß usw. usf.

Die Doppelrolle bei Brecht hat mit diesem vorgegebenen Schema nur sehr bedingt zu tun. Man sehe etwa die Hosenrolle im *Guten Menschen von Sezuan*. Shen Te verkleidet sich nicht in Shui Ta, um ihren Sun auf die Probe zu stellen, sondern hierfür sind handfeste wirtschaftliche Gründe maßgebend. Die komische Diskrepanz weist überhaupt keine primär geschlechtsspezifischen Züge auf, derart etwa, daß es die Weiblichkeit Shen Tes wäre, die die Einhaltung der Rolle Shui Ta ständig gefährden würde. Die Doppelrolle ist eindeutig gesellschaftlich motiviert, wobei hinzukommt, daß es ja nicht einmal Shen Tes eigene Erfindung war, sich in Shui Ta zu verwandeln. Vielmehr ist ihr die Existenz dieses Vetters von ihren neuen Angehörigen »souffliert« worden (wa 4, 1505), deren Lebensklugheit Shen Te übernimmt. Shen Te kann, um zu existieren und gar noch Gutes für andere zu tun, nicht einfach sein, was sie ist und sein möchte. Gerade um noch Shen Te sein zu können, muß sie Shui Ta werden, doch mehr und mehr überlagert die öffentliche Rolle die private und ändert diese selbst.

Die Doppelrolle ist bei Brecht immer Ausdruck der Existenzspaltung des Menschen in kapitalistischer Gesellschaft. Zwar wird Entfremdung als Spiel vorgeführt, mit Kostümwechsel auf offener Bühne und Wendung zum Publikum, nie aber entsteht so eine Komik, die in »befreitem Lachen« ausgekostet werden könnte. Entfremdung wie deren sichtbares Resultat Existenzspaltung ist für sich ein durchaus ernstes Motiv – erst in einer dezidiert optimistischen Perspektive, was die gesellschaftliche Fortschrittsfähigkeit betrifft, kann es zu einem komischen werden. Daher bedeutet der Versuch, im *Guten Menschen von Sezuan* jene »Tragik« sehen zu wollen, die »erst das 20. Jahrhundert [freigelegt]« habe[15], daß der Interpret die fingierte Ratlosigkeit des Epilogs ernst nimmt und tatsächlich für ewig und ausweglos hält, was die Komödie in Parabelform doch gerade als änderbar und änderungsbedürftig ausgestellt hat. Die Doppelrolle ist der sinnlichkonkrete Beweis, die je erneut vorgespielte Nummer, daß es unter kapitalistischen Verhältnissen gerade die Tugenden sind, die dem einzelnen gefährlich werden. Das Ernste wird in einer Weise vorgespielt, die die Distanz der sozialen Erkenntnis ermöglicht, und es ist insofern komisch, als es enthüllt, wie vornehmlich die moralischen Grundwerte, die doch die bürgerliche Gesellschaft legitimieren sollen, als Postulat nur aufrechterhalten werden, weil sie in der bürgerlichen Realität verkehrt werden müssen.

Anmerkungen

1 Vgl. Walter H. Sokel: *Brechts gespaltene Charaktere und ihr Verhältnis zur Tragik* (1962), in: *Tragik und Tragödie*, hrsg. v. V. Sander, Darmstadt 1971, S. 381-396, sowie Reinhold Grimm: *Zwischen Tragik und Ideologie*, in: R. G.: *Strukturen. Essays zur deutschen Literatur*, Göttingen 1963, S. 248-271.
2 Vgl. Walter Hinck: *Die Dramaturgie des späten Brecht* (1959), Göttingen ⁶1977, S. 66 ff.

3 Karl Marx: *Zur Kritik der Hegelschen Rechtsphilosophie. Einleitung,* in: MEW 1, S. 382.
4 *Theaterarbeit. Sechs Aufführungen des Berliner Ensembles,* hrsg. v. Berliner Ensemble, Berlin ²1961, S. 16.
5 Vgl. dazu Peter Christian Giese: *Das »Gesellschaftlich-Komische«. Zu Komik und Komödie am Beispiel der Stücke und Bearbeitungen Brechts,* Stuttgart 1974, S. 16 ff., 228 ff.
6 Äußerung Brechts aus dem Jahr 1954. Zitiert nach: K. Rülicke-Weiler: *Bemerkungen Brechts zur Kunst. Notate 1951-1955,* Weimarer Beiträge, Brecht-Sonderheft 1968, S. 6.
7 *Theaterarbeit,* S. 42.
8 Friedrich Engels: *Der Ursprung der Familie,* in: MEW 21, S. 73.
9 Ebd., S. 77.
10 Karl Marx: *Ökonomisch-philosophische Manuskripte,* in: MEW EB 1, S. 514 f.
11 Vgl. ebd., S. 535.
12 Walter Benjamin: *Illuminationen. Ausgewählte Schriften,* hrsg. v. S. Unseld, Frankfurt/M. 1961, S. 196 u. 263.
13 Vgl. Klaus-Detlef Müller: *Die Funktion der Geschichte im Werk Bertolt Brechts. Studien zum Verhältnis von Marxismus und Ästhetik,* Tübingen 1967 (S. 82 ff.: Das Dirnenmotiv bei Brecht im Lichte des marxistischen Menschenbilds).
14 Vgl. Brechts Notizen in diesem Band, S. 111.
15 Volker Klotz: *Interpretation des »Guten Menschen von Sezuan«,* in: *Materialien zu Brechts »Der gute Mensch von Sezuan«,* hrsg. v. Werner Hecht, Frankfurt/M. 1968, S. 135.

Gerold Koller
Parabolischer Realismus

Brecht läßt in seinem Stück Götter auftreten. Diese verhalten sich aber nicht anders als Menschen; ihre Auftritte entbehren jeder religiösen Feierlichkeit. Trotzdem läßt Brecht sie am Ende auf einer rosa Wolke entschweben. Außerdem erscheint die Hauptfigur, die Prostituierte und nachmalige Ladeninhaberin Shen Te, zeitweise in Männerkleidung, als »Vetter« Shui Ta, ohne daß sie von jemandem in dieser Verkleidung erkannt wird. Das Stück selber enthält neben den normalen Spielszenen auch Zwischenspiele sowie, ähnlich wie im mittelalterlichen Drama und im Barockdrama, ein Vorspiel und einen Epilog.

Offensichtlich handelt es sich hier um einen Dramentypus besonderer Art. Brecht fügt dem Stücktitel, gleichsam anstelle des von ihm sonst oft verwendeten Untertitels, denn auch eine Gattungsbezeichnung an: »Parabelstück«. Obwohl er den Begriff in dieser Weise nur noch für den *Arturo Ui* verwendet, müssen zweifellos noch weitere seiner Stücke zu den Parabeln gezählt werden. Ilja Fradkin bezeichnet das Parabelstück als die wichtigste Gattung in Brechts Dramenschaffen.[1] Neben allen Lehrstücken zählt er neun Schaustücke, angefangen von *Mann ist Mann* bis zu *Turandot*, zu den Parabeln.[2] »Die Gattung des Parabelstücks«, so schreibt er, »entspricht maximal dem Prinzip der ›Verfremdung‹«.[3] Als charakteristische Merkmale nennt er den »uneigentlichen Charakter der Fabel, eine gewisse Künstlichkeit im Handlungsaufbau und die Phantastik der Umstände«. Sie bildeten im Parabelstück »ein direktes Gegengewicht zur ›Darstellung des Lebens in der Form des Lebens‹«.[4] Nach der formalen Charakterisierung der Parabel versucht Fradkin auch, deren Bedeutung für den Rezeptionsprozeß zu bestimmen. Er sagt, die Fabel der Parabel sei »darauf angelegt, die hinter dem Alltäglichen und Gewöhnlichen verborgene Wahrheit aufzudecken und den tieferen Sinn der gesellschaftlichen Prozesse und Konflikte aufzuzeigen«.[5] Das ist zweifellos richtig, gilt aber als grundlegende Intention nicht nur für sämtliche Stücke, sondern für Brechts Schaffen überhaupt. Es ist damit der Zweck des Brechtschen Verfremdungsprinzips bezeichnet – aber eigentlich nicht die besondere Qualität der Parabel für den Rezeptions- bzw. Produktionsprozeß. Fradkin scheint nun tatsächlich Verfremdung und Parabolik einander gleichzusetzen. Er hält es deshalb für schwierig, »das Parabelstück in Brechts Dramenschaffen von anderen Gattungen abzugrenzen«.[6] Auch *Mutter Courage* hält er für ein teilweise parabolisches Stück, und selbst im *Galilei*, einem Stück, das Brecht selber den Parabeln entgegengesetzt hat, will er parabolische Elemente entdecken. Von seinem sehr weit gefaßten Parabelbegriff – Fradkin hält alles für parabolisch, was das Individuelle auf das Allgemeine hin transparent macht – ausgehend, ist das durchaus konsequent. Auch trifft es zweifellos zu, daß die Parabel dem Verfremdungsprinzip maximal entspricht (warum das so ist, muß allerdings noch gezeigt werden), trotzdem geht es nicht an, Parabolik mit Verfremdung gleichzusetzen, denn während es sich bei der Parabel um eine Vermittlungsform neben andern handelt[7], ist das Prinzip der Verfremdung ein dramaturgisches Mittel der Darstellung, das vor allem die Mikrostruktur des Darzustellenden transparent macht und das in jeder Vermittlungsform Anwendung findet.

Fradkin nennt noch eine weitere, meiner Meinung nach wesentlichere Eigenschaft des Parabelstücks. Es erreiche »einen sehr hohen Grad von Verallgemeinerung, ohne dabei den individuell-konkreten Charakter der Gestalten einzubüßen«.[8] In diesem Zusammenhang ist ein von ihm erwähntes Gespräch Brechts mit Ernst Schumacher von Interesse, worin Brecht die Parabel verteidigt. Sie biete, so sagt er da, »den Vorteil des Einfachen und Eingängigen, die Möglichkeit, auf indirekte Weise die Wahrheit an den Mann zu bringen, was in unserem Jahrhundert immer noch sehr wichtig« sei, sie ermögliche es, ohne Pathos, das immer sehr problematisch, weil oberflächlich sei, Kräfte zu mobilisieren. »Die Parabel ist um vieles schlauer als alle anderen Formen. Lenin hat die Parabel doch nicht als Idealist, sondern als Materialist gebraucht. Die Parabel gestattet ihm, das Komplizierte zu entwirren. Sie stellt für den Dramatiker das Ei des Kolumbus dar, weil sie in der Abstraktion konkret ist, indem sie das Wesentliche augenfällig macht«.[9] Die von Brecht genannten Eigenschaften der Parabel erinnern uns an seine schon erwähnten Schwierigkeiten mit dem Stück. Es scheint, daß die Parabel tatsächlich derjenige Stücktypus ist, mit dem sich der Widerspruch zwischen Modellhaftigkeit und individuell-konkreter Charakterisierung zu einem produktiven Widerspruch entwickeln läßt. Wenn Brecht sagt, die Parabel sei in der Abstraktion konkret, dann heißt das nichts anderes, als daß im parabolischen Stück das Wirklichkeitsmodell, von dem der Stückeschreiber Brecht ausgeht, in einer Handlung konkretisiert, das heißt, in der konkreten Handlung, in einem wirklichen Modell dialektisch aufgehoben ist. Parabolisch ist nun aber nicht die konkrete Handlung, sie hat durchaus Bedeutung als solche, sondern ihre erneute »Aufhebung« ins Allgemeine durch den Zuschauer. Diese Negation der Negation geschieht durch die von der Parabel organisierte Rezeption. Der Produktions- bzw. Rezeptions-Prozeß läßt sich demnach in der folgenden Weise schematisieren: Brechts erkenntnistheoretischer Ausgangspunkt ist der dialektische Materialismus, der ihm ein hochgradig abstraktes Wirklichkeitsmodell liefert. Mit Hilfe dieses Modells gelingt es, gewisse Vorgänge der gesellschaftlichen Wirklichkeit zu erklären. In Analogie zum Modell baut Brecht solche Vorgänge als Konflikte zwischen Menschen nach. Er vermittelt sie parabolisch, was es dem Zuschauer erlaubt, sie – wiederum durch Analogie – auf seine Wirklichkeit zu beziehen. Betrachten wir, um das am konkreten Beispiel zu erläutern, das Vorspiel des *Guten Menschen*.

»Als aber der Mangel immer mehr wuchs und nahm überhand das Geschrei aller Kreatur, entstand eine Unruhe unter den Göttern. Denn es waren der Klagen viele, daß da keine Gottesfurcht mehr sei, wo der Mangel zu groß ist. Und sie sagten: So wir die Welt änderten, die mit Mühe erschaffen ist, entstünde eine große Unordnung. Wenn wir also solche finden, die standhaft sind im Mangel und unsere Gebote halten im Elend, soll die Welt bleiben, wie sie ist und da keine Unordnung sein. Es machten sich auf drei der obersten unter ihnen, zu suchen Gottesfürchtige, daß sie sie fänden, ihre Gebote zu halten und widerstehen im Mangel«.[10]

Vom Herausgeber Werner Hecht wird dieser frühe Text Brechts, von dem hier ungefähr die Hälfte zitiert ist, als »Fragment einer Fabelerzählung« bezeichnet. Der Gestus der feierlichen Ankündigung (in der Haltung von Evangeliumstexten), der diesem Text unterlegt ist, macht es wahrscheinlich, daß Brecht ihn als Prolog verwenden wollte. Manfred Wekwerth hat ihn in der Zürcher Inszenierung[11] denn auch in dieser Weise – allerdings verkürzt, um das Vorspiel damit nicht überflüssig zu machen – gebraucht. Das Resultat war eine deutlich verstärkte Parabelwirkung. In seiner Widersprüchlichkeit ist dieser »Prolog« bereits darauf angelegt, den Zuschauer stutzig, also aufmerksam zu machen. Der Inhalt der Ankündigung entspricht nämlich nicht der feierlichen, Ehrfurcht gebietenden Haltung, mit der die Ankündigung vorgebracht wird.

Bekämpfen Brechts Prologe gewöhnlich die Illusionswirkung, indem sie das Theatralische als solches ausstellen, so scheint es hier gerade umgekehrt zu sein. Man kündigt nicht Theater an, sondern vermeldet feierlich die kommende Ankunft von Göttern. In der Ankündigung werden Gründe genannt, warum die Götter erscheinen werden. Klagen der Menschen über den unheilvollen Zustand der Welt sind zu ihnen aufgestiegen. Nicht diese Klagen selber machen ihnen Sorge, sondern das mit dem »Mangel« in Kausalzusammenhang stehende Schwinden bzw. Verschwinden der »Gottesfurcht«. Wiederum nicht die (aus diesem Kausalzusammenhang) zu erwartende Erlösungsabsicht, ein Verändern der Welt, ist der Grund des Erscheinens. Sie wollen auf der Welt gute Menschen finden, um bestätigen zu können, daß die Welt so bleiben kann, wie sie ist. Sie steigen also nicht darum auf die Welt hinunter, um da das Elend zu beseitigen, sondern um aus diesem Elend ihre Legitimation als Erlasser von Geboten abzuleiten. Das zweifache »nicht-sondern« im »Prolog« führt zu einer parabolischen Verwertung der Götter als Theatergötter. Das Stück, das angekündigt wird, soll kein Stück über Götter, sondern ein Stück mit Göttern sein.[12] Das heißt, es wird im Stück nicht das Erscheinen der Götter thematisiert, sondern es wird die Realität, der diese Götter begegnen werden, zum Gegenstand der Darstellung gemacht. Mit dieser Realität wird der Zuschauer bereits zu Beginn des Vorspiels konfrontiert. Er wird gleich von der Bühnenfigur angesprochen:

»Ich bin Wasserverkäufer hier in der Hauptstadt von Sezuan. Mein Geschäft ist mühselig. Wenn es wenig Wasser gibt, muß ich weit danach laufen. Und gibt es viel, bin ich ohne Verdienst. Aber in unserer Provinz herrscht überhaupt große Armut. Es heißt allgemein, daß uns nur noch die Götter helfen können. [...]«

Dieser Szenenbeginn hat keineswegs monologischen Charakter, wie man auf den ersten Blick meinen könnte. Der Schauspieler muß hier eine besondere Haltung einnehmen, nämlich die des Berichtenden und Antwortenden. Durch diese Haltung wird dem Zuschauer gleich eine Rolle zugespielt, die er gar nicht zurückweisen kann, solange er gewillt ist, dem Bühnengeschehen zu folgen. Jetzt ist er es, der das Stück eröffnet, nämlich mit den Fragen: Wer sind Sie denn? bzw. Auf wen warten Sie da vor der Stadt? (In Zürich wurde die Situation durch eine Stadtprojektion und durch entsprechende Geräusche optisch und akustisch situiert.) Die Haltung des Schauspielers macht diese Fragen real. Es ist unwesentlich, ob sie tatsächlich gestellt worden sind, denn im Raum des Spiels ist das wirklich, was als Haltung erkennbar ist. Ein Dialog ist demzufolge dann gegeben, wenn der Schauspieler das Verhalten eines Dialogpartners spielt.

Hier spielt also der Zuschauer von Anfang an in einer konkreten Situation mit. Er bringt das scheinbar unlösbare Problem des Wasserverkäufers in Erfahrung (als Geschäftsmann ist dieser darauf angewiesen, daß die Stadt unter Wassermangel leidet; seine natürlichen Bedürfnisse stehen folglich im Widerspruch zu seinen Händler-Bedürfnissen), wird über die Armut der Bevölkerung unterrichtet und darüber in Kenntnis gesetzt, daß man nur noch auf die Götter hoffen könne.

Wenn der Zuschauer in dieser Weise mit der Situation konfrontiert worden ist, behält er trotzdem Distanz zum Gezeigten. Die vertraulich-wichtigtuerische Haltung Wangs (der hält sich ja im Augenblick für den wichtigsten Mann von ganz Sezuan, da er es ist, der von der bevorstehenden Ankunft der Götter weiß) beantwortet er nicht mit Einverständnis und Mitgefühl, sondern mit Gelächter. (Tatsächlich hat das Zürcher Publikum an dieser Stelle immer gelacht.) Er bringt die Naivität des Wasserverkäufers nicht auf, von der Ankunft der Götter die Lösung der Probleme zu erwarten. Dennoch wartet er mit Spannung auf das folgende Geschehen.

Wie wir sehen, besteht hier bereits ein Widerspruch zwischen der Haltung der Bühnenfigur (ernst aber zuversichtlich) und derjenigen des Zuschauers (heiter aber skeptisch). Die Situation bekommt spürbar komischen Charakter, ohne daß jedoch am Ernst des Dargestellten gezweifelt würde. Verantwortlich dafür ist die parabolische Darstellung. Durch den Beizug der Götter erscheint auf der Bühne das Problem bereits als gelöst, noch bevor die Götter wirklich erschienen sind. Das Stück wird schon nach den ersten Sätzen dem Ende zugeführt. (Verfremdung des klassischen deus ex machina.) Rezipiert wird diese eminent theatralische Szene natürlich mit großer Heiterkeit, aber eben deshalb, weil man im Zuschauerraum an diese Lösung nicht glaubt. Die unvermittelte Konfrontierung von Realität und Irrealität in dieser kurzen Anfangsszene wirkt parabolisch in dem Sinne, daß sie den Rezipienten an die Wirklichkeit verweist. Das an sich Unreale (die Parabel stellt das als völlig real dar) ist es, was die Fabel konkret macht. Das Parabolische der Darstellung verlebendigt (verfremdet) das, was in der Folge dargestellt wird. Diese Art der Wirklichkeitsdarstellung – wir wollen sie als »parabolischen Realismus« bezeichnen – erlaubt außerdem eine hohe Verwertbarkeit des Poetischen.

Walter Benjamin notiert unter dem Datum 27. September 1934 ein Gespräch mit Brecht. Aus seinen Bemerkungen geht hervor, daß Brecht sich zu dieser Zeit intensiv mit poetischen Vermittlungsformen beschäftigt hat. In einer »tieferen Schicht« hätten sich Brechts Bedenken, so meint Benjamin, »auf das artistische und spielerische Element der Kunst, vor allem auf diejenigen Elemente, die sich teilweise und gelegentlich refraktär gegen den Verstand machen«, gerichtet.[13] Brecht beschäftigte also die Frage, wie der Gefahr begegnet werden kann, daß das Poetische und Artistische sich in der Kunst verselbständigt. Benjamin erkennt, wo für Brecht die Lösung des Problems liegt: »Diese heroischen Bemühungen Brechts, die Kunst dem Verstande gegenüber zu legitimieren, haben ihn immer wieder an die Parabel verwiesen, in der sich die artistische Meisterschaft dadurch bewährt, daß die Elemente der Kunst am Ende sich in ihr wegheben.«[14] Das ist genau die Pointierung dessen, was wir oben festgestellt haben, nämlich, daß die Parabel die kritische Rezeption über die genußvolle Haltung organisiert, was bedeutet, daß das Poetische die Reflexion in Gang setzt, in ihr dann aber verwertet, das heißt aufgehoben wird.

Wir müssen das Vorspiel weiterverfolgen, denn das Artistische des Stücks äußert sich ja nicht zuletzt darin, daß da wirklich Götter auftreten werden. Nachdem Wang sich darüber geäußert hat, wie er sich die Götter vorstellt – als Herren, die weder zu arbeiten noch sich zu prügeln brauchen – und daß er sie als zu den Mächtigen gehörende zählt, erscheinen sie. Brecht sieht vor, daß sie wohlgenährt und staubbedeckt auf die Bühne treten und von diesem ihrem Äußeren her von Wang erkannt werden. Wekwerth hat bei seiner Inszenierung eine Änderung vorgenommen; als Erkennungszeichen hat er einen Theaterdonner eingesetzt. Der Blick Wangs wie der des Publikums ging automatisch nach oben, die

Götter meldeten sich aber aus dem Zuschauerraum. Sie saßen im Publikum; gekleidet waren sie wie Leute aus dem Publikum. Wekwerth bezweckte damit nicht in erster Linie einen Theatereffekt, vielmehr sollte dem Zuschauer von Anfang an klar gemacht werden, wie er diese Götter zu nehmen hat. Er sollte hinter ihnen nichts »Göttliches« vermuten, sondern sie bloß von ihrer Selbstdefinition her begreifen. Wekwerth wollte verhindern, daß das Zürcher Publikum, das mit parabolischer Theaterästhetik wenig vertraut ist, sich mit Fragen nach der Bedeutung der Götter beschäftigt. Solche Fragen oder Unsicherheiten würden die parabolische Vermittlung um ihre Wirksamkeit und das Stück um einen Teil seiner Bedeutung bringen. Die Aufgabe der Götter ist es, gute Menschen zu finden, notfalls auch nur einen einzelnen, denn »im Beschluß hieß es: die Welt kann bleiben, wie sie ist, wenn genügend gute Menschen gefunden werden, die ein menschenwürdiges Dasein leben können«. Das Erscheinen der Götter aus dem Zuschauerraum (ihre Auftritte und Abgänge in den Zwischenspielen erfolgten ebenfalls durch den Zuschauerraum) bedeutete eine sichtbare Verstärkung der Parabelwirkung. Denn der Zuschauer soll sich in der Folge ja, was seine Haltung betrifft, an der Suche nach dem guten Menschen beteiligen. Allerdings soll er gerade nicht die idealistische, bürgerlich-ideologische Haltung der Götter einnehmen können. Die Parabel macht die Ideologie gerade zum Gegenstand der Darstellung. Wekwerth sagt über die Parabel, sie sei »nicht hauptsächlich auf die Entdeckung von Personen oder Vorgängen aus, sondern auf die Fähigkeit des Entdeckens selber. Ihre Wirkung ist vergleichbar mit der eines Katalysators. Ohne daß er selber in das System integriert ist, reicht seine Anwesenheit aus, Vorgänge sichtbar zu machen und Prozesse in Gang zu bringen, die zwar ohne ihn vorhanden sind, aber nicht sichtbar werden«.[15] Als solche Katalysatoren wirken die Götter. Die Parabel läßt idealistische Naivität und konkrete Wirklichkeit unmittelbar aufeinanderprallen, so daß beide verfremdet, das heißt, für den Zuschauer sichtbar werden. Das Idealistische äußert sich in der Realitätsblindheit der Götter. Diese wird schon im Vorspiel offenkundig. Die Götter wissen um das Elend auf der Welt, halten aber trotzdem dogmatisch an ihren Geboten fest. Der dritte Gott hofft bereits, in Wang einen guten Menschen gefunden zu haben. Seinem Begleiter ist aber aufgefallen, daß der Wasserverkäufer einen Becher mit doppeltem Boden benutzt.

Also genügt er den »Bedingungen« nicht und »fällt weg«. Es scheint auch, daß Wang kein Obdach für sie finden kann. Seinen Optimismus – Wang liefert seine fortgesetzten Niederlagen vor den Göttern als große Erfolge ab – haben sie durchschaut. Ihre Ratlosigkeit wächst. Der zweite Gott hält die Suche schon jetzt für gescheitert: »Es gibt keine Gottesfürchtigen mehr, das ist die nackte Wahrheit, der ihr nicht ins Gesicht schauen wollt. Unsere Mission ist gescheitert, gebt es euch zu!« Angesichts der offenkundigen Misere reden sie bereits mit gedämpfter Simme. Brecht läßt da den Zuschauer einen Blick werfen unter die Oberfläche der Obrigkeit. Das Gespräch hat plötzlich den Charakter des Gezänks angenommen. Verzweifelt versucht der erste Gott, die Situation zu retten: »Aber was ist schon, wenn *einer* angefault ist! Wir werden schon genug finden, die unseren Bedingungen genügen.« Und sich selbst Optimismus befehlend, fährt er fort: »Wir müssen einen finden!« Die Misere ist bereits historisch, und doch will man sie wegdiskutieren: »Seit zweitausend Jahren geht dieses Geschrei, es gehe nicht mehr weiter mit der Welt, so wie sie ist. Niemand auf ihr könne gut bleiben. Wir müssen jetzt endlich Leute namhaft machen, die in der Lage sind, unsere Gebote zu halten.«

Auch diese Szene wird vom Publikum mit Gelächter beantwortet. Als Zuhörer und Zuschauer eines (als illegal dargestellten) Gesprächs unterhält es sich köstlich. Es zeugt von der List Brechts, wie er aber gerade an dieser Stelle einen für das Stück entscheidenden Inhalt übermittelt. Wenn die Suche der Götter scheitert (und sie täte es in einer Realität, die der Rezipient als seine eigene erkennt), wenn auf der gezeigten Welt tatsächlich niemand gut bleiben kann, dann darf die Welt nicht so bleiben, wie sie ist. Die Prämisse ist jedermann klar. Man nimmt an, daß die Welt dort in Ordnung ist, wo die Menschen gut sein können. Wo das nicht der Fall ist, muß die Welt geändert werden. Es ist wichtig, daß diese Stelle gestisch so ausgestellt wird, daß sie am Schluß wieder erinnert werden kann. Es ist dann kaum möglich, den Epilog als wirkliche Ratlosigkeit Brechts zu interpretieren.

Die Suche scheint indessen zum Erfolg zu führen. Wang wendet sich an die Prostituierte Shen Te, »die kann nicht nein sagen«. Und sie nimmt die Götter für eine Nacht auf, obwohl sie dann ihre Miete nicht zusammenkriegt und hinausgeworfen wird. Schon da zeigt sich der Widerspruch, der zum zentralen Widerspruch der Fabel werden wird: der Widerspruch zwischen dem Gut-Sein zu sich selber und dem Gut-Sein zu andern. Auf das anfängliche Zögern der Prostituierten antwortet der Wasserverkäufer: »In solch einem Augenblick darf man nicht rechnen.« Seine Haltung beim Anpreisen der Götter ist widersprüchlich. Natürliche Verehrung und Spekulation des kleinen Geschäftsmannes gehen untrennbar durcheinander. Nach den ersten abschlägigen Antworten von Sezuaner Hausbesitzern preist er die Götter offen als käufliche Objekte an: »Gehen Sie nicht weiter! Überzeugen Sie sich selber! Ein Blick genügt! Greifen Sie um Gottes Willen zu! Es ist eine einmalige Gelegenheit!« Wangs Haltung ist bestimmt durch seine Erwartungen, die er in bezug auf die bevorstehende Ankunft der Götter äußerte. Mangel und Elend hält er für Strafen der Götter gegen die »bösen Menschen«. Wenn er die Götter davon überzeugen kann, daß die Menschen in Sezuan, im Gegensatz zu den Bewohnern der Provinz Kwan, gottesfürchtig sind, dann werden die Götter, davon ist er überzeugt, Sezuan nicht weiter im Elend lassen. Seine Bemühungen, ein Nachtquartier für die »Erleuchteten« zu finden, sind deshalb nicht bloß als rührende Bemühungen eines Gottesfürchtigen zu verstehen, sondern sind durchaus auch rational begründbar. Die Anrede »Erleuchtete!« vermag das nur oberflächlich zu kaschieren. Sie steht in komischem Widerspruch zu seinen Schwindeleien gegenüber den so Angesprochenen.

Wenn Wang also vor Shen Te mit der Einmaligkeit des Augenblicks argumentiert, dann ist das bloße Rhetorik. Ein merklicher Unterschied zu seinen vorangegangenen Anpreisungen ist erkennbar. Die potentiellen »Käufer« hat er gerade auf den geschäftlichen Nutzen der Obdachgewährung aufmerksam gemacht, während bei Shen Te nur die Kosten zum Gegenstand der kurzen Diskussion werden. »Ich weiß nicht, der Magen knurrt leider auch, wenn der Kaiser Geburtstag hat. Aber gut, ich will sie aufnehmen«, antwortet ihm Shen Te. Für den Zuschauer erklärt gerade die Tatsache, daß Wang Wohlhabende um ein Obdach angeht, seinen Mißerfolg. Bei denen können Wangs Argumente nicht zum Erfolg führen, denn zum einen haben Götter im Denken dieser Leute keinen Platz, zum andern sind die Besitzenden nicht so naiv, sich von einem Geschäft mit Göttern etwas zu versprechen.

Wang hat Shen Te nun als guten und naiven Menschen eingeführt (»sie kann nicht nein sagen«). Da diese Charakterisierung darauf hindeutet, daß Shen Te ein solcher Mensch ist, wie ihn die Götter suchen, fragt man sich, warum Wang erst jetzt auf sie gekommen ist. Die Antwort ist einfach. Als Prostituierte ist Shen Te für Wang kaum geeignet, den Göttern als Gottesfürchtige präsentiert zu werden. Zudem ist gerade diese Frage Ausdruck dafür, daß der Zuschauer mehr weiß als die Bühnenfigur. Wang weiß zu diesem Zeitpunkt noch gar nicht, daß die Götter einen guten Menschen suchen. Seine Einschätzung der Shen Te ist zwiespältig. Er nennt sie einen guten Menschen, weil sie naiv ist; ihr Gewerbe hält er aber für moralisch verwerflich. Diesen Widerspruch kann Wang selber nicht lösen. Also unterdrückt er das eine (»Sie dürfen von deinem Gewerbe nichts erfahren!«) und stellt das andere aus (»Ihr wohnt bei einem alleinstehenden Mädchen. Sie ist der beste Mensch von Sezuan.«). Ohne es zu wissen, bereitet er mit diesen Worten den Göttern eine freudige Überraschung. Er argumentiert bloß aus Verlegenheit so, denn wie soll er Shen Te den Göttern vorstellen, wenn er sie nicht als Gottesfürchtige präsentieren kann? Shen Te's Antwort auf Wangs Drängen hat deutlich gemacht, daß sie weder aus dem Bewußtsein um den hohen Augenblick noch aus Gottesfurcht nachgibt, sondern aus Freundlichkeit. So wie sie später Menschen Obdach gewährt, einfach weil sie ein Obdach brauchen, so läßt sie hier die Götter bei sich eintreten.

Hier zeigt sich wiederum die Offenheit der Parabel für das Poetische. Sowohl die Suchaktion Wangs als auch das Gezänk der Götter laufen auf der parabolischen Ebene ab. Sie Szene ist ebenso unwirklich wie konkret, was sie im höchsten Maße komisch macht. Realitätswert erhält sie durch die (genußvolle) Rezeption, die wir oben als Negation der Negation bestimmt haben. Die heitere Faszination der Szene ergibt sich erst durch die Haltung des Zuschauers, der sich verwundert fragen muß, was denn da eigentlich auf der Bühne vor sich gehe. Shen Te's Verhalten nun durchbricht unvermittelt diese parabolische Szenerie. In ihrer Argumentation artikuliert sie ihre unmittelbaren, sich widersprechenden Bedürfnisse. Sie ist gerne freundlich zu den Menschen (also auch zu den Göttern). Wie aber kann sie, wenn sie diesem Bedürfnis immer nachgibt, noch ihre Miete zusammenbekommen? Die Spontaneität erlaubt es ihr nicht, auf Wangs Kalkül zu reagieren. Poetisch wird diese Stelle, weil sie zeigt, daß es für Shen

Te überhaupt unmöglich ist, auf Argumente einzugehen. Es prallen da zwei grundsätzlich verschiedene Haltungen aufeinander. Einer Stellungnahme kann sich der Zuschauer nicht entziehen.

Es ist wichtig zu sehen, daß Brecht hier nicht den Typus des guten Menschen auf die Bühne bringt, sondern daß er die Figur der Shen Te ganz und gar vom Individuellen her aufbaut. Der filmschnittähnliche Gestuswechsel von der Parabolik zur unmittelbar dargestellten Wirklichkeit ist ein Hinweis dafür, daß Shen Te nicht als personifizierte Güte aufgefaßt werden darf. Wekwerth hat bei seiner Inszenierung zum Beispiel sorgfältig darauf geachtet, daß dieses Gut-Sein nicht übermäßig betont wurde. Shen Te wurde von Renate Richter gespielt als eine Frau, die einfach gern gut ist, die glücklich ist, wenn sie zu den Leuten freundlich sein kann. Brecht will mit dieser Figur keine außergewöhnlichen Charaktereigenschaften darstellen; die Freundlichkeit will er als etwas dem Menschen Natürliches (mit allen daraus resultierenden Widersprüchen) aufgefaßt wissen. Daß es in der Folge die Figur in schwerste Konflikte führt, rückt dann das gesellschaftliche System als Ursache dieser Widersprüche selber ins Blickfeld.

Wir müssen noch einmal betonen, daß nicht die Eigenart einer bestimmten Haltung poetisch genannt werden kann. Poetisch wird Shen Te's Verhalten, weil es durch den abrupten Gestuswechsel den Blick freigibt auf unmittelbar sichtbare (nicht ideologisch vermittelte) Realität. Als Stückchen im Stück wird es durch die Naivität, mit der es hervorgebracht wird, vom Parabolischen abgehoben. Es ist also keiner der Gesten gegenüber dem andern ästhetisch markiert; hervorgehoben werden sie einzig durch ihre Unterscheidbarkeit. Sie verfremden sich gegenseitig. Die poetische Meisterschaft Brechts zeigt sich gerade in der dialektischen Verwendung der ästhetischen Mittel, die darauf abzielt, den Zuschauer von der rezeptiven zur produktiven Haltung zu bringen.

Betrachten wir den Fortgang des Vorspiels. Nachdem Wang das Quartier beschafft hat, muß er versuchen, die Götter noch eine Weile hinzuhalten. Shen Te erwartet einen Freier. Bevor sie diesen nicht weggeschickt hat, dürfen die Götter begreiflicherweise ihre Wohnung nicht betreten. Der zweite Gott, er ist allem Anschein nach der dogmatischste, denn für ihn besteht kein Zweifel, daß alle Schlechtigkeit der Menschen aus deren Charakterschwäche zu erklären ist, eben dieser Gott durchschaut die Hinhaltetaktik Wangs. Während der Wasserverkäufer einem Nervenzusammenbruch nahe ist, genießt er, diabolisch grinsend, die Situation. Der dritte, der »menschlichste« Gott kommt Wang (schon zum zweiten Mal) zu Hilfe. »Aber wenn du willst, daß wir von hier weggehen, dann brauchst du es doch nur zu sagen«, versucht er die Situation zu entschärfen. Nachdem man sich schließlich auf die andere Straßenseite begeben hat, beginnt Wang über Shen Te zu berichten. Er charakterisiert sie, wie bereits erwähnt, als einen guten Menschen. Seine Haltung unterscheidet sich dabei deutlich von der nunmehr stoischen Ruhe der Götter. (Sie sind ihre erste Sorge los, da sie glauben, schon jetzt einen guten Menschen gefunden zu haben.) Wangs Sprechen ist nicht nur Hinhaltetaktik, sondern auch Ablenkungsmanöver. Er befürchtet, die Götter seien seinem eigenen moralischen Ungenügen auf die Spur gekommen, sie hätten die eigenartige Konstruktion seines Bechers entdeckt. Auf ihre scheinbar beiläufige (Gestus) Frage, ob es die Leute in Sezuan sehr schwer hätten, antwortet er überraschend spontan (und deutet deshalb nicht religiös um): »Die guten schon.« (Auch hier findet wieder ein abrupter Wechsel statt von der Parabolik zur unmittelbaren Realität.) Damit nennt er bereits die Hauptthese des Stücks, die sich in der Folge noch als zu milde formuliert erweist. Sein eigenes Ungenügen, das er auf die Frage, ob auch er es schwer habe, glaubt gestehen zu müssen, verteidigt er mit dem Hinweis, es sei die einzige Möglichkeit, um zu überleben.

Dramaturgisch bereitet dieses Gespräch den Abgang Wangs und den Auftritt Shen Te's vor. Wangs Unsicherheit wächst zusehends, als er sieht, daß die Götter die Anwesenheit des Freiers bemerkt haben. Da Shen Te anschließend auf sein Rufen nicht antwortet, gibt er seine Sache verloren. Überzeugt, daß die Götter jetzt über ihn und Sezuan Bescheid wissen, macht er sich davon. Er wagt nicht einmal mehr, sein Traggerät zu holen: »Ich will weggehen aus der Hauptstadt und mich irgendwo verbergen vor ihren Augen, da es mir nicht gelungen ist, für sie etwas zu tun, die ich verehre.« Wie wir gesehen haben, trägt Wangs Gespräch mit den Göttern von Anfang an komische Züge. Das liegt auch in diesem Falle an den widersprüchlichen Haltungen. Einerseits deutet Wang die Armut in Sezuan als Gottesstrafe für die Schlechtigkeit der Menschen, andererseits erkennt er das moralische Ungenügen als Folge des Elends. Er verwickelt sich in einen Widerspruch zwischen realistischer und idealistischer Weltdeutung. Er bemüht sich, beim Sprechen mit den »Erleuchteten« groß (für Götter) zu formulieren. (Der Schauspieler unterlegte dem in Zürich immer den Gestus: Können Sie mir folgen?) Während Wang die banalsten Dinge so spricht, als führe er ein Religionsgespräch (man beachte vor allem die Stelle, wo er von den Überschwemmungen in der Provinz Kwan spricht), verhalten sich die Götter vollkommen prosaisch, ja beinahe (ungewollt) realistisch – ohne Sinn für das »Höhere«. Durch die Art der Komik (das Nicht-Einlösen der Erwartungen) erhält der Dialog deutliche Parabelwirkung. Der Zuschauer ist gezwungen, das zu registrieren, was Wang nicht erklären kann, und was die Götter geflissentlich übersehen, die gesellschaftlichen Widersprüche nämlich, die da zutage treten. Gegen Schluß des Gesprächs wirkt das Parabolische der Szene dahingehend, daß der Zuschauer über die Frage nach den Bedingungen von Shen Te's Güte zur Konfrontation mit der eigenen Alltagsrealität provoziert wird, sich also in Shen Te selber gegenübertritt.

Weil Wang verschwunden ist, geleitet Shen Te die Götter, nachdem sie sie bewundernd-fragend angesprochen hat, in ihr Zimmer. Nach wenigen Augenblicken – daß es inzwischen Morgen geworden ist, wird durch Verdunkeln und Wiederbeleuchten der Bühne angezeigt – treten sie wieder auf die Straße und wollen sich gleich verabschieden: »Liebe Shen Te, wir danken dir für deine Gastlichkeit. Wir werden nicht vergessen, daß du es warst, die uns aufgenommen hat. Und gib dem Wasserverkäufer sein Gerät zurück und sage ihm, daß wir auch ihm danken, weil er uns einen guten Menschen gezeigt hat.« Shen Te widerspricht ihm sofort: »Ich bin nicht gut. Ich muß euch ein Geständnis machen: als Wang mich für euch um Obdach anging, schwankte ich.«

»Schwanken macht nichts, wenn man nur siegt«, will sie der erste Gott beschwichtigen. »Wisse, daß du uns mehr gabst als ein Nachtquartier. Vielen, darunter sogar einigen von uns Göttern, sind Zweifel aufgestiegen, ob es überhaupt noch gute Menschen gibt. Hauptsächlich um dies festzustellen, haben wir unsere Reise angetreten. Freudig setzen wir sie jetzt fort, da wir einen schon gefunden haben.«

Dieser Szenenverlauf führt zu einer ersten dramatischen Zuspitzung. Gleichzeitig scheint damit auch schon das Ende des Spiels angezeigt. Vorsichtig versucht Shen Te, die Götter auf ihren Irrtum aufmerksam zu machen. Sie wendet ein, daß sie dem Idealbild des guten Menschen nicht entspricht. Verfremdet wird die Szene durch den Umstand, daß es nicht die Götter sind, die Shen Te einer Prüfung unterziehen, sondern sie selber es ist, die deren positives Urteil in Frage stellt. Die Götter lassen aber Shen Te's Selbstkritik nicht zu. Es kommt heraus, daß sie sich den einmal gefundenen guten Menschen nicht wieder wegnehmen lassen wollen. Shen Te ihrerseits glaubt, mit den Göttern nun endlich jene Instanz vor sich zu haben, die sich ihrer Probleme annehmen wird. Statt daß diese, ihren Gestus aufnehmend, nach dem Grund für ihr Schwanken fragen, beeilen sie sich, mit wohltönenden Beschwichtigungen die angemeldeten Bedenken zu zerstreuen, ja, sie gar für ihre Zwecke umzudeuten. Vor dem aufmerksam gewordenen Publikum können sie ihre Absicht aber nicht tarnen. Sie sehen Unheil auf sich zukommen. Wenn sie sich auf eine Auseinandersetzung mit der Realität einlassen, müssen sie scheitern. Also setzen sie alles daran, so schnell wie möglich wegzukommen.

Die Situation scheint einer Gaunerkomödie entnommen, wo die Verbrecher, angesichts der drohenden Entdeckung, das Weite suchen wollen. Die Szene erreicht den größtmöglichen Gegensatz von Ernst und Komik da, wo die Götter ihr offensichtliches Scheitern als großen Erfolg ausgeben. (»Freudig setzen wir sie [die Reise] jetzt fort, . . .«) Es braucht ein »Halt« im Tonfall höchsten Entsetzens, um sie am Weglaufen zu hindern:

»Halt, Erleuchtete, ich bin nicht sicher, daß ich gut bin. Ich möchte es wohl sein, nur, wie soll ich meine Miete bezahlen? So will ich es euch denn gestehen: ich verkaufe mich, um leben zu können, aber selbst damit kann ich mich nicht durchbringen, da es so viele gibt, die dies tun müssen. Ich bin zu allem bereit, aber wer ist das nicht? Freilich würde ich glücklich sein, die Gebote halten zu können der Kindesliebe und der Wahrhaftigkeit. Nicht begehren meines Nächsten Haus, wäre mir eine Freude, und einem Mann anhängen in Treue, wäre mir angenem. Auch ich möchte aus keinem meinen Nutzen ziehen und den Hilflosen nicht berauben. Aber wie soll ich dies alles? Selbst wenn ich einige Gebote nicht halte, kann ich kaum durchkommen.«

In Zürich spielte Renate Richter das – folgerichtig – als den letzten Versuch Shen Te's, die Götter zu einer Stellungnahme zu zwingen. In ihrer Haltung brachte sie zum Ausdruck, daß das, worauf die Götter amüsiert und unverbindlich reagieren, auch eine andere, eine menschliche Seite hat.

Wiederum muß Shen Te das zur Sprache bringen, was zu untersuchen eigentlich Sache der »Erleuchteten« wäre. Mit dem Gestus, mit dem die Schauspielerin die »Gebote« aussprach (Kindesliebe, Wahrhaftigkeit, Treue zum Mann usw.), stellte sie dar, daß das die Anweisungen sind, die Shen Te eingetrichtert bekommen hat. Das beinahe automatische Hersagen spornte den Zuschauer zu besonderer Aufmerksamkeit an. Es wurde ihm dieselbe Vertrautheit mit den Geboten bewußt gemacht. Da die Götter auf Shen Te's verzweifeltes Fragen keine Antwort geben können – ihre offensichtliche Hilflosigkeit wird parabolisch verwertet –, muß sich der Zuschauer endlich als Adressat des Hilferufs verstehen. Die Götter erweisen sich der Realität gegenüber als vollkommen hilflos. Wangs Hoffnungen sind völlig illusorisch. Da das Problem nun einmal in aller Schärfe artikuliert worden ist, bleibt bei der Suche nach einer möglichen Lösung niemand übrig als der Zuschauer selber.

Es bleibt die Ursache zu bestimmen, warum durch die Verabsolutierung der Gebote, die im Grunde etwas wirklich Erstrebenswertes fordern, Ethik und Moral in einen undialektischen Gegensatz zueinander geraten sind. Von der abstrakten Ebene der Ethik gibt es offenbar keine Verbindung mehr zur Moral, die Ausdruck gesellschaftlicher Gegebenheiten ist. Der Widerspruch zwischen Gebot und gesellschaftlicher Wirklichkeit ist nicht mehr dialektisch aufhebbar. Was das seltsame Verhalten der Götter betrifft, so läßt es sich von da aus gesehen natürlich leicht erklären. Sie legitimieren ihren Herrschaftsanspruch mit der behaupteten Möglichkeit der Einhaltung des von ihnen erlassenen Gebotes, der Mensch solle gut sein. Sie bestehen nicht auf der Einhaltung der einzelnen, daraus abzuleitenden Pflichten, an die Shen Te sie erinnern muß – diese sind noch so konkret, daß man bei der Nachforschung, ob sie erfüllt werden, um eine Konfrontation mit der Realität nicht herum käme –, sondern versteifen sich auf das gut klingende, sozial aber kaum definierbare »Sei gut!«. Es ist keineswegs eine Nachlässigkeit Brechts, wenn er die Götter nie sagen läßt, woran sie eigentlich den guten Menschen erkennen wollen. Offenbar wollen sie denjenigen Menschen als gut bezeichnen, der ihnen Obdach gewährt. Shen Te droht ihnen mit den

vorgebrachten Einwänden demnach die Definition durcheinanderzubringen. Das müssen sie unter allen Umständen verhindern, denn wenn ihnen jemand nachweist, daß die Art und Weise, wie sie ihren Legitimationsauftrag erfüllen wollen, mehr als fragwürdig ist, dann müßten sie ihre Suche schon jetzt einstellen. Ihre Reaktion auf Shen Te's Hinweis, sie müsse sich an Männer verkaufen, kann nur ein (wenigstens die Form wahrendes) protestierendes Sich-Wegwenden sein (wie man es in Zürich gesehen hat). Der Zuschauer stellt sich die Frage, wie sie sich nun wohl verabschieden werden. Trotz ihrer erbärmlichen Haltung ist man beinahe versucht, für sie Mitleid zu empfinden (was von der Parabel wieder komisch verwertet wird). Einfach davonrennen dürfen sie nicht, da sie sich sonst verraten würden. Im Gebrauch von Phrasen sind sie indessen so gewandt – wenigstens das hat Brecht ihnen zugestanden –, daß sie sich auch da zu helfen wissen:
»Der erste Gott: Das alles Shen Te, sind nichts als die Zweifel eines guten Menschen.
Der dritte Gott: Leb wohl, Shen Te! Grüß mir auch den Wasserverkäufer recht herzlich. Er war uns ein guter Freund.
Der zweite Gott: Ich fürchte, es ist ihm schlecht bekommen.
Der dritte Gott: Laß es dir gut gehn!
Der erste Gott: Vor allem sei gut, Shen Te! Leb wohl!«
Wekwerth ließ diese Sätze in einer Haltung sprechen, die sich deutlich vom Text abhob. Mit dem, was die Götter sagen, beweisen sie ihre Ratlosigkeit. Shen Te gegenüber liefern sie ihre Worte aber als weise Ratschläge ab. Benennen läßt sich ihre Haltung etwa so: Da wir nun wissen, daß du keine Mittel hast, um gut sein zu können, raten wir dir, es mit deiner inneren Einstellung zu versuchen! Nach diesem »Rat« steht Shen Te nun wirklich ratlos da. Es hat etwas für den Zuschauer Rührendes, wie sie hier von den Göttern stehengelassen wird. Sie, die nur aus der Realität heraus zu argumentieren versteht – und Brecht individualisiert (verfremdet) diese Haltung, um sie von der Phrasenhaftigkeit der Götterhaltung abzuheben –, versteht überhaupt nichts von dem, was ihr die Götter antworten. »Angstvoll« – so Brechts Anmerkung – wendet sie erneut ein: »Aber ich bin meiner Sache nicht sicher, Erleuchtete. Wie soll ich gut sein, wo alles so teuer ist?« In seiner Unmittelbarkeit und Naivität ist dieser Einwand so verblüffend, daß der Zuschauer sich momentan einer Identifizierung mit Shen Te kaum wird entziehen können. Diese ist die pointier-

teste aller bisherigen Fragen. Sie setzt das Stück erst eigentlich in Gang. Die Emotion des Rezipienten wird sofort abgelöst von der kritischen Reflexion, wenn der zweite Gott antwortet: »Da können wir leider nichts tun. In das Wirtschaftliche können wir uns nicht mischen.« War der Zuschauer eben noch selber ratlos, und anerkannte er deshalb Shen Te's Frage als wirkliche Frage, so gibt nun der zweite Gott überraschend eine Antwort, die, vom Zuschauer konsequent zu Ende gedacht, im Ansatz bereits richtungweisend ist für eine mögliche Problemerörterung. Da, wo sich die Götter als inkompetent erklären, in der gesellschaftlich-wirtschaftlichen Realität, liegt möglicherweise die Wurzel von Shen Te's Problem. Wenn dem so ist – das ist erst Ahnung; weiter stößt die Parabel hier noch nicht vor –, dann muß eine Lösung hier ansetzen. Zuständig im Bereich der Realität ist aber der Mensch und niemand sonst. (Das haben die Götter eben selber bestätigt.)

Im völligen Widerspruch zu ihrer erklärten Inkompetenz in bezug auf das »Wirtschaftliche« bringen die Götter Shen Te nun aber mit einem Geldgeschenk (buchstäblich) zum Schweigen. Der Protest des zweiten Gottes, man könne das »oben nicht verantworten«, führt allerdings vorher noch zu einer handfesten Auseinandersetzung.

Wie schon früher sind sich die Götter in ihrer Argumentation nicht einig. Der menschenfreundliche dritte Gott möchte Shen Te uneigennützig helfen: »Wenn sie etwas mehr hätte, könnte sie es vielleicht schaffen.« Seine Haltung erklärt sich aus seiner Weichherzigkeit. Mit dieser (menschlichen) Schwäche kann er sich gegenüber seinen beiden Begleitern kaum einmal durchsetzen. Im Grunde gelingt ihm das auch hier nicht. Das Geldgeschenk, das vom ersten Gott schließlich an Shen Te überreicht wird, ist nicht Ausdruck einer spontanen Hilfeleistung aus Mitleid. Die finanzielle Hilfe erklärt sich im Gegenteil aus dem egoistisch umgedeuteten Argument des dritten Gottes. Nach dem unangenehmen Geständnis kann man Shen Te »oben« nicht als guten Menschen präsentieren. Da sie aber als Mensch, der gerne gut ist, ein für die Götter geeignetes Legitimationsobjekt darstellt, schafft man ihr die zu solcher Verwertung notwendigen (wie sich herausstellen wird, aber nicht hinreichenden) finanziellen Voraussetzungen. Die Götter helfen, um sich selber zu helfen. Die Argumentation gegen den Protest des Dogmatikers, was man getan habe, sei erlaubt, weil im Beschluß »kein Wort dagegen« gestanden habe, wirkt wie eine nachträgliche Rationalisierung eines an sich illegalen Schrittes. Trotzdem der zweite Gott am unsympathischsten erscheint, kann ihm der kritisch beobachtende Zuschauer hier eine gewisse Anerkennung nicht versagen. Ist sein Verhalten auch zynisch, so ist es doch, im Gegensatz zu demjenigen des ersten Gottes, nicht von unlauteren Absichten getrübt. Sein Idealismus ist noch intakt. Er ist immerhin bereit, den Suchauftrag mit den Mitteln durchzuführen, die den Göttern als einzige gegeben sind, mit dem bloß betrachtenden Suchen nämlich. Als Gott legitimiert er sich allein durch Gebote, nicht aber durch Hilfeleistung. Eine Instanz, die ihre Legitimation einzig von der Erhaltung der von ihr aufgestellten Gebote ableitet und sich infolgedessen als für das Wirtschaftliche nicht zuständig erklären muß, gibt sich als Instanz selber auf, wenn sie plötzlich doch zu Mitteln der Realität greift, da es um die Selbsterhaltung geht. Die Götter leiten ihren Herrschaftsanspruch von der Prämisse her, daß der Mensch kraft seines Charakters und seines Bewußtseins das Sein bestimmt. Wenn die Prämisse falsch ist – daß sie möglicherweise falsch sein könnte, haben die bisherigen Szenen angedeutet –, läßt sich die Ideologie nicht länger aufrechterhalten.

Wir sehen jetzt auch klarer, was die »Götter« im Stück vertreten. Es ist die idealistische Philosophie, die idealistische Denkweise überhaupt. Mit dem Herrschaftsanspruch, den sie verteidigen, verteidigen sie aber im Grunde den Herrschaftsanspruch der bürgerlichen Klasse. Denn sie sind nichts anderes als bürgerliche Ideologen. Man verstehe das richtig: sie sind nicht selber Besitzende; sie sind das, womit die Besitzenden ihren Herrschaftsanspruch reklamieren, sie sind Repräsentanten der Ideologie. Brecht stellt im *Guten Menschen* kein religiöses, sondern ein ideologisches Problem zur Debatte. Wie wir bisher gesehen haben, bedeutet das nicht, daß Ideologie auf der Bühne diskutiert wird, sondern es bedeutet, daß die Parabel Wirklichkeit so vermittelt, daß der Rezipient, indem er sich mit ihr spielend auseinandersetzt, sie als grundsätzlich modellhafte, das heißt, als ideologisch angeeignete erkennt. In der provozierten Kritik an dem von den Göttern repräsentierten idealistischen Modell entsteht bereits ein neuer Modellansatz, dessen Grundlage die empirischen Fakten selber sind. Spielend konfrontiert der Rezipient sein Modell der Wirklichkeit und seine Alltagserfahrungen mit dem auf der Bühne sichtbaren Widerspruch zwischen Ideologie und Faktizität, wobei er möglicherweise ein Erklärungsdefizit auch bei seinem eigenen Realitätsmodell feststellt, was zum Anlaß wird, dieses selbst zu hinterfragen. Zu den Voraussetzungen einer derartigen Konfrontation gehört einerseits, daß das Dargestellte sich mit dem vom Zuschauer ins Spiel gebrachten Modell überhaupt vergleichen läßt (andernfalls könnte es zu einem ideologiekritischen Rezeptions- bzw. Produktionsprozeß gar nicht kommen), und gehört andererseits eine gewisse Eigenstabilität dieser Modelle (um sie überhaupt als Instrumente der Realitätsaneignung kenntlich zu machen).[16]

Indem das Vorspiel die hier bestehenden Widersprüche auf parabolischer Ebene thematisiert, verlängert es die Diskussion der Probleme in die Alltagsrealität des Zuschauers hinein. Das geschieht offensichtlich nicht durch irgendwelche ideologische Unterweisung von der Bühne herab, sondern, wie wir feststellen, über die Unterhaltung selber. Die als Dialektik von Einfühlung und Distanzierung erkannte Rezeption erfolgt aus einer heiteren Grundhaltung heraus. Ermöglicht wird sie durch die parabolische Vermittlungsform. Die Parabel macht dem Zuschauer seine eigene (bewußt oder unbewußt) idealistische Ideologie nicht dadurch bewußt, daß sie diese ihm unmittelbar als seine eigene ausstellt. Sie gibt ihr Eigenleben, indem sie sie durch die Götter darstellen läßt. Über die Götter lachend, distanziert sich der Zuschauer von ihr, ohne sich in jedem Moment bewußt zu sein, daß er auch über sich selber lacht.

Die Täuschung ist gewissermaßen der Trick der Parabel. »Die Parabel«, schreibt Manfred Wekwerth, »muß das Gewohnte nicht zerstören, um es sichtbar zu machen. Sie erhält es in aller Konkretheit und macht es durch Analogie transparent.«[17] Wir können das an unserem Beispiel noch präziser fassen. Die Parabel erhält das Gewohnte nicht nur in seiner Konkretheit, sondern macht es konkreter, indem sie es in einem Vorgang, Theater genannt, verlebendigt. Die produzierte ästhetische Realität unterscheidet sich insofern von der abzubildenden, als sie das Wesen der letzteren sichtbar nachmodelliert. Das Theater schaltet die Parabel zwischen Inhalt und Bedeutung. Ähnlich wie in der Abbildungsoptik der Parabolspiegel das einfallende Licht in einem Brennpunkt sammelt, vermittelt die Parabel die Realität, indem sie sie verstärkt wiedergibt. Die Bedeutung ist aber nicht einfach da; sie ist das

Resultat des Rezeptions- bzw. Produktionsprozesses. Im parabolischen Realismus wird demnach nicht nur Realität abgebildet, sondern gleichzeitig die abstrahierende Rezeption organisiert.

Zu den Besonderheiten der Parabelform des »Parabeltypus einer nichtaristotelischen Dramatik« zählt Brecht bekanntlich den »weitgehenden Verzicht auf Illusionswirkungen« (wa 17, 1082). Was man an Vorbereitungen treffe, um ein »Gleichnis zur Wirkung zu bringen«, müsse »eingesehen werden können«. Das Spiel müsse es dem Zuschauer »ermöglichen und nahelegen, zu abstrahieren« (ebd.). Wenn wir oben aus der festgestellten Spontanreaktion geschlossen haben, der Zuschauer werde bei der Darstellung der Ideologie nicht unmittelbar mit sich selber konfrontiert, im Augenblick, wo er lache, sei er sich noch nicht bewußt, daß er auch über sich selber lache, dann haben wir damit den Rezeptions- aber noch nicht den Produktionsprozeß beschrieben. Das Abstrahieren, das heißt das In-Beziehung-Setzen der Bühnensituation mit der eigenen Situation einerseits und das Korrigieren des Modells andererseits erfolgt erst beim Versuch, einen Standpunkt einzunehmen, von wo aus die dargestellten Widersprüche sich erklären lassen. Erfolgte das Zurückweisen des idealistischen Götterurteils aus der momentanen emotionellen Solidarität mit Shen Te heraus, so erfolgt die Klärung der Widersprüche von einem Standpunkt außerhalb (den der Zuschauer selber suchen muß).

In diesem Zusammenhang muß der besondere Typus der Dramatik erwähnt werden, den Brecht für das »Zeitalter der Wissenschaft« fordert, der sogenannte »Planetariums-Typus« (wa 16, 539 ff.). Der »P-Typus«, wie Brecht ihn abgekürzt nennt, zeichnet sich durch jene neue Wahl des Standpunktes aus, die wir eben angesprochen haben. Im Gegensatz zur bisherigen Dramatik, Brecht charakterisiert sie als »Karussell-Typus«, soll der Zuschauer nicht mehr mitgerissen werden, um den Eindruck von eigener Aktivität suggeriert zu bekommen. »Der Lyrismus und Subjektivismus der älteren Dramatik«, so schreibt er, »verdeckt den Schematismus und die Kalkulation in ihren Darstellungen der Welt. Die ästhetischen Regeln tun der Welt noch den geringsten Schaden an, nur in den schwächeren Werken verkrüppeln sie diese ganz. Die schlimmeren Täuschungen passieren, wo – weil die Gesellschaft der betreffenden Epoche da ihre bestimmte Ohnmacht im Realen hat – Symbole und ›Wesenheiten‹ auftauchen, die weiterer menschlicher Einflußnahme nicht mehr unterliegen, ›ewige Triebe und Leidenschaften‹, ›göttliche Maxime‹.« Dagegen die neue Dramatik: »Die neue Dramatik vom P-Typus, die auf den ersten Blick den Zuschauer so sehr viel mehr sich selber überläßt, setzt ihn doch mehr instand, zu handeln. Ihr sensationeller Schritt, die Einfühlung des Zuschauers weitgehend aufzuheben, hat nur den Zweck, die Welt in ihren Darstellungen den Menschen auszuliefern, anstatt, wie es die Dramatik vom K-Typus tut, der Welt den Menschen auszuliefern« (wa 16, 542 f.). Die (sozial)wissenschaftlich fundierte Betrachtung der Realität soll in der planetarischen Demonstration sichtbar ausgestellt werden. »Schematismus und Kalkulation«, also die Modellhaftigkeit der Darstellung, müssen als solche gezeigt werden, wenn der Zuschauer die Vorgänge als beherrschbare erkennen, wenn er sie von ihren Voraussetzungen her begreifen soll. Das Theater liefert dem Menschen die menschlichen Vorgänge unter wissenschaftlichen Versuchsbedingungen ab. Der Philosoph im *Messingkauf* drückt das so aus: »Die Wissenschaft sucht auf allen Gebieten nach Möglichkeiten zu Experimenten oder plastischen Darstellungen der Probleme. Man macht Modelle, welche die Bewegungen der Gestirne zeigen, mit listigen Apparaturen zeigt man das Verhalten der Gase. Man experimentiert auch an Menschen. Jedoch sind hier die Möglichkeiten der Demonstration sehr beschränkt. Mein Gedanke war es nun, eure Kunst der Nachahmung von Menschen für solche Demonstrationen zu verwenden. Man könnte Vorfälle aus dem gesellschaftlichen Zusammenleben der Menschen, welche der Erklärung bedürftig sind, nachahmen, so daß man diesen plastischen Vorführungen gegenüber zu gewissen praktisch verwertbaren Kenntnissen kommen könnte« (wa 16, 529 f.). Die gesellschaftlichen Konflikte, die der Zuschauer vor sich ablaufen sieht, kann er demzufolge nicht als unveränderbare »Wesenheiten« betrachten, sondern muß sie zwangsläufig von den sie determinierenden Faktoren her beurteilen. »Seine Aufgabe seinen Mitmenschen gegenüber besteht darin, unter die determinierenden Faktoren sich selbst einzuschalten. Bei dieser Aufgabe hat ihn die Dramatik zu unterstützen. Die determinierenden Faktoren, wie soziales Milieu, spezielle Ereignisse usw., sind also als veränderliche darzustellen. Eine gewisse Austauschbarkeit der Vorkommnisse und Umstände muß dem Zuschauer das Montieren, Experimentieren und Abstrahieren gestatten und zur Aufgabe machen« (wa

17, 1061). Im experimentierenden Theater erscheinen Individuen und Umwelt als Variablen, das heißt, die Situationen, in denen sich Aktionen und Reaktionen abspielen, werden als die Stellen gekennzeichnet, wo in die beobachteten Abläufe eingegriffen werden kann. Das Experiment Theater unterscheidet sich vom naturwissenschaftlichen Experiment dadurch, daß der Beobachtende seine eigenen wirklichen und möglichen Verhaltensweisen dargestellt sieht und also beim Spielen (beim Montieren und Experimentieren) seine eigene Freiheit produziert. Indem das Experiment Gewohnheitsabläufe verlebendigt und sie auf die sie auslösenden Ursachen hin transparent macht, werden sie für den Beobachtenden beherrschbar. Was die Menschendarstellung betrifft, so kommt eine solche Dramatik nicht darum herum, die Bühnenfiguren als Individuen zu zeigen. »Von den Unterschieden der Individuen interessieren den mit ihnen verkehrenden, auf sie angewiesenen, mit ihnen kämpfenden politischen Menschen ganz bestimmte Unterschiede (zum Beispiel solche, deren Kenntnis die Führung des Klassenkampfes erleichtert). Es hat für ihn keinen Zweck, einen bestimmten Menschen so lange aller Besonderheiten zu entkleiden, bis er als ›der‹ Mensch (schlechthin) dasteht, also als nicht weiter zu veränderndes Wesen. Der Mensch ist in seiner Eigenschaft als des Menschen (des Zuschauers) Schicksal zu fassen. Die Definition muß praktikabel sein.

»Unter dem Begreifen eines Menschen verstehen wir nicht weniger als: ihm gegenüber Griffe haben« (wa 17, 1062).

Wir haben oben den parabolischen Realismus in der Weise charakterisiert, daß wir sagten, er modelliere Wirklichkeit nach, tue das aber so, daß dem Rezipienten eine ganz bestimmte Betrachtungsweise abverlangt werde. Wie wir nun sehen, ist das eine grundlegende Forderung Brechts für das episch-dialektische Theater. In der Dramatik dieses Theaters hat der Zuschauer nicht als bloß Anwesender seinen Platz, auch wird er nicht mit dem Experiment gleichgeschaltet, sondern es wird ihm ein genau bezeichneter Standpunkt außerhalb zugewiesen, von wo aus er aufgrund bestimmter Hypothesen beobachten und selber experimentieren muß. Das Experiment läßt den Zuschauer deshalb nicht unbeteiligt, weil es ihm eine soziale Maschinerie zeigt, worin er sich in seiner sozialen Situation wiedererkennt. Damit weckt es in ihm die Leidenschaft zur Auseinandersetzung. Auch die auf der Bühne gezeigten Leidenschaften kann er unter Umständen momentan teilen; er wird aber, falls das Experiment glückt, von ihnen nicht derart in den Bann gezogen, daß er sie nicht in der kritischen Durchdringung dialektisch entwickeln kann.

Die Funktion der Parabel, den Zuschauer selber als Experimentator, als Entdecker sozio-ökonomischer und sozio-politischer Zusammenhänge der Wirklichkeit einzusetzen, hat das Vorspiel des *Guten Menschen* zu erfüllen. Es tut es am deutlichsten in der Schlußpointe. Durch sie setzt es das Spiel in Gang und weist zudem dem Zuschauer den Standpunkt des Beobachters und Beurteilers zu, dadurch daß es dem Spiel Experimentcharakter verleiht. Der Rezipient wird Produzent. Die Pointe besteht darin, daß das Stück, nachdem es schon im Vorspiel scheinbar zu Ende geführt worden ist, durch das widersprüchliche Verhalten der Götter (für das Wirtschaftliche erklären sie sich als inkompetent, ein Geldgeschenk aber können sie geben) erst seinen Anfang nimmt. Die erste Fabel ist nämlich tatsächlich abgeschlossen. Die Fabel von den Göttern, die verzweifeln, weil ihre Existenz als Erlasser von Geboten davon abhängt, ob sie einen Menschen finden, der »in der Lage ist«, ihre Gebote zu halten. Einen solchen Menschen haben sie nicht gefunden. Schon jetzt könnte man sie, wenn sie im Stück nicht weiterhin eine parabolische Funktion zu erfüllen hätten, in ihr Nichts zurückkehren lassen. (Tatsächlich tauchen sie ja außer im Schlußbild nur noch in den Zwischenspielen auf.) Das Stück beginnt neu, weil es jetzt für den Zuschauer selber um eine Suche geht, um die Suche nach der Ursache nämlich, warum die Götter den guten Menschen nicht finden können. So paradox es klingt, und das ist wiederum eine Folge der Parabelwirkung des Vorspiels, diese Frage wird dann aktuell, wenn die Götter mit dem Geschenk sich selber den guten Menschen schenken wollen. Die, wie sich zeigen wird, beträchtliche finanzielle Hilfe für Shen Te provoziert beim Zuschauer automatisch die Frage, ob damit tatsächlich die Hindernisse aus dem Weg geräumt sind, die es Shen Te bisher verunmöglichten, das Gebot zu befolgen. Skepsis ist durchaus angebracht, denn wie die Auseinandersetzung Shen Te's mit den Göttern gezeigt hat, hat das Gebot, gut zu sein, für die Prostituierte weiterreichende Konsequenzen, als sie die Götter offenbar selber vorsehen. Weil Shen Te aufgrund ihres natürlichen Charakterzuges gerne freundlich ist zu den Menschen, wird ihr das Postulat der Götter zum, wie sich zeigen wird, existenzgefährdenden sozialen Postulat. Für sie bedeutet Gutsein, niemandem etwas abschlagen, all denen Hilfe geben, die Hilfe nötig haben. Das ist denn auch der Grund dafür, warum sich die Szene an dieser Stelle dramatisch derart zugespitzt hat, warum die parabolische Heiterkeit plötzlich vom lebensrealen Konflikt in Frage gestellt worden ist. Die Parabolik hebt sich da, wo sie den Konflikt auslöst, selber weg. Der Zuschauer sieht sich unvermittelt der eigenen Realität gegenüber. Einer Stellungnahme kann er nicht ausweichen, zumal die Götter als Antwortende nur auf der Parabelebene existent sind. Dem Konflikt kann der Rezipient nicht mit dem Argument ausweichen, dieser sei nur durch den extremen Charakter Shen Te's als einer Person, die nicht nein sagen könne, entstanden. Durch diese Pointierung ist der Konflikt nicht entstanden, sondern nur sichtbar geworden. (Übrigens ist Shen Te's Charakter keineswegs extrem; er wird lediglich verfremdet durch den Willen, ihn gegen die Realitätszwänge zu behaupten.) Brecht bringt die Götter nicht auf die Bühne als Instanz, welche die Erhaltung ihrer Gebote überwacht. Er läßt sie einen Menschen suchen, der ihre Gebote halten kann. Damit weist er auf einen undialektischen Widerspruch hin, der zwischen dem Gebot als solchem und der Möglichkeit, es zu halten, besteht. Das Paradox besteht offenbar darin, daß in der Notwendigkeit, Gebote zu erlassen, gleichzeitig die Unmöglichkeit zum Ausdruck kommt, sie zu befolgen. Die Lösung kann nicht darin bestehen, auf die strikte Einhaltung des Gebotes zu verzichten, wie die Götter das tun wollen. An Shen Te will Brecht beweisen, daß es im Grunde ein natürliches Bedürfnis des Menschen ist, so zu leben, wie das Gebot das vorschreibt. Die Lösung muß deshalb über eine Antwort auf die Frage gefunden werden, woran es liegt, daß der Mensch, um leben zu können, sich nicht seinen natürlichen Bedürfnissen entsprechend verhalten darf. Es geht, kurz gesagt, um die Frage nach den gesellschaftlichen Bedingungen, in denen solche Gebote notwendig und zugleich unwirksam sind.

Freiheit, so haben wir gesagt, erfährt der Zuschauer im Theater dadurch, daß er seine eigenen menschlichen Bedürfnisse produziert. Im *Guten Menschen* wird sich der Zuschauer seines Bedürfnisses bewußt, freundlich zu sein. Daß das keine bloße Behauptung ist, beweisen die Ergebnisse einer Zuschauerbefragung, die ich anläßlich der Zürcher Inszenierung durchgeführt habe.[18] Dort wurden (über einen Fragebogen) unter anderen auch folgende Fragen gestellt: Möchten Sie sich gerne so verhalten wie Shen Te?

Wo würden Sie gleich, wo würden Sie anders handeln als Shen Te? Handeln Sie eher so wie Shui Ta? Oder nur, wenn die Umstände (welche) Sie dazu zwingen? Die Mehrheit der Zuschauer, die den Fragebogen ausgefüllt zurückgeschickt haben, hat auf die erste Frage mit »ja« geantwortet.[19] Viele Zuschauer haben hier und vor allem auch im Zusammenhang mit der Frage drei (Wo würden Sie sich gleich oder ähnlich, wo würden Sie sich anders verhalten als Shen Te?) spontan zum Ausdruck gebracht, daß sie sich, was das Bedürfnis, freundlich zu sein betrifft, mit Shen Te identifizieren. (Das hinderte sie allerdings nicht daran, an Shen Te's Verhalten Kritik zu üben.)[20]

Indem die Parabel dem Zuschauer das Bedürfnis der Shen Te als sein eigenes bewußt macht und ihn zugleich über die Tatsache ins Bild setzt, daß es kaum möglich ist, diesem Bedürfnis entsprechend zu leben, zwingt sie ihn über die Rezeption des Dargestellten zur Auseinandersetzung mit der Frage nach den Bedingungen menschlichen Verhaltens überhaupt. Die Bühnenfigur Shen Te vertritt, was die Bedürfnisse betrifft, für die Zeit des Spiels nicht zuletzt auch die Interessen des Zuschauers, was natürlich nicht bedeutet, daß der Zuschauer sich mit ihrem Verhalten identifizieren muß. Einverständnis wird im Vorspiel nur hergestellt in bezug auf den Willen, gut zu sein, sozial zu handeln. Was das tatsächliche Verhalten betrifft, so besteht für den Rezipienten von da aus gesehen kein Anlaß, sich mit Shen Te zu identifizieren. Im Gegenteil, weil seine Interessen darauf gerichtet sind, sich Klarheit zu verschaffen über die gesellschaftlichen Prozesse, in welchen es zu den gezeigten Konflikten kommt, wird er die Bühnenvorgänge als ein Experiment verfolgen, mit der Aufmerksamkeit eines kritischen Experimentators also. Die Parabel setzt den Zuschauer in die Lage, Entscheidungen zu beobachten und zu beurteilen, ohne selbst direkt Betroffener zu sein. Für einmal befreit von gesellschaftlichen Zwängen, kann er die dargestellten Verhaltensweisen akzeptieren oder verwerfen; er kann mit ihnen spielen, ihnen andere, mögliche Verhaltensweisen gegenüberstellen und die verschiedenen Konsequenzen gegeneinander abwägen – und das alles, indem er sich unterhält.

Es gehört zu den Voraussetzungen bei der Durchführung eines Versuchs, daß er zur Verifizierung bzw. Falsifizierung bestimmter Hypothesen durchgeführt wird, daß er Antworten auf bestimmte Fragen liefern muß. Das soziale Experiment ist nicht zweckfrei, sondern dient dem Ziel, richtiges, das heißt optimales Verhalten zu erkennen bzw. zu produzieren. Die Parabel nimmt die Qualität eines Planspiels an, wenn sie verschiedene Experimente neben- und nacheinander durchführt. Durch das Verändern der Versuchsbedingungen macht sie diese Bedingungen selber zum Gegenstand der Untersuchung. Das Vorspiel des *Guten Menschen* hat gezeigt, daß der Charakter eines Menschen allein nicht ausreicht, sein soziales Verhalten zu bestimmen. Shen Te kann nicht gut sein, obwohl sie es möchte, weil sie kaum genug Geld hat, um für sich selbst zu sorgen. Sie muß sich verkaufen, um ihre Miete zusammenzubringen. Mit dem Geldgeschenk wird – für den Zuschauer sichtbar – eine neue finanzielle Bedingung geschaffen. Der dritte Gott stellt selber die Frage, um deren Beantwortung es in der Folge gehen wird: »Wenn sie etwas mehr hätte, könnte sie es vielleicht schaffen.« Um zu sehen, ob und wie sie es allenfalls schaffen wird, wird das Spiel in Gang gesetzt. Parabolisch ist es insofern, als es erst über das Mitspiel des Rezipienten zu einer Aussage über Realität wird. Weil der Zuschauer veranlaßt wird, dargestelltes Verhalten auf Ursachen hin zu befragen aber auch mit möglichen anderen Verhaltensweisen zu vergleichen, wird jedes gespielte Verhalten notwendigerweise zu potentieller Wirklichkeit verfremdet.

Der Zuschauer, soviel haben wir bisher gezeigt, ist im parabolischen Theater ebenso aktiv – wenn auch auf eine andere Art – wie der Schauspieler auf der Bühne. Erst seine eigene Aktivität gibt dem Spiel die Bedeutung, die ihm im Hinblick auf die wirklich zu leistende gesellschaftliche Arbeit zukommt. Ob die Parabel vom guten Menschen wirklich in dem Sinne ein Planspiel ist, daß sie verschiedenartige Verhaltensweisen bei unterschiedlichen sozioökonomischen Bedingungen zeigt und den Zuschauer überdies veranlaßt, qualitativ neue Verhaltensweisen ins Spiel einzubringen, muß die weitere Untersuchung zeigen. Zu belegen versuchten wir bisher die Behauptung, die parabolische Darstellung organisiere eine Rezeptionsweise, die das Dargestellte auf die Realität des Zuschauers hin transparent mache. Gezeigt haben wir das anhand der Struktur des Vorspiels, wo wir, gestützt auf die konkrete Inszenierung, nicht zuletzt aber auch auf die ermittelte Publikumsreaktion (Ergebnisse der Befragung), eine Dialektik von Ernst und Heiterkeit festgestellt haben. Das Publikum, so stellen wir fest, wird im Vorspiel nicht direkt angesprochen, sondern über die Parabolik in seine Rolle eingeführt. Um sich einen Begriff machen zu können von dem in diesem Vorspiel erreichten Stand in der Entwicklung des episch-dialektischen Theaters, muß man ein früheres Stück zum Vergleich heranziehen. Die zweite Fassung des 1931-1934 entstandenen Parabelstücks *Die Rundköpfe und die Spitzköpfe* beginnt ebenfalls mit einem Vorspiel. Ein Theaterdirektor tritt auf, der, ähnlich wie der Ausschreier im mittelalterlichen Fastnachtsspiel, dem Publikum den Spielbeginn ankündigt und bekannt gibt, worum es im Spiel gehen werde:

Geehrtes Publikum, das Stück fängt an.
Der es verfaßte, ist ein weitgereister Mann.
(Er reiste übrigens nicht ganz freiwillig.) In dem
Stück da
Zeigt er Ihnen, was er sah.
Um es Ihnen mit zwei Worten zu unterbreiten.
Er sah furchtbare Streitigkeiten.

Nachdem die nationalsozialistische Rassenideologie als Thema genannt worden ist, wird auch gleich die These des Stückeschreibers bekanntgegeben:

Und überall wurde unser Stückeschreiber verhört
Ob ihn der Unterschied der Schädel nicht stört
Oder ob er unter den Menschen gar keinen Unterschied sieht.
Da sagte er: ich seh einen Unterschied.
Aber der Unterschied, den *ich* seh
Der ist größer als der zwischen den Schädeln nur
Und der hinterläßt eine viel tiefere Spur
Und der entscheidet über Wohl und Weh.
Und ich will ihn euch auch nennen gleich:
Es ist der Unterschied zwischen arm und reich.

Charakterisiert wird auch gleich die Art und Weise, wie das in der Folge bewiesen werden soll:

Und ich denke, wir werden so verbleiben
Ich werde euch ein Gleichnis schreiben
In dem beweis ich es jedermann
Es kommt auf diesen Unterschied an.
Dieses Gleichnis, meine Lieben, wird jetzt hier aufgeführt. Dazu
Haben wir auf unserer Bühne ein Land aufgebaut namens Jahoo.
In dem wird der Schädelverteiler seine Schädel verteilen
Und einige Leute wird sogleich ihr Schicksal ereilen.

Aber der Stückeschreiber wird dafür sorgen dann
Daß man auch unterscheiden kann armen und reichen Mann.

Die Funktion dieses Vorspiels ist klar ersichtlich. Es zeigt dem Zuschauer, worauf er zu achten hat. Die Art und Weise, wie das hier geschieht, unterscheidet sich aber noch deutlich vom Einstieg in den *Guten Menschen*. Dem Zuschauer wird schon vor dem Spiel erklärt, was das Resultat des Spiels sein wird. Das Stück hat demnach lediglich noch die Funktion einer Beweisführung (was ja auch explizit gesagt wird). Dem Rezipienten wird auch genau vorgeschrieben, wie das Stück auf die außerästhetische Realität zu beziehen ist, was zur Folge hat, daß das Eigenleben der parabolischen Entsprechung (der Spielhandlung) herabgemindert wird. Das bedeutet nicht, daß der Zuschauer nicht auch da Mitspieler ist; seine Eigenaktivität ist jedoch insofern eingeschränkt, als er nur akzeptieren oder ablehnen kann. Er spielt nicht eigentlich die Rolle des Entdeckers. Nach der Rollen- und Requisitenverteilung an die Spieler ist im Grunde genommen schon alles entschieden. Als Experimentator fungiert der »Stückeschreiber«.

Der Grund, warum Brecht die Parabel so einleitet, ist wohl nicht zuletzt bei der Fabel selbst zu suchen, deren grundlegende Elemente er aus Shakespeares Komödie *Maß für Maß* entlehnt. Die Fabel ist in ihrer Bauweise derart grotesk, daß der Zuschauer unter Umständen gar nicht begreift, wie er sie mit seiner Realität in Beziehung setzen soll. Anders als im *Guten Menschen* ist hier die Abstraktion teilweise bereits im Spiel geleistet, wodurch die Kategorie der Naivität als erste Stufe der Verfremdung (»verstehen – nicht verstehen – verstehen«) weitgehend ausgeschaltet ist. (Daß sie im Stück *Die Rundköpfe und die Spitzköpfe* an einzelnen Stellen nicht trotzdem wirksam sein kann, wird damit nicht behauptet.) Indem Brecht im *Guten Menschen* Götter auftreten läßt, die nicht grotesk-phantastisch, sondern im Gegenteil naiv-konkret, das heißt menschlich verfremdet werden, versieht er das Stück mit einer Parabelebene, die neben anderem vor allem die Funktion hat, die Rezeption zu steuern. Damit gewinnt Brecht die Möglichkeit, daneben die Spielhandlung als individuell-konkrete Handlung zu gestalten, was es dem Zuschauer erst erlaubt, im Theater sich selber gegenüberzutreten. Im Spielprozeß werden die beiden Ebenen zum Realitätsmodell, zur Fabel verfremdet. Hier greift also der Zuschauer buchstäblich ins Spiel ein, und zwar in genußvoller Haltung. Die Grundhaltung des Rezipienten ist die der heiteren Überlegenheit, mit der er das Gezeigte ständig auf seine Bedeutung hin überschreitet. Als Wirklichkeitsmodell braucht Brecht demzufolge die Geschichte auf der Bühne nicht zu Ende zu führen; das besorgt der Zuschauer selber. Aus diesem Grunde muß die Wirklichkeit auch nicht derart vereinfacht dargestellt werden, daß nur mehr ihre abstrakten Strukturen übrigbleiben. Brecht stützt im *Guten Menschen* die Fabelführung auf die Fähigkeit des Zuschauers ab, über das sinnlich Wahrnehmbare (das Naive), als das er Wirklichkeit erfährt, zu einem Urteil über Wirklichkeit zu kommen.

Wang erwartete die Götter in der Hoffnung, sie würden den Zustand von Sezuan ändern, nachdem sie zu einem positiven Urteil über dessen Bewohner gelangt seien. In dieser Erwartung sieht er sich getäuscht. Die Götter sind in ihrer idealistisch-ideologischen Befangenheit nicht einmal in der Lage, zu realen Begebenheiten Stellung zu nehmen. Statt zu helfen, fliehen sie erschrocken die Wirklichkeit. Ein Urteil über sie hat sich der Zuschauer zu diesem Zeitpunkt bereits gebildet. Es impliziert die Einsicht, daß Problemlösungen nur dann gefunden werden können, wenn man die Ursache der Probleme in Erfahrung bringt. Daraus ergibt sich als logische Folgerung das Bestreben, selbst das zu leisten zu versuchen, was die Götter nicht leisten können. Eine direkte Aufforderung an den Zuschauer, sich anstelle der Götter einzuschalten, ist deshalb nicht notwendig. Der Zuschauer sieht sich schon deshalb angesprochen, weil er den Konflikt der Shen Te als seinen eigenen erkennt. Dem Problem auf den Grund zu gehen, liegt in seinem eigenen Interesse.

Shen Te haben wir als Figur bezeichnet, mit der sich das natürliche menschliche Bedürfnis, gut zu sein, darstellen läßt, die Götter dagegen als zurückgewiesene Instanz, an deren Stelle der Zuschauer sich selbst als reale, das heißt als einzig kompetente Instanz setzt.

Was Shen Te im besonderen betrifft, so wird an ihr beobachtet werden können, ob sich ihre Bedürfnisse mit denen ihrer Umwelt decken oder nicht. Der Zuschauer wird ihr gegenüber einen Erkenntnisvorsprung insofern haben, als er nicht nur ihr Verhalten beobachten, sondern dieses immer auch auf seine Bedingungen und Folgen hin betrachten wird. Shen Te ist zwar Mittelpunktsfigur, aber in bezug auf das Rezipienten-Interesse. Ihre Stellung innerhalb der Spielhandlung ist definiert als Stellung innerhalb des Versuchs. Als guter Mensch kann sie nur in einem sozialen Feld gezeigt werden, also nicht als autonome Persönlichkeit, sondern in Abhängigkeit von sozialen Gegebenheiten. Shen Te repräsentiert ein Bedürfnis des Zuschauers, und zwar naiv (sie »kann nicht nein sagen«). Das heißt, ihr Verhalten wird nicht von voraussehbaren Konflikten determiniert; es ist nicht konfliktvermeidend, sondern läßt Konflikte erwarten. Was der Zuschauer normalerweise nicht tut, nämlich kompromißlos einem menschlichen Bedürfnis entsprechend sich zu verhalten, kann er an Shen Te beobachten. Wohin ihr Gutsein führt, läßt sich schon im ersten Bild beobachten.

Anmerkungen

1 Ilja Fradkin: *Bertolt Brecht. Weg und Methode*, Leipzig 1974 (= Reclam 551), S. 425.
2 Ebd.
3 Ebd., S. 424.
4 Ebd.
5 Ebd.
6 Ebd., S. 426.
7 Vgl. Wekwerth: *Theater und Wissenschaft*, München 1974, S. 129 ff.
8 Fradkin: *Bertolt Brecht*, S. 424.
9 Zit. in: Ernst Schumacher: *Es wird bleiben*, in: *Erinnerungen an Brecht*. Leipzig 1966, S. 336. (Bei Fradkin S. 426.)
10 *Materialien zu Brechts »Der gute Mensch von Sezuan«*, hrsg. v. Werner Hecht. Frankfurt a. M. 1968, S. 95.
11 Gemeint ist die Inszenierung am Schauspielhaus Zürich in der Spielzeit 1975/76. Die Premiere fand am 16. 3. 1976 statt. (Ich werde in der Folge ausführlich auf diese Inszenierung eingehen, an deren Proben ich als Hospitant teilgenommen habe.)
12 Diese Meinung vertritt auch Manfred Wekwerth in einem Selbstinterview, das im Programmheft zur Zürcher Inszenierung abgedruckt ist. (Auch abgedruckt in: Theater der Zeit 5. Berlin [DDR] 1976, S. 45.)
13 Benjamin: *Versuche über Brecht*. Frankfurt a. M. 1966, S. 126.
14 Ebd.
15 Vgl. Wekwerth: *Theater*, S. 130.
16 Vgl. ebd., S. 106.
17 Ebd., S. 131.

18 Auf einem Fragebogen wurden die folgenden Fragen an die Zuschauer gestellt:
1. a Woran liegt es Ihrer Meinung nach, daß sich die einzelnen Figuren im Stück so unterschiedlich verhalten, daß z. B. Sun einmal rücksichtslos, einmal liebenswürdig ist?
   b Wodurch ist Ihrer Meinung nach das Verhalten beeinflußt?
   c Sind Sie in Ihrem eigenen Verhalten freier?
2. a Versuchen Sie, das unterschiedliche Verhalten von Shen Te und Shui Ta zu beschreiben.
   b Handeln Sie selber eher so wie Shui Ta? Oder nur, wenn die Umstände (welche) Sie dazu zwingen?
   c Möchten Sie sich gerne so verhalten wie Shen Te?
3. Wo würden Sie sich gleich oder ähnlich, wo würden Sie sich anders verhalten als Shen Te?
4. Nennen Sie eine Stelle, wo ihnen Sun sympathisch ist.
5. Wie erklären Sie sich die Rücksichtslosigkeit Suns? Kennen Sie solche Menschen aus eigener Erfahrung?
6. Finden Sie Suns Verhalten ○ verständlich ○ teilweise verständlich ○ unverständlich? Warum?
7. Halten Sie es für eine Brechtsche Erfindung, daß es Menschen gibt, die ihren sozialen Aufstieg so oder ähnlich bewerkstelligen wie Sun? ○ Erfindung ○ Gibt es wahrscheinlich ○ Ich kenne solche.
8. Beurteilen Sie Suns Aufstieg auch so wie Frau Yang? ○ ja ○ nein ○ sondern wie?
9. Wie Sie sehen, wird den Göttern bei ihrem Gang durch die Realität übel mitgespielt. Glauben Sie, daß man Götter, wenn solche nach Zürich kämen, auch so behandeln würde?
10. Hätten es die Götter bei uns leicht, einen Menschen zu finden, der zu sich und zu andern gut sein kann? ○ nein ○ möglich ○ weiß nicht ○ ja ○ bin selber ein solcher. Falls »nein«, warum nicht?
11. Sind Ihnen solche Gebote, wie sie die Götter hier aufstellen ○ geläufig ○ nicht sehr geläufig ○ unbekannt?
12. Können Sie trotz Schlußapplaus noch der Aufforderung Wangs nachkommen, selber einen Schluß zu suchen? Was würden Sie für einen Schluß vorschlagen? Glauben Sie, daß man allenfalls etwas an den Zuständen ändern müßte?
13. Oder halten Sie den Epilog für überflüssig? Wir bitten Sie, Ihre Antwort zu begründen.
14. Was hat Ihnen am besten gefallen (bzw. am meisten mißfallen) an der Aufführung? Fühlten Sie sich angesprochen (z. B. wenn die Figuren versuchten, mit Ihnen ins Gespräch zu kommen)?
15. Gab es Dinge, die Ihnen unverständlich geblieben sind?

Die Fragebogen wurden nicht an die Zuschauer verteilt, sondern sie wurden im Foyer des Schauspielhauses ausgelegt. Im Verlaufe der Aufführungen wurden zwischen 2000 und 3000 Fragebogen gebraucht. Zurückgesandt wurden schließlich 195 ausgefüllte Fragebogen. Die relativ geringe Rücklaufquote ist wahrscheinlich zu einem guten Teil damit zu erklären, daß nur vereinzelte Fragen mit Auswahlantworten versehen waren. Die meisten Fragen verlangten nach ausführlichen, begründeten Antworten, was vielen Zuschauern zu aufwendig erschienen sein mag. Obwohl dies vorauszusehen war, habe ich die Fragen in dieser Weise gestellt, denn es ging mir darum, die Zuschauer zu veranlassen, eigene Meinungen zu formulieren. (Um ein besseres Bild über die Argumentationsweise zu erhalten, habe ich einige Fragen absichtlich so gewählt, daß sie sich überschneiden.) Grundsätzlich ging es darum, herauszufinden, ob das Stück eine auch für den heutigen Zuschauer aktuelle Problematik darstellt oder nicht und ob die Inszenierung den von Brecht intendierten Rezeptions- bzw. Produktionsprozeß in Gang setzte. (In diesem Zusammenhang ist zu erwähnen, daß ungewöhnlich viele Fragebogen zurückgeschickt wurden, denen eine bis mehrere zusätzlich beschriebene Seiten beigeheftet waren. Das Mitteilungsbedürfnis bei vielen Antwortenden war offensichtlich.)

An ein statistisches Auswerten der Antworten wurde von Anfang an nicht gedacht. Es sollte lediglich darum gehen, ein einigermaßen repräsentatives Meinungsspektrum zu erhalten. Von den 195 Antwortenden waren 109 (56%) weiblichen und 86 (44%) männlichen Geschlechts. 89 (46%) waren Schüler oder Studenten, 29 (15%) Akademiker und 77 (39%) Nichtakademiker. 72 (37%) waren weniger als 20 Jahre alt, während 123 (63%) 20jährig oder älter waren.

Die Ergebnisse zu den einzelnen Fragen werden unter den folgenden Anmerkungen diskutiert: 71, 72, 90, 94, 107, 112, 114 und 137.

19 Anzahl Antworten auf die Frage 2c: 160

Ja:	110 (69%)
Nein:	41 (26%)
Ja und nein:	9 (5%)

Aus den Zusatzbemerkungen kann man schließen, daß alle, welche mit »Ja« geantwortet haben, ihrem eigenen menschlichen Bedürfnis Ausdruck gegeben haben. Mit dem »Nein« dagegen wurde in den allermeisten Fällen bereits eine Kritik an Shen Te formuliert. Die Frage wurde dabei so verstanden: Würden Sie unter den gegebenen Umständen sich so verhalten wie Shen Te? Das »Nein« bedeutet in Wahrheit »Ja, aber ...« (in dieser Weise wurden auch viele Ja-Antworten relativiert). Viele betonten die Pflicht, auch zu sich selber gut zu sein; sie kritisierten das individualistische Gutsein als ein Verhalten, das niemandem wirklich hilft. Was man als den allgemeinen Tenor bezeichnen könnte, kommt in der folgenden Antwort zum Ausdruck: »Ich würde mich gerne so verhalten, aber nur, wenn die Mehrheit der andern Leute es auch tut, denn sonst ist es erstens nutzlos und zweitens müßte ich zugrunde gehen.«

20 Es versteht sich von selbst, daß die Antworten auf die dritte Frage nur schwer quantifizierbar sind. Zusammenfassend läßt sich aber sagen, daß der Großteil der Antwortenden in bezug auf das Bedürfnis, freundlich zu sein, sich mit Shen Te identifizierte. Kritische Einwände wurden vor allem gemacht in bezug auf Shen Te's Verhalten gegenüber den Schmarotzern (der achtköpfigen Familie) und gegenüber Yang Sun. Häufig wurde betont, daß man sich nicht ausnützen lassen möchte. Es ist offensichtlich, daß sich viele spontan mit Shen Te identifizierten, sich dann aber auch wieder von ihr distanzierten, wobei sie begannen, den Konflikt als solchen zu diskutieren. Es seien im folgenden einige wenige Antworten zitiert:

»Ich würde Sun mißtrauisch begegnen, doch ich verstehe Shen Te.«
»Zu viel Güte ist Dummheit.«
»Ich würde die grundsätzliche Änderung der Lebensbedingungen anstreben.«
»Ich hätte den Barbier geheiratet, weil er genug Kapital hat, um den Armen zu helfen.«
»Möglichst gleich, wenn es die gesellschaftlichen Umstände erlauben würden.«
»Ich würde versuchen, den Leuten anständige Arbeit zu verschaffen.«

Fritz Hennenberg
Über die dramaturgische Funktion der Musik Paul Dessaus

Der Konkurrenzkampf, typisch für die bürgerlich-kapitalistische Gesellschaft, macht das Leben zum Existenzkampf. Alle kämpfen gegen alle. Derjenige, der glaubt, die Wunden, die da geschlagen werden, lindern zu können, wird von den Kämpfenden zerrieben. Den Kampf beschwichtigen zu wollen ist sinnlos – seine Ursachen müssen beseitigt werden. Das heißt, das Verhältnis der Menschen zueinander, das Gesellschaftssystem, muß verändert werden.

Das Stück *Der gute Mensch von Sezuan* diskutiert die Frage, ob die Schlechtigkeit der Menschen charakterlich oder gesellschaftlich begründet ist. Die Antwort bleibt offen, aber nur scheinbar; der Zuschauer findet sie: nicht verdirbt der schlechte Charakter die Welt, sondern die schlechte Welt den Charakter.

Das wird an einem Modellfall demonstriert. Shen Te, der »gute Mensch von Sezuan«, möchte gut sein, aber sie kann es nicht. Ihre Güte fordert einen Preis, der sie aufhebt: »Die Schlechtigkeit war eine Kehrseite der Güte. Gute Taten waren nur zu ermöglichen durch schlechte Taten ...«[1] Shen Te – die Güte in Person – muß sich zeitweilig in Shui Ta – die Härte in Person – verwandeln, aus dem »Engel der Vorstädte« muß die »Geißel der Vorstädte«[2] werden, damit der »gute« Mensch zeitweilig gut sein kann, ja, damit er seine nackte Existenz rettet. Aber dieses Doppelleben ist keine Dauerlösung, es verstrickt in schwere Konflikte. Shen Te sieht schließlich keinen Ausweg mehr, und auch die Götter, die sich ins »Ökonomische« nicht einmischen dürfen, die nur »Betrachtende« (und also ziemlich unnütz) sind, können ihr keinen weisen. Der Epilog appelliert an den Zuschauer, einen Ausweg zu suchen. Daß er ihn auch findet, bewirkt die Führung der Fabel.[3] Es gibt nur *einen* Ausweg: die ökonomischen Verhältnisse zu verändern, die Expropriateure zu expropriieren.[4] Dann ändern sich auch Moral und Ethik, dann kann der Mensch menschlich sein. Die Handlung begibt sich im vorrevolutionären China. Der ferne Handlungsort steht »für alle Orte, an denen Menschen von Menschen ausgebeutet werden«.[5] *Der gute Mensch von Sezuan* ist ein Parabelstück, das ein aktuelles Problem in sich birgt. Die örtliche Ferne soll das Problem nicht entfernen, sondern gerade näherrücken. In fremdartiger Umgebung erregt es mehr Aufmerksamkeit, wird es neugieriger untersucht.

Die inhaltlich-formale Konzeption der dramatischen Ebene spiegelt sich in der der reflexiven. Die Reflexionen sind teils Gesänge, teils Melodramen, teils reine Sprechpartien. Die meisten der Gesänge bedienen sich – wie das Stück im ganzen – der parabolischen Umschreibung.[6] Es werden Teilaspekte des Gesamtproblems behandelt. Die Parabelform verrät ein Über-der-Sache-Stehen. Die handelnden Personen sind zu sehr in die Sache verstrickt, als daß sie sich von ihr distanzieren könnten. Die Hintergründe der Probleme sind ihnen verschlossen, sie vermögen nicht von sich aus lehrhaft zu verallgemeinern (Tendenz jeder Parabel). Die Parabel ist ein Autorenkommentar, auch wenn sie sich scheinbar ganz dem Problemkreis der handelnden Personen einfügt. Die Zuspitzung der Probleme – oft so provozierend, daß ihre Lösung einsichtig wird – verrät das.

Das »Lied vom Sankt Nimmerleinstag« wird von der Handlungssituation motiviert, aber es spiegelt sie in Parabeln wider und gibt ihr somit weiterreichende, allgemeine Geltung.

Yang Sun, ein stellungsloser Flieger, will mit Shen Te Hochzeit halten. Doch erst dann soll sie sein, wenn ihr Vetter ihm Geld verschafft hat. Sun braucht es: um wieder fliegen zu können, muß er den Hangarverwalter bestechen. Die Trauung findet nicht statt, denn der Vetter bleibt aus. Er kann ja – als Shen Tes zweites Ich – gar nicht kommen. Die Hochzeitsgäste, des langen Wartens müde, gehen nach Hause. Als alle gegangen sind, singt Sun, so tuend, als seien sie noch da, ein Lied. In Wahrheit ist natürlich der Zuschauer der Adressat.[7] Das Lied zeigt Suns Resignation und verallgemeinert sie: So wie er vergeblich aufs Kommen des Vetters hofft, so vergeblich sind die Hoffnungen der Menschen auf eine bessere, gerechte Welt. Am »Sankt Nimmerleinstag« – niemals also – werden sie sich erfüllen. Der billige Trost bürgerlicher Ideologien wird verspottet. Der Text spielt auf den religiösen »Überbau« an, Musik und Interpretation auf den künstlerischen.

In Benno Bessons Berliner Inszenierung (1957) trug Ekkehard Schall das Lied als Operettennummer vor. Er zog zu Beginn jeder Strophe seine Lippen gewaltsam zu einem zerquälten Keep-smiling zurecht, dadurch den besänftigenden Zweckoptimismus als heuchlerisch entlarvend. Beim Refrain, der die Enttäuschung aller Hoffnungen verheißt, wurde die heitere Maske schlagartig abgestreift. Gleichwohl blieb die gestische Parodie gewahrt: Schall schlitterte in grotesk-primitiven Tanzschritten, wie man sie in Operettenschmieren sieht, über die Bühne. Die Ausgelassenheit, nun durch nichts mehr gerechtfertigt, wirkt krampfig, und sie soll es: sie ist ja verlogen. Die Operette wird als Institution der bürgerlichen Ideologie hingestellt. Sie schafft bewußt Illusionen, um vom alltäglichen Elend (und der Möglichkeit seiner Überwindung) abzulenken. Die parodistische Interpretation wird von der Musik nahegelegt, die im »Coupletstil«[8] gehalten ist. Möglich, daß der Kabarettist Georg Reutter hier Pate gestanden hat. Wie in Reutters Couplets wird der Text parlandohaft, streng silbisch deklamiert; er wird gleichsam abgeschnurrt. Er ordnet sich, widersinnigerweise, den Deklamationsformeln unter, und nicht umgekehrt. Das deklamatorische Maß sind monotone Achteltriolen:

Das Vorspiel hat, wie im Couplet üblich, die Funktion eines Mottos. Das gilt hier für den Ausdruck wie für die Motivik.

Das »Lied vom Rauch« ähnelt in seiner inhaltlichen Konzeption dem vom »Sankt Nimmerleinstag«. Beide sind von einer »totalen Resignation durchwaltet«[9], aber das Publikum soll die Resignation sich nicht zu eigen machen. Sie resultiert aus einem sozialen Mißstand und sie führt zur Schlechtigkeit, hilft also, den Mißstand vergrößern.[10] Die Ursache der Resignation muß beseitigt werden, das heißt, der soziale Mißstand.

Das »Lied vom Rauch«, das von der bei Shen Te einquartierten Familie vorgeblich zur »Unterhaltung« ihrer Gastgeberin gesungen wird, in Wahrheit aber dem Publikum gilt, beweist anhand der Aussagen des Großvaters, des Mannes und der Nichte – dreier

Generationen also –, daß das Leben dem Armen keine Lebensmöglichkeit gibt. Wie er sich auch drehen und wenden mag: Ob er sich um Klugheit, Fleiß, Redlichkeit bemüht oder es mit dem »krummen Pfad« versucht – er kommt unter die Räder. Übrig bleibt die Resignation: So eben ist die Welt, nie wird sie sich ändern; das offenstehende Tor, das der Jugend verhießen wird, führt ins Nichts; wie der Rauch vergeht, spurlos und ohne Ziel, so vergeht der Mensch. Nach dem Lied kommt es zu einer Schlägerei. Das Publikum weiß – das Gesungene auf das Geschehen beziehend – um ihre tieferen Gründe.

Die Parabel, die das »Lied vom achten Elefanten« formuliert, ist auf den Arbeiterverräter Yang Sun gemünzt. Sein Avancement zum Aufseher gründet sich auf die Denunziation seiner Klassenbrüder. Vom Unternehmer gekauft, schindet er die Arbeiter bis aufs Blut, um seine »Befähigung« zu beweisen. Er »rationalisiert« die Arbeitsvorgänge, indem er ein mörderisches Taktsystem einführt.

Suns Mutter schildert diesen »Aufstieg« in drei szenischen Rückblenden. Daß ihr Sohn auch Anfeindungen und Schmähungen erlitt, zeigt die letzte davon. Es singen da die Arbeiter ein parabolisches Lied, das von acht Elefanten handelt. Sieben Elefanten werden gezwungen, den Wald des Herrn Dschin zu roden – das sind die Arbeiter; der achte, zahme, beaufsichtigt sie, treibt an und erhält dafür mehr Futter – das ist ihr Aufseher. Yang Sun, auf seine Machtposition bauend, überhört den angreiferischen Unterton des Liedes; er benutzt es vielmehr zur rationellen Rhythmisierung der Arbeit. Er holt den Arbeitsrhythmus aus dem Rhythmus der Musik. Er fällt in der dritten Strophe lachend in den Refrain ein und beschleunigt in der letzten das Tempo – das des Liedes und damit zugleich das der Arbeit.

Das »Lied des Wasserverkäufers im Regen« ist fest in die dramatische Ebene verstrebt. Der Wasserverkäufer preist – und zwar in der Ich-Form – seine Ware an. Er bedient sich keiner parabolischen Umschreibungen. Gleichwohl wirkt das Lied als »Einlage«, und das Publikum fühlt sich direkt angesprochen. Denn die Handlungsfigur zitiert hier kein bekanntes Lied, sondern teilt sich singend mit. Gesungene Mitteilungen aber setzen sich vom realistischen Dialog notwendigerweise ab, werden als künstlerische Überhöhungen empfunden, zeigen einen Funktionswechsel an. Zudem will das Lied, mag es auch Handlungsprobleme nicht parabolisch, sondern direkt widerspiegeln, dennoch als Parabel verstanden sein – so wie ja die ganze Handlung. Der Wasserverkäufer kann im Regen seine Ware nicht absetzen. Seine Klagen lenken auf einen grundlegenden ökonomischen Widerspruch des Kapitalismus. Der zu reichliche Segen der Natur bringt denjenigen, der mit ihm handelt, in Konflikte, weil dadurch der Handelswert sinkt. Es entsteht eine Überproduktionskrise. Gegen sie ankämpfen heißt – für die kapitalistische Ökonomie – den Marktpreis durch Vernichtung der preisdrückenden Überprodukte zu stützen. Also wird Kaffee ins Meer geschüttet, Weizen verheizt. Und das, obgleich die Bedürfnisse der Konsumenten danach keineswegs gestillt sind. Eine Verbilligung der Waren aber zöge eine Senkung der Profitrate nach sich. Das »Lied des Wasserverkäufers im Regen« weist auf die Problematik einer Überproduktionskrise, obwohl sie hier auf ganz anderer Ebene liegt. Der Wasserverkäufer hat Wasser von weither geschleppt, doch der Regen verhindert den Verkauf. Der Regen fällt überall hin; derjenige, der zur Regenzeit mit Wasser handelt, wird Opfer einer Krise. Der Wasserverkäufer kann sich nicht, wie der Großkapitalist, auf Kosten der Konsumenten dagegen absichern; er kann nur davon träumen, daß der Regen jahrelang ausbliebe: würde doch dann sein Handelsprodukt im Wert steigen. Ihm bedeutet der Segen der Natur das Elend.

Das Lied ist in der dritten und neunten Szene vorgeschrieben. In der Pantomime der Shen Te dient seine Melodie als Erkennungszeichen des (hier imaginären) Wasserverkäufers. Es hat gleichsam leitmotivische Funktionen. Es bindet sich auch dadurch fest an die dramatische Ebene, doch gehört es nicht ihr allein zu. Nirgends kann es verleugnen, daß es eine »Einlage« ist.

Außer den Liedern gibt es im *Guten Menschen von Sezuan* viele Reflexionen, die ihre Funktion nicht kaschieren, das heißt, die sich nicht aus der Handlung begründen, sondern sie jäh unterbrechen, die sich nicht an fiktive Szenenpartner richten, sondern ohne alle Umschweife ans Publikum. Es kommentiert da gleichsam ein »Erzähler«, aber seine Aufgaben sind »in die Personen selbst verlegt«.[11]

Inhaltlich gesehen, ist – wie Hinck nachwies – all diesen »Publikumsansprachen« gemeinsam, daß sie »die Handlung auf ihre sozialethischen Fragen hin entschlüsseln«.[12] Ihre Form bedient sich prosaischer wie poetischer Sprachmittel. Doch herrscht Versifizierung vor. Obwohl das »uneigentliche« Sprechen schon ein Verfremden bedeutet, kommt oft obendrein noch Musik hinzu.

Von den »prosaischen« Publikumsansprachen ist nur eine ein Melodram, die poetischen sind es allesamt. Dem Verhältnis von Text und Musik nach sind zwei Typen zu unterscheiden.

Meistens werden nur am Anfang und Ende jeder Verszeile musikalische Interjektionen gesetzt. Daß, wie im Melodram normalerweise üblich, der Text zur Musik gesprochen wird, kommt seltener vor. Der Deklamationsrhythmus ist teils dem Interpreten anheimgestellt, teils fest fixiert.[13]

Die Musik interpretiert den textlichen Gehalt. So unterschiedlich dieser ist, so unterschiedlich sind ihre Ausdruckscharaktere. Jene Publikumsansprache, in der Shen Te versichert, daß sie ihrem Geliebten folgen werde, was auch immer geschehen möge, gleicht – ihrer musikalischen Thematik nach – einem schlichten Liebeslied. Die Melodie ist in einzelne Abschnitte zerlegt, zwischen denen die Verszeilen deklamiert werden:

Den volksliedhaft-chinesischen Intonationen eignet Gefühlswärme und Geborgenheit. Dort hingegen, wo die Unmenschlichkeit der Menschen angeprangert wird, ist die Musik kalt und hart.

Es fehlt da jede melodische Versinnlichung, nur das Schlagzeug setzt Akzente zur starren Deklamation:

Oft deutet die Musik das Wort nicht nur affekthaft, sondern auch tonmalerisch aus, wie in folgendem Beispiel, wo dem »Wachsen der Anstrengung« das Höherklettern des Klarinettenmotivs entspricht:

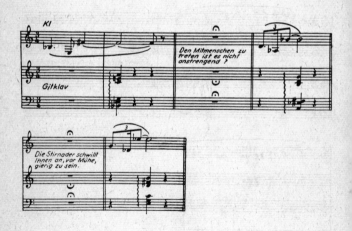

Die Motivik ist meistens aphoristisch, das heißt von geringer formbindender Kraft. Dennoch schafft Dessau in sich gerundete Miniaturformen, nämlich durch konstruktive Verstrebungen. Im folgenden Beispiel wird ein Motiv-Aphorismus, aufgestellt von der Klarinette, sogleich von der Flöte imitiert, und zwar in der Umkehrung:

An anderer Stelle spiegeln sich in der Klarinette Motive der Flöte in Engführung (Einsatzabstand: übermäßige Oktav):

Im ersten Melodram kommen zwei Motive vor. Das eine lautet:

Zu Beginn aufgestellt, wird es im zweiten Zwischentakt umgekehrt:

Das andere Motiv

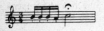

erscheint im ersten Zwischentakt in seiner Grund- und im zweiten in seiner Umkehrungsform:

Solche Korrespondenzen wirken vereinheitlichend; sie geben selbst dieser ausgesprochen »dienenden« Musik einen gewissen ästhetischen Eigenwert.

Anmerkungen

1 Bertolt Brecht: Siehe S. 34 dieses Bandes.
2 Ebd.
3 Vgl. Andrzej Wirth: *Über die stereometrische Struktur der Brechtschen Stücke*, in: *Sinn und Form*, Zweites Sonderheft Bertolt Brecht, Berlin 1957, S. 374.
4 Vgl. Josef Jusowski: *Bertolt Brecht und sein »Guter Mensch«*, in: *Sinn und Form*, Zweites Sonderheft Bertolt Brecht, Berlin 1957, S. 213.
5 Bertolt Brecht: *Der gute Mensch von Sezuan*, in: *Versuche* 12, Berlin 1953, S. 6.
6 Vgl. Walter Hinck: *Die Dramaturgie des späten Brecht*, Göttingen 1959, S. 42.
7 Vgl. ebd., S. 43.
8 Paul Dessau: *Musik zu »Der gute Mensch von Sezuan«* (Partitur), Berlin o. J., S. 38. Schon die Versstruktur entspricht der im Couplet üblichen: die zweite Zeile des Refrains nimmt jeweils auf eine Zeile der Strophen Bezug.
9 Walter Hinck: *Die Dramaturgie des späten Brecht*, Göttingen 1959, S. 45.
10 Vgl. ebd., S. 46.
11 Volker Klotz: *Bertolt Brecht*, Darmstadt 1957, S. 64.
12 Walter Hinck: *Die Dramaturgie des späten Brecht*, Göttingen 1959, S. 71. Hinck unterscheidet fünf Inhaltsgruppen (vgl. ebd., S. 64-72).
13 Das »Arioso« der Shen Te legt Rhythmus und Tonhöhe fest. Es fiele also eigentlich unter die rezitativischen Formen; doch verlangt Dessau ausdrücklich, daß der ›Tonfall‹ hier »zwischen Sprechen und Singen« liegen solle. Das Stück sei »wie ein Melodram« zu behandeln. Der

Deklamationston »d« sei nur »eine Andeutung«, er solle »klar machen, daß auf Variabilität im Vortrag kein Wert gelegt wird«. (Paul Dessau: *Musik zu »Der gute Mensch von Sezuan«* [Partitur]. Berlin o. J., vor S. 1 [Ausführungshinweise]).

Anhang

Zeittafel zur Entstehung

1926 März	Arnolt Bronnen, Alfred Döblin und Brecht sind zu einer Dichterlesung (Matinee) nach Dresden eingeladen, die jedoch ganz im Zeichen von Franz Werfel steht. Die drei »Götter« fühlen sich unangemessen behandelt, und Brecht rächt sich mit dem Gedicht »Matinee in Dresden« (wa 8, 158 f.): drei Götter finden am Fluß »Alibe« (Elbe) keine Aufnahme; ein Bürger bittet sie, sich deshalb nicht in den Fluß zu stürzen und die Stadt wegzuschwemmen.
1927/28	Brecht entwirft den Plan zu *Fanny Kreß* oder *Der Huren einziger Freund*; der Plan enthält bereits die Verkleidung der Hure in einen Tabakhändler mit dem Ziel, den anderen Huren zu helfen.
1930	Brecht plant Kurzstücke von eineinviertel bis eineinhalb Stunden; als zweites Stück entwirft er *Die Ware Liebe* (doppeldeutiger Titel) und plant offenbar zwei Fassungen mit gutem bzw. schlechtem Schluß. Die Fabel ist ökonomisch gewendet (gegenüber *Fanny Kreß*), und die Verkleidung hat den Zweck, ausbeuterisches Verhalten zu bemänteln. Der entscheidende Zwiespalt, nicht zugleich Ware und Verkäufer sein zu können, wird gefunden. Brecht notiert erste Textentwürfe.
1939 März bis September	Brecht beginnt unter Verwendung der Entwürfe zu »Die Ware Liebe« mit der Ausarbeitung des Stücks, das bereits seinen endgültigen Titel erhält. Da er sich bewußt ist, für die »Schublade« zu schreiben (keine Aufführungsmöglichkeiten im dänischen Exil), macht er keinerlei Zugeständnisse an Theater und Zuschauer. Das Stück wird als Theaterform für einen neuen Zuschauertypus (»Dreistundentag«) konzipiert. Im September, Brecht ist inzwischen nach Lidingö übergesiedelt, beginnt die Arbeit zu stocken.
1940 Mai bis Juni	Brecht, der inzwischen weiter nach Finnland geflohen ist, arbeitet das Stück um; es entsteht die »finnische Fassung«, die bis in den August hinein immer wieder neu korrigiert wird.
1941 Januar	Das Stück erhält, freilich unter der Einschränkung, daß erst eine Aufführung die endgültige Form gewährleisten könne, seine abschließende Gestaltung: die – noch bis zuletzt erwogene – Opium-Handlung (Opiumschmuggel und -handel der achtköpfigen Familie) wird getilgt, die Namen erhalten ihre endgültige Schreibung (Shen Te/Shui Ta) und die Lieder, die erst jetzt entstehen, werden einge-

	fügt. Brecht widmet das Stück seiner Frau Helene Weigel.
1943 4. Februar	Leonard Steckel inszeniert in Zürich die Uraufführung des *Guten Menschen* unter Mißachtung der Theaterprinzipien Brechts; zu einer Neuauflage dieser Inszenierung kommt es am 10. März 1944 am Basler Stadttheater.

Verzeichnis der Aufführungen

1. Statistische Daten zu Brecht und zum Guten Menschen von Sezuan (1947-1975, BR Deutschland)

Nach den Auswertungen der Spielpläne bundesrepublikanischer Bühnen, die Dieter Hadamczik, Jochen Schmidt und Werner Schulze-Reimpell vorgenommen haben (*Was spielten die Theater. Bilanz der Spielpläne in der Bundesrepublik Deutschland 1947-1975.* – Remagen-Rolandseck 1978), stand Brecht mit der Inszenierung von 43 Stücken bei insgesamt 17 901 Aufführungen nach Shakespeare (35/ 36 979), Schiller (14/ 24 988) und Shaw (38/ 19 126) an 4. Stelle der Bestenliste zwischen 1947 und 1975. Brechts Tendenz war dabei stets aufsteigend – von einigen »Einbrüchen« 1961/62, 1968/69 und 1971/72 abgesehen –, so daß er in der Spielzeit 1965/66 Schiller und 1970/71 auch Shakespeare in den absoluten Aufführungszahlen weit überflügelt hat. Absoluter Höhepunkt war die Saison 1972/73, die über 1200 Aufführungen von Brecht-Stücken gebracht hat.

Der gute Mensch von Sezuan rangiert in der Werkliste von Brechts Stücken mit 75 Inszenierungen und 1588 Aufführungen an 4. Stelle, und zwar nach *Mutter Courage und ihre Kinder* (103/ 2075), *Die Dreigroschenoper* (78/ 2066) und *Herr Puntila und sein Knecht Matti* (96/ 1780).

2. Aufführungsliste (1967-1981)

Vorbemerkung: Bereits die Aufführungsliste des vorangegangenen Materialienbandes zum *Guten Menschen* hat 11 Seiten umfaßt (bis Anfang 1967); eine – auch Vollständigkeit nicht beanspruchende, aber alle bekannten Daten berücksichtigende – Aufführungsliste würde bei altem Druckverfahren (Kleindruck, für jede Inszenierung drei Zeilen) mindestens vierzig Seiten, bei dem gewählten neuen Druckverfahren (Kleindruck, zwei Inszenierungsdaten nebeneinander) aber immer auch noch mindestens zwanzig Seiten umfassen, was die Dimensionen des Bandes sprengte. Verlag und Autor haben sich deshalb entschlossen, das Verzeichnis des Vorgängers lediglich fortzuführen und nur einige wichtige Nachträge anzugeben. Aufführungen von Studenten- oder Laienbühnen wurden nicht mehr berücksichtigt. Die nachstehenden Angaben beruhen auf den vom Bertolt-Brecht-Archiv systematisch erfaßten Daten; sie wurden gegebenenfalls durch die Aufführungsziffern ergänzt, die der Mykenae Verlag Rossberg (Darmstadt) ermittelt hat.

Nachträge (1944-1965)
10. 3. 1944	Stadttheater Basel
	R.: Leonard Steckel, B.: Eduard Grünzinger
	Sh.: Friedl Wald
3. 4. 1960	The Goodman Theatre, Chicago
	R.: Charles McGaw, B.: Jim Maronek
	Sh.: Frances Hyland/Donna Walsh
1963	Komedija, Zagreb
	R.: M. Lamza, B.: L. Petrčič
	Sh.: M. Stipančič
14. 2. 1964	Divadlo J. K. Tyla, Plzen
	R.: Jan Fišer, B.: Vladimir Heller
	Sh.: J. Chmelar
10. 9. 1965	Stadttheater Bremerhaven
	R.: Werner Vespermann, B.: Klaus Arnemann
	Sh.: Ruth Kenter
Oktober 1965	Rakvere Teater
	R.: Mai Mehring
	Sh.: Siina Ükskülä

1. 2. 1967	Teatro Reina Victoria, Madrid
	R.: Ricardo Salvat, B.: Armando Cardona
	Sh.: Nuria Espert
31. 3. 1967	Schloßparktheater West-Berlin
	R.: Hans Schweikart, B.: H. W. Lenneweit
	Sh.: Luitgard Im
7. 4. 1967	Schwäbisches Landesschauspiel, Memmingen
	R.: Bernd Hellmann, B.: Heinrich Siebald
	Sh.: Marlene Budde
13. 5. 1967	Landestheater Linz
	R.: Alfred Stögmüller, B.: Heinz Kottel
	Sh.: Christa Schwertfeger
10. 6. 1967	Shri Shiksanhayatan Hall, Kalkutta
	R.: Asoke Sen
15. 9. 1967	Städtische Bühnen, Münster i. W.
	32 Aufführungen
	R.: Alfred Erich Sistig, B.: Carl Wilhelm Vogel
	Sh.: Elisabeth Schmitt-Walter
1967	El Hakim Theater, Kairo
	R.: Saad Ardash, B.: Sekina Mohamed Ali
	Sh.: Samiha Ayoub
4. 3. 1968	Riksteatern-Svenska Teatern, Stockholm (Tourneetheater)

	R.: Bertil Linden, B.: Lars Erik Linden
	Sh.: Ulla Sjöblom
16. 3. 1968	Toneelgroep Theater, Arnhem
	R.: Erik Vos, B.: Niels Hamel
22. 3. 1968	Theater der Stadt, Koblenz
	16 Aufführungen
	R.: Bert Ledwoch, B.: Manfred Glaesmann
	Sh.: Margit Wolff
7. 4. 1968	Oblastnoj dramatičeskij teatr, Rostov
	R.: S. Ponomarev, B.: I. Osipov
	Sh.: K. Abašina
26. 4. 1968	Teatro Hidalgo, Mexico City
	R.: Xavier Rojas, B.: Antonio Lopez Mancera
	Sh.: Virma Gonzáles
18. 5. 1968	Suomen Kansallis-teatteri, Helsinki
	R.: Veli-Matti Saikkonen, B.: Max Gygax
	Sh.: Eeva-Kaarina Volanen
21. 8. 1968	Jiyû-Gekijô, Tokio
	R.: Hideo Kanze, B.: Noboyuki Abe
	Sh.: Hideko Yoshida/Mariko Miyagi
27. 11. 1968	Kaupunginteatteri, Jyväskylä
	R.: Tauno Lehtihalmes, B.: Sergej Pakarinen
	Sh.: Kyllikki Kyheröinen
13. 12. 1968	Volkstheater Wien
	R.: Gustav Manker, B.: Georg Schmid
	Sh.: Jutta Schwarz
1968	Teatrul Tineretului, Piatra Neamt
	R.: Andrei Serban, B.: Lucu Andreescu
	Sh.: Carmen Galin
5. 1. 1969	Teatre Rosmaitości, Krakow
	R.: Jozef Wyszomirski, B.: Janusz Warpechowski
	Sh.: Elzbieta Karkoszka/Maria Rabczyńska
13. 5. 1969	Ruhrfestspiele Recklinghausen
	28 Aufführungen
	R.: Harry Buckwitz, B.: Karl-Ernst Herrmann
	Sh.: Gisela Stein
16. 7. 1969	Theodor-Heuss-Gymnasium, Esslingen
	R.: Kathrin Schmidt, B.: Helene Piffl
	Sh.: Aristid Weinheimer
1. 11. 1969	Stadttheater Würzburg
	13 Aufführungen
	R.: Fritz Herterich, B.: Ernst Rufer
	Sh.: Gesine Hess
2. 11. 1969	Mecklenburgisches Staatstheater, Schwerin

	R.: Gerd Jurgons, B.: Volker Walther
	Sh.: Ute Kaempfer
21. 11. 1969	Theater am Turm (TAT), Frankfurt am Main
	48 Aufführungen
	R.: Claus Peymann, B.: Eberhard Matthis
	Sh.: Christíne Merthan
1969	»Ape Kattiya«, Colombo
	R.: Sugathapala de Silva
1. 3. 1970	Nordmark-Landestheater, Schleswig
	23 Aufführungen
	R.: Eckehard Bösche, B.: Walter Pietsch
	Sh.: Josta Hoffmann
17. 4. 1970	Volksbühne, Berlin
	R.: Benno Besson, B.: Achim Freyer
	Sh.: Ursula Karusseit
25. 4. 1970	Narodno Pozorište Nepszinház, Subotica
	R.: Vjekoslaw Vidoševic, B.: Pal Petrik
	Sh.: Jelka Asić
16. 9. 1970	Landesbühne Niedersachsen, Verden
	20 Aufführungen
	R.: Hans W. Loges, B.: Dieter Klonk
	Sh.: Silvia van Spronsen
23. 9. 1970	Theater der Stadt, Trier
	15 Aufführungen
	R.: Fritz Hederich, B.: Ernst Rufer
	Sh.: Lotte Lais
29. 10. 1970	Das junge Theater, Hamburg
	31 Aufführungen
	R.: Hellmuth Matiasek, B.: Günter Ulikowski
	Sh.: Cornelia Froboess
31. 10. 1970	Stadttheater, Cuxhaven
	11 Aufführungen
	R.: Johann Erwin Backhaus, B.: Hans-Dietrich Klabunn
	Sh.: Ina Wittich
5. 11. 1970	The Repertory Theatre of Lincoln Center im Vivian Beaumont Theater, New York
	R.: Robert Symonds, B.: Douglas Schmidt
	Sh.: Colleen Dewhurst
12. 11. 1970	Das Meininger Theater
	R.: Gertrud Elisabeth Zillmer, B.: Rolf-Christoph Ullmann
	Sh.: Walfriede Schmitt
28. 11. 1970	Städtische Theater, Karl-Marx-Stadt
	R.: Hartwig Albiro/Piet Drescher, B.: Ralf Winkler

	Sh.: Gabriele Heinz
3. 2. 1971	Norbottensteatern, Luleå
	R.: Johann Bergensträhle, B.: Tommy Glans
	Sh.: Eva Hermansson
25. 2. 1971	Państwowy Teatre Dolnośląski, Jelenia Gora
	R.: Wanda Laskowska, B.: Zofia Pietrusińska
	Sh.: Teresa Czarnecka
11. 3. 1971	Vereinigte Bühnen Krefeld-Mönchengladbach
	14 Aufführungen
	R.: Joachim Fontheim, B.: Hans Aeberli
	Sh.: Hertha Martin
18. 3. 1971	Städtische Bühnen, Kleines Haus, Dortmund
	32 Aufführungen
	R.: Peter Borchardt, B.: Werner Hutterli
	Sh.: Ruth Kessler
6. 5. 1971	Städtische Bühnen, Freiburg
	13 Aufführungen
	R.: Friedhelm Schauwienhold, B.: Hannes Rader
	Sh.: Ilse Boettcher
3. 9. 1971	Rheinisches Landestheater, Neuss
	R.: Peter Schreiber, B.: Frank-Ulrich Schmidt
	Sh.: Lucie Bays
9. 9. 1971	Stadsteatern, Stockholm
	R.: Johann Bergensträle, B.: Svenslow Ehrén
	Sh.: Lena Granhagen
9. 9. 1971	Stadsteatern, Boras
	R.: Heinz Spira, B.: Helena Henschen
	Sh.: Brigitte Ornstein
24. 9. 1971	Stadttheater, Hildesheim
	23 Aufführungen
	R.: Lutz Walter, B.: Werner Victor Töffling
	Sh.: Gerhild Schüddekopf
25. 9. 1971	Pfalztheater, Kaiserslautern
	20 Aufführungen
	R.: Werner Vespermann, B.: Wolfgang Hardt
	Sh.: Karin Reschke
Oktober 1971	Volksbühne Berlin (Neuinszenierung)
	R.: Benno Besson, B.: Achim Freyer
	Sh.: Ursula Karusseit
13. 11. 1971	Theater für Vorarlberg, Bregenz
	24 Aufführungen
	R.: Klaus-Dieter Wilke, B.: Herbert F. Kapplmüller
	Sh.: Marianne Kamm
Dezember	Schauspielhaus, Düsseldorf

1971	53 Aufführungen R.: Hans-Adalbert Karbe/Karl Heinz Stroux, B.: Pit Fischer Sh.: Christiane Hammacher
7. 1. 1972	Nemzeti Szinház, Budapest R.: Tamás Major, B.: Ilona Keserü Sh.: Mari Töröcsik
21. 1. 1972	Sandhyaneerh, Kalkutta R.: Asoke Sen Sh.: Binota Ray
22. 1. 1972	Divadlo F. X. Saldy, Liberec R.: Milan Vobruba, B.: Vratislav Habr Sh.: Xenie Chytrá
16. 4. 1972	Stadttheater, St. Gallen 16 Aufführungen R.: Hans Gaugler, B.: Alexander Blanke Sh.: Liselotte Müller
April 1972	Old Tote Company im Parade Theatre, Sidney R.: John Bell Sh.: Melissa Jaffer
26. 10. 1972	Städtische Bühnen, Mainz 21 Aufführungen R.: Georg Aufenanger, B.: Manfred Domsdorf Sh.: Gaby Reichardt
November 1972	Oblastnoj dramatičeskij teatr R.: I. Jušakov, B.: B. Blank Sh.: I. Antonova
8. 2. 1973	Svenska Riksteatern, Örebro R.: Jan Håkansson, B.: Akké Nordwall Sh.: Christina Frambäck
10. 2. 1973	Teatro Stabile di Roma im Teatro Argentina, Rom R.: Benno Besson, B.: Giuseppe Pastore Sh.: Valeria Moriconi
2. 3. 1973	Theatre London, Ontario R.: Joseph Shaw, B.: Jack King
24. 3. 1973	Teatr Polski, Poznán R.: Roman Kordziński, B.: Zbigniew Bednarowicz Sh.: Kazimiera Nogajowna
25. 8. 1973	Westfälische Kammerspiele, Paderborn 28 Aufführungen R.: Siegfried Bühr/Jörg Bendrat, B.: Gerd Friedrich Sh.: Gesine Lübcke
19. 9. 1973	Stadttheater, Regensburg 19 Aufführungen

	R.: Friedrich Grossart, B.: Annette Heraeus
	Sh.: Christa Schwertfeger
19. 9. 1973	Teatr Nowy, Duza Scena, Lódz
	R.: Jerzy Zegalski, B.: Teresa Ponińska
	Sh.: Zofia Graziewicz
7. 11. 1973	Théâtre de la Ville, Paris
	R.: Jean Mercure, B.: Yannis Kokkos
	Sh.: Anne Doat
1973	Ikebukuro, Tokio
	R.: Kiyoshi Seki
25. 2. 1974	Stadttheater, Bern
	21 Aufführungen
	R.: Helmut Winkelmann, B.: Rolf Christiansen
	Sh.: Jutta Sich
22. 3. 1974	Südostbayerisches Städtetheater, Landshut
	29 Aufführungen
	R.: Klaus Schlette/Horst Schäfer, B.: Friedrich Oberle
	Sh.: Marianne Münnich
12. 5. 1974	Landestheater Altenburg
	R.: Volker Traut, B.: Monika Erber/Ursula Müller
	Sh.: Hannelore Geisler/Pemmann
10. 9. 1974	Westfälisches Landestheater, Castrop-Rauxel
	48 Aufführungen
	R.: Roland Gall, B.: Margit Bardy
	Sh.: Rosemarie Brücher
12. 9. 1974	Riksteatret (Tournee-Ensemble), Oslo
	R.: Svein Erik Brodal, B.: Gunnar Alme
	Sh.: Gudrun Waadeland
19. 9. 1974	Stadttheater Lüneburg
	10 Aufführungen
	R.: Max Löhlein, B.: Günther Wehnert
	Sh.: Liselotte Müller
1974	Svenska Riksteatern
	R.: Per Siwe, B.: Jindřich Dušek
	Sh.: Monica Nielsen
23. 3. 1975	Publickstheater, Amsterdam
	R.: Hans Croiset, B.: Niels Hamel
	Sh.: Annet Nieuwenhuyzen
10. 4. 1975	University of Michigan, Residential College, R. C. Players, Ann Arbor
	R.: Douglas C. Sprigg, B.: Eric Keller
	Sh.: Maureen Sullivan
27. 9. 1975	Welsh National Opera and Drama Company, Cardiff
	R.: Ian Watt-Smith, B.: Bernard Culshaw

	Sh.: Ursula Mohan
8. 11. 1975	Stadttheater St. Pölten
	8 Aufführungen
	R.: Herwig Lenau, B.: Herwig Lenau
	Sh.: Jutta Schwarz
November	People's Light and Theatre Company
1975	R.: Lou Lippa
	Sh.: Stephanie Muznik
Dezember	Pjodleikhúsic, Reykjavik
1975	R.: Stefan Baldursson, B.: Sigurjón Jóhannsson
	Sh.: Margrét Gudmundsdóttir
Dezember	Nagorik Natya Sampradaya, Dacca
1975	R.: Ali Zaker
	Sh.: Sara Zaker
1975	Vaasan Kaupunginteatteri, Vaasa
	R.: Eugen Terttula, B.: Hannu Lindholm
	Sh.: Annelie Juustinen
Januar 1976	La Mama Theater, New York
	R.: Andrei Serban
	Sh.: Priscilla Smith
Februar	Badische Landesbühne, Bruchsal
1976	R.: Jochen Nix, B.: Manfred Holler
	Sh.: Sabine Hahn
10. 3. 1976	Stadttheater, Konstanz
	25 Aufführungen
	R.: Vlad Mugur, B.: Pascal Paris
	Sh.: Magda Stief
10. 3. 1976	Den Nationale Scene, Bergen
	R.: Wolfgang Pintzka, B.: Christian Egemar
16. 3. 1976	Schauspielhaus Zürich
	48 Aufführungen
	R.: Manfred Wekwerth, B.: Hans-Ulrich Schmückle
	Sh.: Renate Richter
25. 3. 1976	Kiroku-Kai, Tokio
	R.: Tamotsu Suehiro/Kakya Saeki
31. 3. 1976	Stadttheater, Hof
	R.: Wolfgang Trautwein, B.: Karel Spanhak
	Sh.: Monica Gruber
März 1976	Elisabeth-Bühne, Salzburg
	R.: Georges Ourth, B.: Helmut Soriat
	Sh.: Renate Rustler
8. 4. 1976	Stadttheater, Bamberg
	15 Aufführungen
	R.: Gerd Gutbier, B.: Michael Birken

	Sh.: Brigitte Goebel
September 1976	Kurfürst-Ruprecht-Gymnasium, Neustadt a. d. Weinstraße
	R.: Hackenberger/Martin Fell
	Sh.: Barbara Boxheimer
14. 10. 1976	Centre dramatique national de Bourgogne, Beaune
	R.: Alain Mergat, B.: Jean-Vincent Lombard
	Sh.: Emmanuelle Stochl
28. 10. 1976	Aalborg Teater, Store Scene, Aalborg
	R.: Asger Bonfils, B.: Nina Schittz
	Sh.: Lotte Herman
10. 12. 1976	Stadsteatern Norrköping-Linköping, Norrköping
	R.: Lars Gerhard Norberg, B.: Jost Assmann
	Sh.: Liselott Lindeborg
23. 5. 1977	Greenwich Theatre, London-Greenwich
	R.: David Thompson, B.: Bruno Santini
	Sh.: Paul Alexander
11. 6. 1977	Theater Schönau-Thun, Thun
	R.: Urs Hauert, B.: Alfred Stucki
	Sh.: Katrin Dasen
11. 9. 1977	Deutsches Schauspielhaus, Hamburg
	30 Aufführungen
	R.: Georgio Strehler, B.: Luciano Damiani
	Sh.: Andrea Jonasson
1. 10. 1977	Volkstheater, Wien
	25 Aufführungen
	R.: Gustav Manker, B.: Maxi Tschunko
	Sh.: Kitty Speiser
5. 10. 1977	Royal Court Theatre, London
	R.: Keith Hack
	Sh.: Janet Suzman
9. 12. 1977	Folkteatern, Göteborg
	R.: Leif Sundberg, B.: Jundřich Dušek
	Sh.: Gunilla Nyroes
1977	Théâtre régional d'Oran, Oran
	R.: Abdelkader Ould Abderrahmane Kai
16. 9. 1978	Kanai-Produktion, Tokio
	R.: Eitaro Ozawa, B.: Kappa Seno
	Sh.: Kyoko Jinbo
28. 9. 1978	Landestheater Württemberg-Hohenzollern, Tübingen
	R.: Conny Hannes Meyer, B.: Johanna Kielin
	Sh.: Hildegard Pintgen
29. 9. 1978	Csiky Gergely Szinház, Kaposvár
	R.: Tamás Ascher, B.: Péter Donáth

	Sh.: Judit Pogány
September 1978	Kraevoj teatr junogo zritelja im Leninskogo Komsomola, Krasnojarsk R.: A. Popov, B.: V. Kopylovskij Sh.: I. Aristarchova
November 1978	Teatr junogo zritelja, Tscheljabinsk R.: G. Jegorov, B.: M. Perčpchina Sh.: T. Karataeva
7. 2. 1979	Kouvolan Teatteri, Kouvola R.: Mikko Nousianinen, B.: Unto Ripatti Sh.: Sirka Seittu
12. 5. 1979	Städt. Bühnen, Augsburg 13 Aufführungen R.: Jens Pesel, B.: Gottfried Pilz Sh.: Christel Peschke
14. 11. 1979	Zyprisches Nationaltheater, Nikosia R.: Heinz-Uwe Haus, B.: Glyn Hughes/Kostas Kafkarides Sh.: Helen Sorokou
7. 11. 1980	Thater am Goetheplatz, Baden-Baden 12 Aufführungen R.: Friedhelm Schauwienhold, B.: Helga Schwartzkopf Sh.: Inge Wittek
12. 12. 1980	Komödianten, Wien R.: Conny Hannes Mey
7. 1. 81	Landestheater Saarbrücken R.: Jean-Paul Anderhub, B.: Wendlin Heisig Sh.: Daniela Graf
14. 4. 81	Teatro Emilia Romagna, Modena (= Inszenierung Piccolo Teatro Mailand) R.: Giorgio Strehler, B.: Paolo Bregni Sh.: Andrea Jonasson

Besetzungsverzeichnisse

Besetzung der Uraufführung am Schauspielhaus Zürich
(Premiere: 4. Februar 1943)

Musik: Huldreich Georg Früh
Regie: Leonard Steckel
Bühnenbild: Teo Otto
Technische Leitung: Ferdinand Lange

1. Gott	Ernst Ginsberg
2. Gott	Fritz Delius
3. Gott	Herman Wlach
Shen Te	Maria Becker
Wang, ein Wasserverkäufer	Heinrich Gretler
Die Witwe Shin	Mathilde Danegger
Eine achtköpfige Familie	
Großvatter	Eugen Jensen
Mann	Lukas Ammann
Frau	Angelika Arndts
Bruder	Enzo Ertini
Schwägerin	Erika Pesch
Neffe	Klausheinrich Steiger
Nichte	Ali Graeter
Junge	Otto Dornbierer
Der Schreiner Lin To	Erwin Parker
Ein Arbeitsloser	Robert Bichler
Die Hausbesitzerin Mi Tzü	Therese Giehse
Der Barbier Shu Fu	Kurt Horwitz
Yang Sun, ein stellungsloser Flieger	Karl Paryla
Frau Yang, seine Mutter	Ellen Widmann
Der Polizist	Emil Stöhr
Der Teppichhändler	Karl Delmont
Seine Frau	Traute Carlsen
Der Bonze	Arnold Müdespacher
Der Kellner	John E. Schmid
Eine Prostituierte	Lee Ruckstuhl
Kind des Schreiners	Dorli Zäch
Arbeiter, Passanten, Verkäufer usw.	

Besetzung der Aufführung an den Städtischen Bühnen Frankfurt am Main
(Premiere: 16. November 1952)

Musik: Paul Dessau

Inszenierung: Harry Buckwitz
Bühnenbild und Kostüme: Teo Otto
Musikalische Einstudierung: Walther Knör

Personen

Die drei Götter	Heinrich Troxbömker
	Konrad Georg
	Siegfried Nürnberger
Shen Te/Shui Ta	Solveig Thomas
Yang Sun, ein stellungsloser Flieger	Arno Assmann
Frau Yang, seine Mutter	Hilde Westermann
Wang, ein Wasserverkäufer	Otto Rouvel
Der Barbier Shu Fu	Ernstwalter Mitulski
Die Hausbesitzerin Mi Tzü	Anita Mey
Die Witwe Shin	Elisabeth Kuhlmann
Der Schreiner Lin To	Kurt Dommisch
Der Polizist	Fritz Saalfeld
Der Arbeitslose	Karl Lieffen
Die achtköpfige Familie	
Der Mann	Werner Siedhoff
Die Frau	Ellen Daub
Der Neffe	Rudi Schmitt
Der Bruder	Otto Knur
Die Schwägerin	Else Graetz
Die Nichte	Elisabeth Wiedermann
Der Großvater	Adolf Knab
Der Junge	Peter Zeiller-Schultheis
Die alte Prostituierte	Magdalena Stahn
Der Teppichhändler	Karl Luley
Seine Frau	Anny Hannewald
Der Bonze	Herbert Pohle
Der Kellner	Claus A. Landsittel
Einwohner von Sezuan	

Besetzung der Aufführung der Wuppertaler Bühnen
(Premiere: 31. 3. 1955)

Musik: Paul Dessau

Inszenierung: Franz Reichert
Bühnenbild und Kostüme: Hanna Jordan
Musikalische Leitung: Max Alter
Regie-Assistenz: Ursula Heilmann
Inspektion: Lothar Schock
Souffleuse: Ilse Zeuner

Der erste Gott	Fritz Brand
Der zweite Gott	Heinz Fangman
Der dritte Gott	Alois Garg
Shen Te – Shui Ta	Sigrid Marquardt
Wang, ein Wasserverkäufer	Horst Tappert
Der Barbier Shu Fu	Adalbert Gausche
Yang Sun, ein stellungsloser Flieger	Herbert Fleischmann
Frau Yang, seine Mutter	Lotte Kleinschmidt
Die Witwe Shin	Hildegard Bertram
Die Hausbesitzerin Mi Tzü	Margarete Melzer
Die achtköpfige Familie	
Der Mann	Karl Maria Schley
Die Frau	Leonore Ezdar
Der Neffe	Klaus Ponto
Der Bruder	Robert Messerli
Die Schwägerin	Christine Kayssler
Der Großvater	Johannes Schauer
Die Nichte	Karola Ebeling
Der Junge	Kind
Der Schreiner Lin To	Rudolf Helten
Der Arbeitslose	Harald Leipnitz
Der Polizist	Arno Wüstenhöfer
Der Teppichhändler	Gustav Landauer
Seine Frau	Margarete Binter
Die alte Prostituierte	Änne Oerla
Die Tante	Ursula Heilmann
Der Bonze	Paul Winterling
Der Kellner	Reinhold Stadtler

Drei Arbeiter	Rudolf Voss
	Thomas Land
	Reinhold Stadtler
Herr Tscheng	Rudolf Voss
Der Herr	Paul Winterling

Besetzung der Aufführung am Berliner Ensemble
(Premiere: 5. Oktober 1957)

Musik: Paul Dessau

Regie: Benno Besson
Ausstattung: Karl v. Appen
Musikalische Leitung: Hans-Dieter Hosalla
Musikalische Einstudierung: Iva Besson
Technische Leitung: Walter Meier

Erster Gott	Ernst-Otto Fuhrmann
Zweiter Gott	Heinz Schubert
Dritter Gott	Georg August Koch
Wang, Wasserverkäufer	Gert Schaefer
Shen Te	Katrin Reichel
Sun, ein arbeitsloser Flieger	Ekkehard Schall
Frau Yang, seine Mutter	Anneliese Reppel
Shu Fu, Barbier	Peter Kiwitt
Frau Mi Tzü, Hausbesitzerin	Charlotte Brummerhoff
Witwe Shin	Agnes Kraus
Polizist	Martin Flörchinger
Arbeitsloser	Günter Naumann
Schreiner Lin To	Harry Gillmann
Großvater	Wolfram Handel
Der Mann	Erich Franz
Die Frau	Betty Loewen
Der Bruder	Wolfgang Lohse
Die Schwägerin	Elsa Grube-Deister
Der Neffe	Fritz Hollenbeck
Die Nichte	Barbara Berg
Die Teppichhändlerin	Annemarie Schlaebitz
Der Teppichhändler	Horst Wünsch
Die alte Prostituierte	Bella Waldritter
Bonze	Axel Triebel
Kellner	Aribert Grimmer
Freier	Nico Turoff

Anmerkungen des Herausgebers

S. 9. *Was nützt die Güte*. Das Gedicht entstand 1935 im dänischen Exil und ist zitiert nach wa 9, 553. Ich habe dieses Gedicht gegen das von der *Maske des Bösen* (wa 10, 850) ersetzt, das im Vorgänger (herausgegeben von Werner Hecht) an dieser Stelle stand und teilweise als »Motto« mißverstanden worden ist. *Die Maske des Bösen* findet sich mit der entsprechenden Abbildung an der Stelle, an der das *Arbeitsjournal* ganz ähnlich von der »Anstrengung«, böse zu sein, spricht.

S. 11. *Selbstaussagen*. Die entsprechenden Bände, nach denen zitiert wird, sind im *Literaturverzeichnis* genau angegeben.

Die hier folgenden Anmerkungen zu den Texten aus *Arbeitsjournal* und *Briefen* sind den dort entsprechenden Anmerkungen entschieden verpflichtet.

S. 13 ff. *Arbeitsjournal (AJ)*.

zu 30. 7. 40

Die genannten Epigramme finden sich wa 9, S. 756, 820.

zu 2. 8. 40

Der Text gehört zum *Messingkauf* (wa 16, S. 499-657), zeigt aber, in welchem theoretischen Zusammenhang das Stück steht.

zu 9. 8. 40

Die Photographie gibt die japanische Maske aus Brechts Arbeitszimmer (Chausseestraße 125, Berlin, DDR) wieder. Das Gedicht ist zitiert nach wa 10, S. 850.

zu 6. 9. 1940

Ganz ähnlich äußert sich Brecht im Brief an Elisabeth Hauptmann Juli/August 1946 (vgl. in diesem Band S. 25). Eine ähnliche Liste findet sich außerdem unter der Eintragung des 22. 5. 1944 (AJ, S. 652; vgl. in diesem Band S. 22).

zu 25. 1. 1941

Gemeint ist die Schriftstellerin und Mitarbeiterin Brechts Margarete Steffin, die am 4. Juni 1941 in Moskau starb.

zu 26. 1. 1941

Es handelt sich um die Lieder des *Sezuan*-Stücks (wa 4, S. 1507 f., 1582 f., 1606). Der Brief gibt Anhaltspunkte für die Datierung der Fassungen. Mit »grete« ist wiederum Margarete Steffin gemeint.

zu 20. 4. 1941

Über den Buchhändler Olsoni, der auch AJ, S. 128 erwähnt ist, scheint nichts Näheres bekannt zu sein.

zu 1. 6. 1942

»MGM« meint die Hollywood-Film-Gesellschaft »Metro Goldwyn Mayer«. Jean Renoir gehört zu den klassischen Filmautoren und -regisseuren; er war zwischen 1941 und 1947 in den USA tätig. Über die chinesische Schauspielerin Anna May Wong scheint nichts Näheres bekannt zu sein. Genannt ist außerdem der bekannte Schauspiel-Regisseur Max Reinhardt, der von 1938 bis 1943, also bis zu seinem Tod, im amerikanischen Exil war. – Aus allen »Chancen« wurde nichts. Der bekannte Schriftsteller Lion Feuchtwanger (1884-1958) war ab 1933 im amerikanischen Exil und arbeitete dort häufiger mit Brecht zusammen.

zu März [etc.] 43
Gemeint ist der Komponist Kurt Weill, der u. a. die *Dreigroschenoper* Brechts komponiert hatte; die Pläne kamen nicht zustande, die Musik zum *Guten Menschen* komponierte schließlich Paul Dessau.

zu 20. 9. 43
Christopher W. B. Isherwood (geb. 1904), englischer Dramatiker, Schriftsteller und Übersetzer, arbeitete ab 1940 in Kalifornien, vor allem für die MGM.

zu Mitte Nov.
Vgl. die Eintragung zum März 1943 (AJ, S. 568).

zu 22. 5. 1944
Vgl. die »Galerie der Figuren« AJ, S. 652 und den Brief an Elisabeth Hauptmann von Juli/August 1946 (Brecht berücksichtigt hier neben den im Brief genannten Stücken auch noch *Leben Eduards des Zweiten von England, Die Mutter, Der aufhaltsame Aufstieg des Arturo Ui, Die Herzogin von Malfi*). Vgl. die entsprechenden Anmerkungen in diesem Band.

zu 7. 1. 1948
Armin Kesser war wie der genannte Herbert Ihering Journalist und Theaterkritiker; das Gespräch fand in Zürich statt.

zu 16. 11. 1952
Angesprochen ist der Regisseur Harry Buckwitz, der durch viele Brecht-Inszenierungen hervorgetreten ist. Brecht war in Frankfurt vom 13. bis 16. 11. 1952.

S. 23 ff. *Briefe*.

14. 6. 1940; an Hans Tombrock
Es handelt sich um Radierungen Tombrocks; Brecht notiert am 17. 4. 1940 im *Arbeitsjournal:* »vierzeiler für tombrock, damit er noch ein paar bilder verkaufen kann« (AJ, S. 93).

August 1941; an Erwin Piscator
Ararat ist der Berg, auf dem nach biblischer Darstellung die Arche Noahs gelandet ist (1. Mose 8,4).

Sept. 1941; an Erwin Piscator
Weder die Aufführungspläne noch die Übersetzung wurden realisiert.

Januar 1945; an Leo Kerz
Leo Kerz hatte bereits für Januar 1944 eine Aufführung des Stücks angekündigt, die aber ebensowenig zustande kam wie die hier besprochene Aufführung mit »Negerbesetzung«. Kurt Weill hatte sich zunächst bereit

erklärt für den *Schweyk* und das *Sezuan*-Stück die Musik zu schreiben, trat dann aber von beiden Projekten wieder zurück. – Eine Inszenierung des Stücks erfolgte in den USA erst am 18. 12. 1956 (Regie: Eric Bentley; Shen Te/Shui Ta: Uta Hagen).
Juli/August 1946; an Elisabeth Hauptmann
Mit der »Neuen Galerie« bezeichnet Brecht seine Dramenfiguren, die der Reihenfolge nach aus den folgenden Stücken stammen: *Trommeln in der Nacht* (Kragler), *Im Dickicht der Städte* (Garga), *Mann ist Mann* (Galygay, Begbick, Uria), *Die Rundköpfe und die Spitzköpfe* (Callas), *Furcht und Elend des Dritten Reiches* (Judith), *Die heilige Johanna der Schlachthöfe* (Dark, Mauler), *Leben des Galilei* (Galilei), *Mutter Courage und ihre Kinder* (Courage), *Herr Puntila und sein Knecht Matti* (Puntila, Matti), *Die Gesichte der Simone Machard* (Simone), *Schweyk im Zweiten Weltkrieg* (Schweyk), *Der kaukasische Kreidekreis* (Grusche, Azdak), *Der gute Mensch von Sezuan* (Shen Te), *Baal* (Baal), *Dreigroschenoper* (Macheath, Peachum, Polly).
August 1946; an Eric Bentley
Brecht bezieht sich auf die Aufführung vom 29. 3. 1946 im Theater in der Josefstadt (Regie: Rudolf Steinboeck, Shen Te/Shui Ta: Paula Wessely).
7. 7. 1949; an Ferdinand Reyer
»Auf Grund einer Vollmacht Brechts hatte Reyher an Bentley die Autorisierung für eine Inszenierung des Stückes in New York gegeben. Nach einer Intervention Brechts mußte Bentley die bereits begonnenen Vorarbeiten wieder einstellen« (Glaeser: *Briefe*, Bd. 2, S. 1094).
1. 2. 1955; an Elisabeth Bergner
Brecht bezieht sich auf die Aufführung der Städtischen Bühnen Frankfurt a. M. (Regie: Harry Buckwitz, Bühnenbild: Teo Otto, Shen Te/Shui Ta: Solveig Thomas), die am 16. 11. 1952 Premiere hatte. Brecht war vom 13.-16. 11. 1952 in Frankfurt.
18. 4. 1955; an das Nordmark-Landestheater
Gemeint ist die Inszenierung Reicherts an den Städtischen Bühnen Wuppertal vom 31. 3. 1955 (Shen Te/Shui Ta: Sigrid Marquardt).
14. 5. 1955; an Franz Reichert
Vgl. die vorherstehende Anmerkung.
7. 8. 1955; an Hans Schweikart
Die Inszenierung Schweikarts lief an den Kammerspielen in München, erstmals am 30. 6. 1955 (Bühnenbild: Caspar Neher, Shen Te/Shui Ta: Erni Wilhelmi).
S. 29. *Arbeitsmaterialien.* Alle folgenden Texte sind zitiert nach den entsprechenden Materialien des Bertolt-Brecht-Archivs, jeweils versehen mit der entsprechenden Nummer des BBA und des BBA-Bestandsverzeichnisses. Die Anordnung ist so gewählt, daß zunächst die den Gesamtkomplex betreffenden Entwürfe (Fabeln) und Pläne zu stehen kommen und dann die Texte, die einzelne Szenen oder Entwürfe oder Bruchstücke

betreffen; die Vorarbeiten sind als weitere Materialien nachgestellt, weil sie keinen unmittelbaren Zusammenhang mit dem *Sezuan*-Stück aufweisen und selbständige Arbeiten darstellen (so ist auch das BBA-Bestandsverzeichnis verfahren).

S. 31. *Zeitungsbericht*. Es handelt sich um eine frühe Fabelerzählung (und zwar ohne Parabelcharakter), die zuerst in den *Schriften zum Theater* (Frankfurt a. M.: Suhrkamp 1963, Band 4, S. 134 ff.) erschienen ist; er findet sich auch als einziger Text zum *Sezuan*-Stück in der *werkausgabe* (wa 17, 1157-1161).

S. 34. *Der gute Mensch von Sezuan (Fabel)*. Es handelt sich um den Anhang eines Textmanuskripts und um eine bereits der endgültigen Fabel sehr nahekommende, aber keineswegs mit ihr identische Fassung (vgl. die noch anders geschriebenen, aber bereits sehr ähnlich lautenden Namen).

S. 40. *Frühes Bruchstück der Fabel*. Der »gute Mensch« hieß da noch »Mi-Lung«; um Mißverständnisse zu vermeiden, wurde hier der Name »Li Gung« der frühen Fassungen eingefügt.

S. 41. *Plan 182/5*. Dieser erste Plan des Stücks wurde wahrscheinlich im April 1939 geschrieben; handschriftlich sind hinter den Szenen 1, 3, 6 der Buchstabe H, hinter den Szenen 2 und 4 der Buchstabe T sowie hinter den Szenen 5, 7, 8 die Kombination H & T vermerkt. Gemeint ist wohl die Aufteilung der Szenen auf die Personen Hure (= H), Vetter (= T, Verweis ist unklar) sowie auf beide zusammen.

S. 41 f. *Pläne 181/29-35, 37-40, 46-50*. Abgedruckt sind lediglich die Typoskript-Teile der Blätter, und zwar zum Vergleich mit dem großen Arbeitsplan (181/1-10). Der Plan 181/29-35 enthält neben anderen handschriftlichen Zusätzen wiederum die Zuordnung der Szenen, und zwar 0, 1, 3, 6 zu M (= guter Mensch), 2, 4, 8, 9 zu T (= Vetter) und 5, 7, 10 zu MuT (= beiden).

S. 44. *Großer Arbeitsplan*. Werner Hecht schrieb im *Materialien*-Band (s. Literatur-Verzeichnis; S. 173): »Der große Arbeitsplan ist einer der Pläne, die Brecht anfertigte, um den Stoff genau aufzuteilen. Gewöhnlich hingen Pläne solcher Art von Stücken, mit denen er sich beschäftigte, an den Wänden seines Arbeitszimmers. Von den verschiedenen Plänen zum *Guten Menschen von Sezuan* gibt der hier wiedergegebene große Plan (181/1-10) vielleicht den besten Einblick in Brechts Arbeitsweise«. Die Transkription des handschriftlichen Teils zu 10, der bisher nicht entziffert war, verdanke ich Hans-Peter Neureuter (Mitteilungen aus der Deutschen Bibliothek 9, 1975 [Helsinki], S. 39, Anm. 42).

S. 48. *Pläne für die fünfte Szene*. Die Pläne sollen – zumal sie sich z. T. auch auf die Fassungen eines Details derselben Szene beziehen – exemplarisch die fortlaufende Umarbeitung und Präzisierung verdeutlichen. Die Anordnung der Texte folgt der entsprechenden Mappe, sie muß aber nicht unbedingt chronologisch sein.

S. 56. *Fassungen einzelner Szenen.* Vgl. dazu mein Nachwort. Beim Paralleldruck wurden die Szenenabschnitte innerhalb einer Szene durch einen Zwischenraum markiert, der sich in den Typoskripten nicht findet; der Zwischenraum soll die parallele Zuordnung von sich entsprechenden Text-Teilen oder auch die entstandenen bzw. »ausgefüllten« Zwischenräume markieren.

S. 102. *Arbeitsnotizen und Bruchstücke.* Die Titel (nicht von Brecht stammende in eckigen Klammern) sind nach dem BBA-Bestandsverzeichnis zitiert.

S. 111. *Vorarbeiten.* Alle Texte sind im BBA dem Stück-Entwurf *Die Ware Liebe* zugeordnet und entsprechend vom *Guten Menschen* separiert; das Titel-Zitat folgt dem BBA-Bestandsverzeichnis.

S. 115. *Dschuang Dsi. Das wahre Buch vom südlichen Blütenland.* Aus dem Chinesischen übertragen und erläutert von Richard Wilhelm. – Köln: Eugen Diederichs Verlag Düsseldorf 1969, S. 69 f. [= Buch IV. In der Menschenwelt. 6 und 7].

S. 116. Walter Benjamin: Versuche über Brecht. Herausgegeben und mit einem Nachwort versehen von Rolf Tiedemann. – Frankfurt a. M.: Suhrkamp 1981 (= 34.-36. Tausend; erweiterte Ausgabe) (= es 172), S. 157.

S. 116. *Po-Chü-yi. Die große Decke.* Das Gedicht ist zitiert nach Antony Tatlow: Brechts chinesische Gedichte. – Frankfurt a. M.: Suhrkamp 1973, S. 39 f.; vgl. auch Tatlows Erläuterungen ebd., S. 43-46.

S. 117. *Mê Ti,* des Sozialethikers und seiner Schüler philosophische Werke zum ersten Male vollständig übersetzt, mit ausführlicher Einleitung, erläuternden und textkritischen Erklärungen versehen von Alfred Forke. – Berlin 1922 (= Mitteilungen des Seminars für Orientalische Sprachen. Beiband zum Jahrgang XXIII/XXV). Zitiert sind in der Reihenfolge des Abdrucks S. 403 f., 561-563, 277, 276, 510, 502 f., 512 und 503.

S. 120. *Rudyard Kipling:* Gesammelte Werke. 3 Bände. Redaktion Johannes Gottwald. München: Paul List 1978 (= Nachdruck der Ausgabe Leipzig 1925 von 1965). Daraus: *Das Dschungelbuch* (Toomai, der Liebling der Elefanten), S. 490 f., Band 1, Übersetzung: Hans Reisiger und *Dunkles Indien* (Moti Guy, der Meuterer), S. 960, Band 1, Übersetzung: Gustav Meyrink.

S. 121. *Friedrich Nietzsche:* Götzendämmerung [u. a.], Gedichte. – Stuttgart: Kröner 1964 (= Friedrich Nietzsche. Gesammelte Werke in zwölf Bänden), S. 478 f.

S. 122. *Calderón de la Barca:* Das Große Welttheater. Übers. v. Joseph von Eichendorff. In: Spanisches Theater. [. . .]Calderón. Dramen. Hg. v. Edmund Schramm. – München 1963, S. 809 ff.

S. 122. *Sergej Tretjakow:* Ich will ein Kind haben (»Die Pionierin«). In der autorisierten Übersetzung aus dem Russischen von Ernst Hube. Bearbeitet von Bert Brecht. In: Fritz Mierau: Erfindung und Korrektur. Tretjakows Ästhetik der Operativität. – Berlin 1976 (= Literatur und Gesellschaft), S. 179-246. Hier S. 230 f. (= Szene 9. Den Vater braucht man nicht).

S. 133. *Werner Wüthrich:* Bertolt Brechts Aufnahme in der Schweiz 1923 bis 1969. – Phil. Diss. Universität Wien 1974 [Masch.], S. 174-183. Der in diesem Band wiedergegebene Auszug wurde vom Verfasser revidiert.

S. 141. *Johannes Jacobi.* Zitiert nach »Die Zeit« vom 20. 11. 1952.

S. 143. *Thomas Halbe.* Zitiert nach »Neue Presse« vom 18. 11. 1952.

S. 146. *Alfred Happ.* Zitiert nach »Frankfurter Rundschau« vom 18. 11. 1952.

S. 149. *Klaus Budzinski.* Zitiert nach »Abend-Zeitung«, München, vom 30. 6. 1955.

S. 152. *Claus Hardt.* Zitiert nach »Abendpost«, Frankfurt a. M., vom 25. 7. 1955.

S. 154. *Bertolt Brecht.* Der Text erschien unter dieser Überschrift im Programmheft zur Wuppertaler Aufführung von 1955. In der Vorstellung vom 19. 5. (= Himmelfahrtstag) übernahm sinnigerweise der Regisseur Franz Reichert die Rolle des 2. Gottes.

S. 156. *Albert Füllinger.* Die Besprechung erschien in der Zeitung »Freies Volk« vom 4. 4. 1955. Diesen und den voranstehenden Text verdanke ich der Vermittlung des Stadtarchivs Wuppertal. – Die weiteren Besprechungen der Aufführung setzen sich meist kritisch (bis polemisch) mit dem »kommunistischen Zeitgenossen« Brecht auseinander (»Der gute Mensch von Berlin-Pankow«).

S. 159. *Herbert Ihering.* Zitiert nach »Sonntag«, Berlin/DDR vom 27. 10. 1957.

S. 163. *Arnolt Bronnen.* Zitiert nach »Berliner Zeitung« vom 7. 10. 1957.

S. 166. *Eberhard Fechner:* Strehler inszeniert. – Velber bei Hannover: Erhard Friedrich 1963 (= Theater heute. 8), S. 8-13, 82-84.

S. 177. *Siegfried Melchinger:* Sphären und Tage. Städte, Spiele, Musik. – Hamburg: Leibniz 1962, S. 65-76.

S. 184. *Herbert Ihering:* Bert Brecht hat das dichterische Antlitz Deutschlands verändert. Gesammelte Kritiken [...]. Hg. v. Klaus Völker. – München: Kindler 1980, S. 302 f.

S. 186. *Ernst Schumacher:* Brecht-Kritiken. – Berlin/DDR: Henschel 1977, S. 66-71.

S. 192. *Manfred Wekwerth:* [Der gute Mensch von Sezuan. 1976]. In: Regisseure der DDR inszenieren Brecht. Materialien und Fotos zu zwölf Aufführungen, Zum 80. Geburtstag von Bertolt Brecht (= Dokumentation – Information für Theater. Sonderbeitrag. Hg. v. Verband der Theaterschaffenden der DDR). – Berlin 1978. Nr. 9.

S. 208. *Hartmut Wickert.* Zitiert nach »Theater heute«, Heft 2, 1977. Dasselbe Heft enthält übrigens unter der Überschrift »Ins Wasser gefallen« eine Sammlung – zusammengestellt von Rolf Michaelis – von meist sehr

negativen Kritiken der Aufführung. Nach Mitteilung des Piccolo Teatro hat Strehler die Hamburger Aufführung für Mailand 1981 übernommen; sie wurde nun ein enthusiastischer Erfolg.
S. 214. *Paul Kruntorad.* Zitiert nach »Theater heute« 8/1981, dort unter dem Titel »Strehlers Brecht« (S. 14 f.). Strehler hat im Programm-Heft aktualisierende Bezüge zur Buckower Elegie Brechts »Bei der Lektüre eines spätgriechischen Dichters« (wa 10, 1016) hergestellt.
S. 221. *Peter Christian Giese.* Originalbeitrag.
S. 235. *Gerold Koller.* Vgl. Literaturverzeichnis. Hier S. 61-88, Anmerkungen S. 333-335.
S. 268. *Fritz Hennenberg.* Vgl. Literaturverzeichnis. Hier S. 114-121.

Literaturverzeichnis

1. Texte des Stücks

Der gute Mensch von Sezuan. [Erstausgabe]. In: Brecht. Versuche 27/32, Heft 12. – Berlin: Suhrkamp 1953, S. 5-106.
Der gute Mensch von Sezuan. Parabelstück. In: Bertolt Brecht. Stücke, Band 8 (= Stücke aus dem Exil, Band 3). – Berlin, Frankfurt a. M.: Suhrkamp 1957 (3. Aufl. 1964), S. 215-408.
Bertolt Brecht: Der gute Mensch von Sezuan. Parabelstück. – Berlin, Frankfurt a. M.: Suhrkamp 1959. (Fünf Auflagen bis 1963).
Dass. – Frankfurt a. M.: Suhrkamp 1964 (= edition suhrkamp. 73). (Viele weitere Auflagen, deren Zählung an die Ausgabe von 1959 anschließt; zuletzt 15. Aufl. 1972).
Der gute Mensch von Sezuan. Parabelstück. In: Bertolt Brecht. Gesammelte Werke in 20 Bänden. Hg. vom Suhrkamp Verlag in Zusammenarbeit mit Elisabeth Hauptmann. Band 4 (= Stücke 4). – Frankfurt a. M. 1967 (2. Aufl. 1968). S. 1487-1607. [Nach dieser Ausgabe wird unter der Sigle »wa« zitiert; auch andere Texte Brechts – außer *Arbeitsjournal* und *Briefe* – werden nach dieser Ausgabe mit der Angabe der entsprechenden Band-Nummer zitiert].
Materialien zu Brechts »Der gute Mensch von Sezuan«. Zusammengestellt und redigiert von Werner Hecht. – Frankfurt a. M.: Suhrkamp 1968 (= edition suhrkamp. 247). (Viele weitere Auflagen).

2. Weitere Brecht-Texte

Bertolt-Brecht-Archiv. Bestandsverzeichnis des literarischen Nachlasses. Band 1: Stücke. Bearbeitet von Herta Ramthun. Berlin und Weimar: Aufbau 1969. [Zitiert als BBA unter zusätzlicher Angabe der Nummer des Bestandsverzeichnisses].
Bertolt Brecht. Arbeitsjournal. Hg. von Werner Hecht. 3 Bände. – Frankfurt a. M.: Suhrkamp 1973. [Zitiert als »AJ«].
Bertolt Brecht. Briefe. Hg. und kommentiert von Günter Glaeser. 2 Bände. – Frankfurt a. M. 1981. [Zitiert als »Briefe«].

3. Forschungsliteratur [kommentiert]

Das folgende Verzeichnis der Literatur zum Stück ist chronologisch geordnet; es erhebt keinen Anspruch auf Vollständigkeit. Wichtigere Arbeiten sind kurz kommentiert.
Volker Klotz: Bertolt Brecht. Versuch über das Werk. – Bad Homburg

v. d. H. 1957. (Sechs weitere unveränderte Auflagen). S. 15-26, 54-59.
[Klotz' anregende und gut zu lesende Studie ist in den Einzelheiten längst überholt, lohnt aber immer noch die Lektüre wegen der Betonung der theatergemäßen Inhalte des Stücks, z. B. in der Gerichtsszene: Thematisierung des Theaters auf dem Theater.]

Walter Hinck: Die Dramaturgie des späten Brecht. – Göttingen 1959 (= Sammlung Palaestra. 229). (6. Aufl. 1977; unverändert außer ergänzten bibliographischen Hinweisen). S. 35-37, 45-47, 49-54, 65 f., 72 f., 85-90.
[Hinck untersucht unter dramaturgischen Gesichtspunkten die besonderen Formen des »epischen Theaters«, hier vor allem Gericht, Erzählung-Erzähler, »offene Dramaturgie«; bes. wichtig ist die Analyse der 8. Szene des »Guten Menschen«, deren Nähe zum Film u. a. nachgewiesen wird.]

Franz Hubert Crumbach: Die Struktur des epischen Theaters. Dramaturgie der Kontraste. – Braunschweig 1960 (= Schriften der Pädagogischen Hochschule Braunschweig. 8).

Walter H. Sokel: Brechts gespaltene Charaktere und ihr Verhältnis zur Tragik. [Zuerst englisch 1962]. In: Tragik und Tragödie. Hg. von Volkmar Sander. Darmstadt 1971 (= Wege der Forschung. 108). S. 381-396.
[Die »Spaltung« des »Guten Menschen« wird als tragische »Befindlichkeit« des Menschen schlechthin gedeutet; sie gelte auch im Kommunismus, wie das Stück beweise.]

Franz Lan: Bert Brecht und Luther. Ein Versuch der Interpretation des »Guten Menschen von Sezuan«. In: Luther-Jahrbuch 1962, S. 92-109.

Fritz Hennenberg: Dessau-Brecht. Musikalische Arbeiten. – Berlin 1963. S. 114-121, 451-453.

Reinhold Grimm: Bertolt Brecht »Der gute Mensch von Sezuan«. [Zuerst 1964]. In: Zu Bertolt Brecht. Parabel und episches Theater. Hg. von Theo Buck. – Stuttgart 1979 (= Literaturwissenschaft-Gesellschaftswissenschaft = LGW-Interpretationen). S. 161-167.
[Wie Sokel deutet Grimm das Drama als Tragödie, weil es für den tragischen Helden keinen Ausweg gebe; die Aufhebung der Tragik durch den offenen Schluß sei nur scheinbar.]

Karl-Heinz Schmidt: Zur Gestaltung antagonistischer Konflikte bei Brecht und Kaiser. Eine strukturanalytische Studie. In: Weimarer Beiträge 1965, Heft 4, S. 551-569.
[Diese wichtige frühe Studie befand sich im vorangehenden Materialien-Band zum »Guten Menschen« von Werner Hecht; da sie aber inzwischen auf- und in die neueren Untersuchungen eingearbeitet worden ist, zugleich aber auch neuere Gesichtspunkte dazugekommen sind, ist hier nur noch auf sie verwiesen; »Materialien«, S. 109-133.]

Hans Mayer: Brecht und die Humanität. In: H. M.: Anmerkungen zu Brecht. – Frankfurt a. M. 1965 (= edition suhrkamp. 143). S. 84-107, bes. S. 100-106.

Kurt Bräutigam: Bertolt Brecht »Der gute Mensch von Sezuan«. – München 1966 (= Interpretationen zum Deutschunterricht).

Klaus-Detlef Müller: Die Funktion der Geschichte im Werk Bertolt Brechts. Studien zum Verhältnis von Marxismus und Ästhetik. – Tübingen 1967 (2. Aufl. 1972) (= Studien zur deutschen Literatur. 7). S. 62-75, 83-84, 161.
[Müller verweist auf die gesellschaftlichen Ursachen des »Bösen«, das zugunsten der – eigentlich natürlichen – Freundlichkeit des Menschen angeprangert werde.]

Helmut Jendreiek: Bertolt Brecht. Drama der Veränderung. – Düsseldorf 1969. S. 209-294.
[Jendreiek liefert eine sehr ausführliche, am Text geführte Interpretation nach inhaltlichen Gesichtspunkten; Brechts Ästhetik bleibt außer betracht.]

Antony Tatlow: China oder Chima? In: Brecht heute. Brecht today. Jahrbuch der Internationalen Brecht-Gesellschaft. Hg. v. Reinhold Grimm [u. a.]. Jg. I/1971. Frankfurt a. M. 1971. S. 27-47.
[Die Frage wird mit »sowohl«-»als auch« beantwortet, wobei »Chima« das verfremdete »Deutsche« meint; Tatlow bewertet als China-Kenner und aufgrund seiner geistesgeschichtlich orientierten Argumentation das »Chinesische« bei Brecht doch über.]

Bernward Thole: Die »Gesänge« in den Stücken Brechts. Zur Geschichte und Ästhetik des Liedes im Drama. – Göppingen 1973 (= Göppinger Arbeiten zur Germanistik. 102). S. 121-129, 136-146.
[Es handelt sich um die bisher einzige systematische Arbeit zu den »musikalischen Einlagen« in Brechts Stücken; die Gesänge im »Guten Menschen« werden sowohl im Hinblick auf ihre strukturale Bedeutung für die Fabelführung als auch im einzelnen, vor allem auch in ihren zeitgenössischen Bezügen untersucht.]

John Milfull: From Baal to Keuner. The »Second Optimism« of Bertolt Brecht. Bern, Frankfurt a. M. 1974 (= Australisch-Neuseeländische Studien zur deutschen Sprache und Literatur. 5). S. 143-148.
[Milfull wendet sich gegen die »tragischen« Deutungen des Stücks, indem er gerade nicht Hoffnungslosigkeit, sondern humanistisch-optimistisches Engagement gestaltet sieht.]

Peter Christian Giese: Das »Gesellschaftlich-Komische«. Zu Komik und Komödie am Beispiel der Stücke und Bearbeitungen Brechts. – Stuttgart 1974 (= Metzler Studienausgaben). S. 91-99.
[Gieses Buch gehört zu den wichtigsten Beiträgen der neueren Brecht-Forschung; es kann überzeugend nachweisen, daß sich Brechts Theater – beinahe insgesamt – dem »Gesellschaftlich-Komischen« verdankt. Es

handelt sich dabei um den historisch präzisierten Begriff von »Komik«, die nicht mehr aus »Allgemein-Menschlichem«, sondern aus dem jeweils historischen »Stand« der Gesellschaft abgeleitet wird: noch gesellschaftlich Herrschendes und Herrschende werden – vom Standpunkt der nächstfolgenden »Epoche« aus – als bereits Überlebtes bzw. Überlebte, als Fassade und krampfhaft ernste Rollen-Träger etc. entlarvt. Diese Darstellung nimmt dem Dargestellten den Ernst, den es noch beansprucht und führt zugleich dessen Überholtheit wie Überholbarkeit vor. Konsequent plädiert Giese auch für den »Guten Menschen« als Komödie. Es handelt sich um (theatergemäße) Spiel-Figuren wie auch um (experimentell inszeniertes) Spiel vor den traditionellen Zuschauern (Götter), wobei keinerlei direkte »Realitätsabbildung« beansprucht ist (Naturalismus).]

Claude Hill: Bertolt Brecht. [Zuerst amerikanisch 1975]. – München 1978 (= UTB 694).

James K. Lyon: Bertolt Brecht und Rudyard Kipling. – Frankfurt a. M. 1976 (= edition suhrkamp. 804). S. 116 f.
[Die den Einfluß Kiplings auf Brecht entschieden überbetonende Arbeit führt kaum präzise Textvergleiche und begnügt sich auch im Fall des »Guten Menschen« auf pauschale Hinweise, die im vorliegenden Band durch die Quellennachweise ausgeführt sind. Die Übernahme verpflichtet Brecht – und dies gilt fast durchweg (abgesehen von den marxistischen Klassikern, wenn sie als solche benannt sind) – noch nicht auf das Übernommene, oft im Gegenteil.]

Hans Pabst: Brecht und die Religion. – Graz, Wien, Köln 1977. S. 137-147.

Antony Tatlow: The Mask of Evil. Brecht's Response to the Poetry, Theatre and Thought of China and Japan. A Comparative and Critical Evaluation. – Bern [u. a.] 1977 (= European University Papers. Series XVIII, 12). S. 266-269, 434 f., 469-475.
[Diese großangelegte positivistische Untersuchung enthält außerordentlich viel Material. Da sie geistesgeschichtlich argumentiert, schätzt sie den »chinesischen Brecht« viel zu hoch ein und entsprechend den »Marxismus« zu niedrig. Tatlows Versuche, Brechts Anschauungen »über das Wesen des Menschen« und die ihn bestimmenden Verhaltensweisen in Parallele und Abhängigkeit zu Mencius (auch Meng Tse, Mong Dsi, Mong Ko) zu setzen, lassen sich auf diesem Wege nicht absichern. Deshalb schied für diesen Materialien-Band auch Mencius als Quelle aus. Er kommt als solche erst in Frage, wenn Brechts Lektüre seiner Schriften nachgewiesen würde.]

Bernhard Greiner: Welttheater als Montage. Wirklichkeitsdarstellung und Leserbezug in romantischer und moderner Literatur. – Heidelberg 1977 (= Medium Literatur. 9). S. 119-135.
[Das Stück ist als letztes Beispiel des Welttheater-Modells unter dem

Stichwort »Dissoziative Montage« behandelt, als Versuchsanordnung, in der die Unterbrechung der Handlung im Vordergrund steht. Brechts Theater wird nach der kursorischen Analyse des »Guten Menschen« als »Lehrstück der Entfremdung« abschließend für die gängige Rezeptionstheorie reklamiert, nach der sich der »Sinn« eines Texts/Stücks erst durch den Leser/Zuschauer einstelle. Entsprechend wird das – herausgeforderte – Engagement des Zuschauers und die Offenheit des Stücks als das »literarische Mithandeln« des Rezipienten – im »wechselseitigen Prozeß« – ausgewiesen. Der Welttheater-Topos werde anthropozentrisch.]

Hellmuth Karasek: Bertolt Brecht. Der jüngste Fall eines Theaterklassikers. München 1977. S. 48-59, 136-148.

Yun-Yeop Song: Bertolt Brecht und die chinesische Philosophie. Bonn 1978 (= Abhandlungen zur Kunst-, Musik- und Literaturwissenschaft. 267). S. 140-146, 228-236.

[Song vernachlässigt Brechts »europäische Philosophie«, so daß er nur in den Passagen überzeugen kann, in denen er konkrete Belegstellen vergleicht, freilich mit Überbewertung des Chinesischen und seines Einflusses auf Brecht; die »gedanklichen« Parallelen sowie »Berührungen« zwischen Mo Ti und Brecht bleiben bloße Spekulationen.]

Manfred Karnick: Brecht und Calderon. Bemerkungen zum »Leben des Galilei« und zum »Guten Menschen von Sezuan«. In: Mittelalter-Rezeption. Gesammelte Vorträge des Salzburger Kolloquiums. Hg. von Jürgen Kühnel [u. a.]. – Göppingen 1979. S. 365-379.

Renate Berg-Pan: Bertolt Brecht and China. – Bonn 1979 (= Studien zur Germanistik, Anglistik und Komparatistik. 88). S. 92-95, 181-192.

[Die Arbeit steht ganz im Banne des Promotors Tatlow, s. o.; der neue Hinweis auf das Stück von Friedrich Wolf »Tai Yang erwacht« (1930) als mögliche Anregung oder gar Quelle ist in keiner Weise belegt und nur durch die Namensähnlichkeit des Wolfschen Fabrikeigners Tschu Fu mit dem Brechtschen Barbier Shu Fu »abgesichert«. Die behaupteten inhaltlichen Parallelen habe ich nicht verifizieren können; im übrigen hat erst die letzte Fassung von 1941 den Namen »Shu Fu«, was Bezüge des Wolfschen Dramas zu »Die Ware Liebe« unwahrscheinlich macht.]

Gerold Koller: Der mitspielende Zuschauer. Theorie und Praxis im Schaffen Brechts. – Zürich, München 1979 (= Zürcher Beiträge zur deutschen Literatur- und Geistesgeschichte. 50). S. 56-328.

[Koller hat die umfassendste, dem Text Szene für Szene folgende Interpretation geliefert (die übrigens kürzer sein könnte und weitgehend »immanent« bleibt). Sie bezieht allerdings die »praktische« Rezeption mit ein (Zuschauerbefragung) und reflektiert das Stück unter dem Aspekt der Zuschauer-Aktivierung, freilich nicht im Sinn des »literarischen Mitarbeiters«, sondern im Hinblick auf sein zu weckendes produktives Engagement. Die »Parabel« wird so zum »aufgehobenen Lehrstück«, und zwar in dem Sinn, daß der Zuschauer nicht realiter im Stück mitspielt (Lehrstück ohne Zuschauer), sondern in der Rezeption auf spielerische Weise sich der dargestellten bzw. »gemeinten« gesellschaftlichen Realität bewußt wird, sie »aktualisiert«. Die ästhetischen Mittel sind dazu da, die aktualisierende Aktivität zu wecken, und zwar im Kunstgenuß.]

Manfred Karnick: Rollenspiel und Welttheater. Untersuchungen an Dramen Calderóns, Schillers, Strindbergs, Becketts und Brechts. – München 1980. S. 214-230.
[Das Brecht-Kapitel figuriert unter der »Dramaturgie der Veränderung« und da als Aufhebung des Welttheaters, wobei sich thematische Bezüge zu Calderons »Großem Welttheater« ergeben, die Karnick mit der Parallele des Landmanns, der sich auf der »Lebensbühne« vorstellt, zum »Lied des Wasserverkäufers im Regen« belegt. Genauere Nachweise für die Quelle liegen nicht vor; die »unmittelbare Bezugnahme« »bis in Einzelheiten« (S. 218) ist den Texten nur bedingt abzulesen. Ich habe mich aber für Karnicks Nachweis (mit Bedenken) entschieden (vgl. Kapitel »Quellen und Bezüge« im vorliegenden Band); freilich besteht kein Grund, den Einfluß der Quelle hoch einzuschätzen, zumal Karnick den ökonomischen Bezug auf die Überproduktionskrisen der Zeit nicht erwägt.]

Jan Knopf: Brecht-Handbuch Theater. Eine Ästhetik der Widersprüche. – Stuttgart 1980. S. 201-213.
[Das »Sezuan«-Stück wird unter folgenden Rubrizierungen dargestellt: Entstehung, Text, China oder Chima, Analyse, Tragödie oder Komödie, Epische Mittel, die Musik Dessaus, Aufführungen.]

Jan Knopf: Bertolt Brecht »Der gute Mensch von Sezuan«. – Frankfurt a. M. 1982 (= Grundlagen und Gedanken zum Verständnis des Dramas).

4. Rezensionen, Aufführungsberichte

Herbert Ihering: Bert Brecht hat das dichterische Antlitz Deutschlands verändert. Gesammelte Kritiken zum Theater Brechts. Hg. und eingeleitet von Klaus Völker. – München 1980. S. 302 f. [Zur Aufführung im Schloßparktheater in Berlin 1967].

Ernst Schumacher: Brecht-Kritiken. – Berlin 1977, S. 66-71 [Premiere in der Volksbühne Berlin 1970], S. 87-90 [überarbeitete Aufführung der Volksbühne Berlin 1971], S. 177-184 [Gastspiele der Volksbühnen-Inszenierung von 1971 im Januar 1973].

Werner Wüthrich: Bertolt Brechts Aufnahme in der Schweiz 1923-1969. – Phil. Diss. Wien, 2 Bände [Masch.]. S. 174-183 [Uraufführung Zürich], S. 184-185 [Aufführung Basel 1944].

Monika Wyss: Brecht in der Kritik. – München 1977. S. 220-229 [Aufführungen von Zürich 1943, Wien 1946, West-Berlin 1967].

Nachwort

Bertolt Brechts Exilstück *Der gute Mensch von Sezuan* zählt traditionell zu seinen »reifen Dramen«, zu den »Früchten des Exils« oder auch – um einen weiteren gängigen Ausdruck zu zitieren – zu den »Meisterdramen« des Stückeschreibers. Diese Klassifizierung pflegt gewöhnlich – vor allem bei Brecht – dann einzusetzen, wenn die Dramen große, möglichst tragische und vor allem »lebensechte« Figuren im Mittelpunkt haben und zugleich tiefe menschliche, möglichst ausweglose Konflikte gestalten. Wie kaum ein anderes Drama Brechts – abgesehen vielleicht von *Leben des Galilei* – wurde der *Gute Mensch* als Gestaltung des tragisch zerrissenen Charakters interpretiert und auch entsprechend ganz auf die ausweglos hin- und hergerissene Figur der Shen Te hin inszeniert, die am Ende, von den Göttern verlassen, in ihrer Verzweiflung allein gelassen wird. Der *Gute Mensch* – die gültige Darstellung des existentiellen Zwiespalts des Menschen, der *an sich* gut sein will und es auch ist, aber von den Realitäten des Lebens daran gehindert wird, die Güte auch zu verwirklichen?

Der Einschätzung des Stücks als Tragödie des Charakters steht die – neuerdings häufiger geäußerte – Deutung des *Sezuan*-Dramas als Komödie diametral gegenüber. Danach ist Shen Te, der »gute Mensch«, weniger Charakter als Figur, genauer »Spielfigur«, in dem von den Göttern zu ihrer Rechtfertigung veranstalteten Experiment »Welt«, die Gut-Sein nicht zuläßt. »Welt« meint nach dieser Auffassung aber nicht »Dasein«, Leben schlechthin, sondern die den kapitalistischen Gesetzmäßigkeiten unterworfene Gesellschaft, die einerseits dem einzelnen Nächstenliebe und Güte (ideologisch) auferlegt, andererseits aber in ihren Geschäften, und das heißt zur Sicherung des Lebensunterhalts, Rücksichtslosigkeit, Egoismus, Übervorteilung verlangt. Das Parabelspiel um den guten Menschen ist folglich dazu da, die verborgenen Widersprüche der Gesellschaft auf ästhetische Weise zu veranschaulichen, oder anders gesagt: das gesellschaftlich Verborgene in theatralisch angemessene Bilder zu übersetzen. Die Doppelrolle des »guten Menschen« erscheint dabei weniger als Ausdruck von persönlicher »Gespaltenheit« oder gar von Persönlichkeitsspaltung (Schizophrenie) als vielmehr als ästhetische Veranschaulichung von gesellschaftlich erfordertem Rollenverhalten. Nach dieser Deutung liegt der Reiz der Shen-Te-Figur vor allem in ihrem theatergemäßen Spielcharakter, darin, daß sie nicht Realität einfach wiedergibt, nachahmt, sondern auf dem Theater Theater zeigt, das spielend auf Gegebenheiten hinweist, die so noch gar nicht zu sehen waren und auch der (experimentell erprobten) Realität nicht unmittelbar zu entnehmen sind.

Zwischen diesen – andeutungsweise skizzierten – Gegensätzen bewegen sich die Deutungen des Brechtschen Bühnenklassikers, und es macht ganz offenbar seinen Reiz und seine stetig neue interpretatorische Herausforderung aus, daß er die verschiedensten Deutungen mit entsprechender Begründung zuläßt. Brechts Rückgriff auf die verschiedensten Traditionen, so auf die für die Klassik wichtige Frage nach der »Theodizee«, der Rechtfertigung der Götter angesichts des Übels in der Welt, so auf den Topos von der Welt als dem Theater (Welttheater-Spiele), so auf den Nihilismus Friedrich Nietzsches (»Lied vom Rauch«), auf die indischen Erzählungen des Engländers Rudyard Kipling, dann aber auch auf die chinesische Philosophie, auf das *Buch vom südlichen Blütenland*, auf Mo Ti, den »Sozialethiker« und Kritiker Konfutses oder auch auf die Dichtung Po-Chü-yis, Brechts Rückgriff also auf die verschiedensten Traditionen fordert die differenziertesten und zugleich divergierendsten Blickwinkel der Rezeption geradezu heraus. Und man wird also damit rechnen können, daß die interpretatorische Vielfalt das Stück weiterhin begleiten wird.

Der vorliegende Materialien-Band stellt eine völlige Neubearbeitung des in der edition suhrkamp erstmals 1968 erschienenen Bandes von Werner Hecht dar. Übernommen habe ich die »Arbeitsmaterialien«, das sind die Notizen, Vorarbeiten, Fassungen etc. aus dem Bertolt-Brecht-Archiv, dann die damals noch nicht über das *Arbeitsjournal* zugänglichen Selbstzeugnisse Brechts und die immer noch gültige Analyse der Dessauschen Musik im Drama durch Fritz Hennenberg aus dem Interpretationsteil. Freilich habe ich bei den Übernahmen einige Veränderungen vorgenommen. Die Notizen aus dem *Arbeitsjournal* sind nach der entsprechenden Ausgabe zitiert und ergänzt, wobei ich nun auch die dort übliche Kleinschreibung Brechts beibehalten habe. Die Archiv-Materialien habe ich z. T. neu geordnet und bei zwei Szenenfassungen bzw. -teilfassungen den Paralleldruck gewählt, um dem Leser einen unmittelbar anschaulichen Vergleich der Änderungen und Umarbeitungen zu geben: sie sind als exemplarisch für das ganze Stück zu verstehen. Es handelt sich dabei um die erste Szene und um den abschließenden Teil der letzten Szene des Stücks. In der ersten Szene wird die Gestalt des Vetters »erfunden«, wobei durch den Paralleldruck gut zu beobachten ist, wie die zunächst ganz auf Shen Te (bzw. da noch Li Gung) fixierte Idee aus der bloß inhaltlichen Bedeutung ihre theatergemäße und aus dem Spiel entwickelte Form erhält (Soufflieren von Mann und Frau). Und auch die verschiedenen Erwägungen für den Schluß sind aufschlußreich besonders im Hinblick auf die Betonung des Theatralischen des göttlichen »Abtritts«. Für den Paralleldruck der ersten Szene mußten die drei Fassungen, die Hecht von ihr abgedruckt hat, auf zwei reduziert werden, was insofern nicht schwer fiel, als die Fassung BBA 160 (= »Finnische Fassung«) für diese Szene, abgesehen von den noch alten Namen und der Ausmerzung der Opium-Handlung (die Familie kommt jeweils säckeschleppend zu Li Gung alias Shen Te), bereits weitgehend der späteren Druckfassung entspricht. Außerdem habe ich die bei Werner Hecht in Fußnoten vermerkten Lesarten zu den jeweiligen Fassungen ausgelassen bzw. im Fall der ersten Szene, Fassung BBA 182, in den Text eingearbeitet, da es sich um keine strukturalen Änderungen handelt, sondern um Ergänzungen und Verdeutlichungen in einem frühen Arbeitsstadium. Insgesamt muß die Angabe und Einschätzung der Lesarten einer historisch-kritischen Ausgabe vorbehalten bleiben. Wie ungesichert die Textlage noch ist, geht aus dem – auch in diesem Materialien-Band bewahrten – Widerspruch hervor, wonach die Lieder (auch das vom Rauch) erst in der abschließenden Überarbeitung verfaßt und eingefügt worden sind, wie Brecht selbst im *Arbeitsjournal* (26. 1. 1941) behauptet, dem aber die Tatsache gegenübersteht, daß die Fassung BBA 160, die auf Mai und Juni 1940 datiert ist, in der ersten Szene bereits das »Lied vom Rauch« aufweist. – Hier geht es deshalb vor allem darum, Einblicke in den Arbeitsprozeß Brechts zu ermöglichen; denn jeder Arbeitsprozeß ist, so hat es Werner Hecht formuliert, »für denjenigen, der Brechts Methode kennenlernen will, ein erregendes Experiment«, und für dieses Experiment soll durch übersichtliche Anordnung des »Arbeitsmaterials« hier die Grundlage geschaffen werden.

Völlig neu hinzugekommen sind die zwei Kapitel »Quellen und Bezüge« sowie »Aufführungsdokumente«. Da die Forschung inzwischen die breitgestreuten Quellen, Zitate, Anspielungen des Stücks – weitgehend – verifiziert hat, ist es jetzt möglich geworden, die Quellen und Bezüge auch zu dokumentieren, und zwar unterschieden in »Chinesische«, »Europäische Quellen« und »Zeitgenössische Bezüge«. Für die Quellen habe ich grundsätzlich umfassendere, d. h. sinnvoll isolierbare, Texteinheiten gewählt, so daß der Stellenwert des Zitierten im Original wenigstens andeutungsweise erkennbar wird. Z. B. läßt sich so verdeutlichen, daß die Me-ti-Übernahmen aus einem dialogisch-dialektischen Kontext stammen und durchweg sehr konkret sowohl auf den Gegner (Konfutse) als auch auf politische Zustände im Land bezogen sind. Oder: es werden die Unterschiede zwischen Kiplings, die Tiere anthropomorphisierender, Wiedergabe indischer Gepflogenheiten und Brechts Übertragung der Vorgänge auf den Arbeitsprozeß in der Fabrik genauer markierbar. Auf die zeitgenössischen Bezüge läßt sich nur verweisen, da eine ausführliche Dokumentation unproportional ausfallen müßte. Aber es sollte mit der kurzen Übersicht vorgeführt werden, daß Brecht auch seinen scheinbar in geschichtsfreiem Raum operierenden Parabeln konkrete Bezüge zur Zeit und ihren Ereignissen gegeben hat.

Die Aufführungsdokumente berücksichtigen die wichtigsten Aufführungen, soweit sich über sie Material ermitteln ließ. Aus den Dokumenten gehen die unterschiedlichsten Theater-Interpretationen des *Sezuan*-Stücks hervor, und es zeigt sich, welche Aktualisierungen die Inszenierungen jeweils vorgenommen und in den Vordergrund gestellt haben. Paradigmatisch dafür steht die Inszenierung Strehlers von 1958 der von 1981 gegenüber. Der »poetische« Realismus der frühen Inszenierung weicht strenger, aber gesellschaftlich genauer Stilisierung, die übrigens erst sehr spät in ihrer ästhetischen Qualität und Radikalität erkannt wurde: die Hamburger Aufführung vom September 1977, die die Grundlage für die von Mailand von 1981 bildete, hatte eine durchweg schlechte Presse (»Ins Wasser gefallen«), wohingegen die Neuinszenierung fast unisono bejubelt wurde (»Trionfa la nuova Sezuan di Strehler«, Corriere della Sera, 11. 4. 1981).

Den Interpretationsteil »Analysen« habe ich ebenfalls, von der bereits erwähnten Ausnahme Hennenbergs abgesehen, neu gestaltet, weil ich gern möglichst neue Arbeiten aufnehmen wollte, um so den immensen Zuwachs der – damals noch recht spärlichen – Sekundärliteratur zum Stück angemessen zu berücksichtigen. Peter Christian Giese hat auf der Grundlage seines Buchs über das »Gesellschaftlich-Komische« bei Brecht einen Originalbeitrag zu diesem Band beigesteuert. Er ist für die neuen Interpretationsansätze zum *Guten Menschen* nicht nur als repräsentativ anzusehen, Gieses Buch hat sie für Brechts Werk insgesamt überhaupt erst wesentlich initiiert. – Gerold Kollers Beitrag untersucht am Vorspiel exemplarisch den »parabolischen Realismus« des Dramas. Seine Darstellung berücksichtigt die Zuschauer-Reaktion der Aufführung von 1976 durch Manfred Wekwerth in Zürich und bezieht empirische Daten, mithin Aspekte ein, die für die moderne Literaturwissenschaft immer kennzeichnender zu werden pflegen. – Fritz Hennenbergs Darstellung über die *Musikalischen Arbeiten* von Dessau und Brecht ist längst zum Klassiker der Musik-Theater-Analyse geworden; auf das entsprechende Kapitel zum *Guten Menschen* war deshalb nicht zu verzichten.

Überdies habe ich die »Selbstzeugnisse« um die Briefe zum Stück ergänzen können, nachdem die Ausgabe der Brecht-Briefe von Günter Glaeser vorliegt. Die Aufführungsliste und das Literaturverzeichnis wurden selbstverständlich auf den neuesten Stand gebracht; letzteres habe ich übrigens im Abschnitt zur Sekundärliteratur kommentiert: der Leser dieses Bandes sollte angesichts der Fülle der Literatur wissen, was ihn erwartet.

Ich danke Werner Hecht nicht nur als dem Herausgeber des »Vorgängers«, sondern auch für seine Hinweise und Hilfe zu diesem Band, nicht zuletzt aber auch für sein Interesse an der Karlsruher Brechtologie, kurz: für seine produktive Freundlichkeit. Gabriele Knopf, Wilma Hossmann und Peter Zahn danke ich für ihre Hilfe bei den Korrekturen, Wolfgang Jeske für die Besorgung von Daten und Material.

Karlsruhe, am 1. Mai 1982   Jan Knopf

Rechte-Vermerke

[Auszug aus:] *Dschuang Dsi – Das wahre Buch vom südlichen Blütenland.* Aus dem Chinesischen übertragen und erläutert von Richard Wilhelm. © 1969 by Eugen Diederichs Verlag, Düsseldorf/Köln.
Herbert Ihering: *Junge Regisseure inszenieren Brecht,* aus Herbert Ihering: *Aktuelle Dramaturgie.* © mit Genehmigung des Rowohlt Verlages, Reinbek b. Hamburg.
Herbert Ihering: *Eine dichterische Parabel am Kreuzpunkt des epischen Theaters,* aus Herbert Ihering: *Bert Brecht hat das dichterische Antlitz Deutschlands verändert. Gesammelte Kritiken zum Theater Brechts.* Herausgegeben und eingeleitet von Klaus Völker. © 1980 by Kindler Verlag, München.
Ernst Schumacher: *Die Wahrheit über ungute Verhältnisse,* aus Ernst Schumacher: *Brecht-Kritiken.* © 1977 by Henschelverlag Kunst und Gesellschaft, Berlin (DDR).
Gerold Koller: *Parabolischer Realismus,* aus Gerold Koller: *Der mitspielende Zuschauer. Theorie und Praxis im Schaffen Brechts.* (Zürcher Beiträge zur deutschen Literatur und Geistesgeschichte 50.) © 1979 by Artemis Verlag, Zürich/München.
Der Abdruck der bislang unveröffentlichten Texte von Bertolt Brecht erfolgt mit freundlicher Genehmigung der Erben Bertolt Brecht. Copyright Stefan S. Brecht 1982. Alle Rechte vorbehalten durch Suhrkamp Verlag.

suhrkamp taschenbücher materialien

st 2006 Geschichte als Schauspiel
Herausgegeben von Walter Hinck

Eine Wiedereroberung der Geschichte hat begonnen; überall macht sich das Bedürfnis nach Aufklärung über unsere Vergangenheit bemerkbar. Keine literarische Gattung aber vermag Geschichte so unmittelbar zu vergegenwärtigen wie das historische Drama. Gegenstand der – teilweise kritischen – Deutungen dieses Bandes sind bedeutende Beispiele eines Geschichtsdramas, das den vergangenen und den gegenwärtigen Zustand so miteinander verknüpft, daß im Geschichtlichen die Gegenwart zu einem vertieften Verständnis ihrer selbst und zugleich zu einem Ungenügen an sich selbst gelangt, aber auch zu einem Bild oder zur Ahnung möglicher Zukunft. Von Gryphius über Goethe, Schiller und Kleist, Büchner und Grillparzer führt die Reihe zu Brecht und Dürrenmatt, R. Schneider und Hochhuth, P. Weiss und Kipphardt, Hacks, M. Walser und H. Müller.

st 2007 Ludwig Hohl
Herausgegeben von Johannes Beringer

Auf ungewöhnliche, auf unbedingte Weise ist Ludwig Hohl dem nachgekommen, was er als seine Berufung erkannt hatte: dem Schreiben. Er hat sich nicht dazu hergeben können, aus solcher Berufung einen Beruf zu machen, hat sich zugleich geweigert, vor der Höhe und Schwierigkeit seiner Aufgabe abzudanken und in eine Nebentätigkeit auszuweichen. Der Band stellt die wichtigsten Aufsätze, Rezensionen und Berichte über Hohl aus einem Zeitraum von vierzig Jahren wieder vor. Eine sorgfältig erarbeitete Bibliographie wird neben den Sekundärtexten erstmals auch den ganzen Umfang von Hohls Schaffen erkennbar machen.

st 2008 Die Strindberg-Fehde 1910–1911
Herausgegeben von Klaus v. See

Mit dieser Dokumentation, ausgewählt aus einer Sammlung von nahezu 500 schwedischen Zeitungs- und Zeitschriftenartikeln, ergänzt durch einige deutsche Texte und illustriert mit etwa zehn zeitgenössischen Karikaturen, philologisch erschlossen durch den Herausgeber, tritt die schwedische Dreyfus-Affäre ins Blickfeld. Mißgunst und Verbitterung sind im Spiel, als Strindberg – zwei Jahre vor seinem Tod – eine Pressekampagne inszeniert, die schließlich alles in Frage stellt, was dem offiziellen, monarchisch-konservativen Schweden lieb und heilig ist. Doch kommt in den persönlichen Querelen sogleich immer wieder Grundsätzliches zum Austrag: die Frage nach der politisch-sozialen Rolle des Dichters in der Gesellschaft, die Frage nach der öffentlichen Verantwortung einer subjektiv wertenden Literaturkritik, die Frage nach den Möglichkeiten einer sozialdemokratischen Kulturpolitik und einer proletarischen Ästhetik.

st 2010, 2011 Rilkes »Duineser Elegien«
Zweiter und dritter Band
Herausgegeben von Ulrich Fülleborn
und Manfred Engel

Mit diesen beiden Bänden und dem ersten bereits als st 574 erschienenen liegen die Materialien zu R. M. Rilkes *Duineser Elegien* in einer bisher einmaligen Vollständigkeit und Abrundung vor. Der erste Band belegt zum ersten Mal umfassend und genau die krisenreiche äußere und innere Entstehungsgeschichte von Rilkes lyrischem Hauptwerk und enthält alle Selbstdeutungen des Dichters. Während der zweite Band die Forschungsgeschichte von 1930–1981 dokumentiert und daraus die Konsequenzen für ein angemessenes künftiges Verständnis der Elegien in einem eingehenden Vorwort erarbeitet, gibt der dritte Band eine reiche Auswahl der allgemeinen Rezeption. Wie der zweite Band wird auch dieser dritte durch ein Vorwort erschlossen und enthält überdies eine erschöpfende Bibliographie der internationalen Rezeption.

st 2012 Literarische Utopie-Entwürfe
Herausgegeben von Hiltrud Gnüg

Wie eine bessere Welt als die jeweils gegenwärtige zu denken sei, welche Chance auf heilere Zukunft diese in sich berge, darüber sind die Ansichten verschieden. Von mittelalterlicher Gralsutopie bis zur Utopie-Diskussion unserer Zeit spannt sich der Bogen dieses Materialienbandes von über dreißig Essays und Texten namhafter Literaturwissenschaftler, Philosophen, Literaturkritiker und Autoren, der nicht nur den Utopismus der ›hohen‹ Literatur, sondern auch die politische Perversion utopischer Wunschphantasie, auch Genres wie Science-fiction oder Schlager-Utopien thematisiert.

st 2013 Plenzdorfs »Neue Leiden des jungen W.« Herausgegeben von Peter J. Brenner

1972 in der DDR, 1973 in der Bundesrepublik erstmals erschienen, in der Theaterbearbeitung hüben wie drüben zugleich umstrittenes und umjubeltes Ereignis, hat Plenzdorfs »Neuer Werther« den Erfolg seiner klassischen Vorlage eingestellt. Wie diese 200 Jahre zuvor, so enthält auch Plenzdorfs *Werther* das Gefühl, trägt ihn die Strömung seiner Zeit, artikuliert er einer Generation Trauer und Sehnsucht. Den Mythos von Plenzdorfs Werther historisch und kritisch zugleich zu belegen und aufzuhellen, gleichzeitig aber zum ersten Mal Plenzdorfs Erstling einzuordnen in den größeren Zusammenhang eines umfassenderen Schaffens: dies macht der neue Materialienband sich zur Aufgabe.

st 2014 Horváths »Der Fall E.« oder Die Lehrerin von Regensburg Herausgegeben von Jürgen Schröder

Horváths Dramenfragment über »Den Fall E.« fußt auf einem Fall von Berufsverbot und seinen tragischen Folgen im Jahre 1930. Die Voraussetzung für das Verständnis von Horváths Arbeitsweise als des »Chronisten« der Weimarer Republik bildet eine möglichst genaue Dokumentation des authentischen Falles. Sie ist in den letzten beiden Jahren fast lückenlos gelungen. Neben der Edition des Dramentextes und aller Varianten, ausführlicher historischer und literaturwissenschaftlicher Interpretation bietet der Materialienband u. a. die umfangreichen Personalakten der seinerzeit zuständigen Kreisregierung, die Protokolle des bayerischen Landtags, ein handschriftliches Tagebuch des Opfers, Fotografien und mündliche Äußerungen noch lebender Zeugen.

st 2015 Herbert Achternbusch
Herausgegeben von Jörg Drews

Der Bezeichnungen für Herbert Achternbusch, den Mann und das Werk, sind viele: Den Ungebändigten, Wütenden, den Eigensinnigsten, den Anarchisten hat man ihn genannt, zugleich aber den Schwierigen, den Versponnenen. In seinem Werk, ob Dichtung oder Film, entdeckte man den »Sog des Existentiellen« ebenso wie das Sentimentale, das Satirische wie das Utopische, das Volkstümliche wie das Exzentrisch-Esoterische. Auf eines jedoch wird man sich wohl verständigen: Achternbusch steht in der Reihe der wenigen wirklich großen Unzeitgemäßen, der Schöpfer ihres provokant eigenen Lebens, der wahren Poeten. Der Materialienband von Jörg Drews unternimmt eine Annäherung, ohne hinter den Facetten dieses Autors den großen Nenner, dem er sich und sein Schaffen verweigert, zu suchen.

st 2016 Brechts »Mutter Courage und ihre Kinder«
Herausgegeben von Klaus-Detlef Müller

Mutter Courage und ihre Kinder ist Brechts vermutlich erfolgreichstes, mit Sicherheit aber folgenreichstes Stück. Der neue Materialienband mit dem Bestreben, »Einschüchterung durch Klassizität« zu verhindern, ersetzt und ergänzt die ältere Sammlung von Werner Hecht (edition suhrkamp 50). Der Offenheit und Aktualität von Brechts Werk wird er gerecht durch den Abdruck weiterer Dokumente zur Entstehung des Stücks und bisher unveröffentlichter Varianten, eine Zusammenstellung von Äußerungen Brechts zum Werk und zur Aufführung, eine Dokumentation zur Rezeption, den Wiederabdruck wichtiger Deutungen, Bibliographie und Aufführungsverzeichnis. Er versteht sich als Anregung zu erneuter Auseinandersetzung mit dem Stück in Theater, Universität und Schule.